中國道教文化研究

二 編

第 14 冊

《列仙、神仙、洞仙》三仙傳
之敘述形式與主題分析

張 美 櫻 著

花木蘭文化事業有限公司

國家圖書館出版品預行編目資料

《列仙、神仙、洞仙》三仙傳之敘述形式與主題分析／張美櫻
著 — 初版 — 新北市：花木蘭文化事業有限公司，2020〔民
109〕
序 2+ 目 4+182 面；19×26 公分
（中國道教文化研究 二編；第 14 冊）
ISBN 978-986-6831-20-1（精裝）
1. 列仙傳－研究與考訂　2. 神仙傳－研究與考訂
3. 洞仙傳－研究與考訂　4. 道教－傳記
239　　　　　　　　　　　　　　　　　96004479

ISBN-978-986-6831-20-1

9 789866 831201

中國道教文化研究
二 編 第十四冊　　　　ISBN：978-986-6831-20-1

《列仙、神仙、洞仙》三仙傳之敘述形式與主題分析

作　　者　張美櫻
總 編 輯　杜潔祥
副總編輯　楊嘉樂
編　　輯　許郁翎、張雅淋　美術編輯　陳逸婷
出　　版　花木蘭文化事業有限公司
發 行 人　高小娟
聯絡地址　235 新北市中和區中安街七二號十三樓
　　　　　電話：02-2923-1455／傳眞：02-2923-1452
網　　址　http://www.huamulan.tw 信箱 hml 810518@gmail.com
印　　刷　普羅文化出版廣告事業
初　　版　2020 年 3 月
全書字數　145050 字
定　　價　二編 21 冊（精裝）台幣 42,000 元

《列仙、神仙、洞仙》三仙傳之敘述形式與主題分析

張美櫻 著

作者簡介

張美櫻

    佛光大學宗教系助理教授

    輔仁大學中國文學系博士

    研究領域：道教文學

著作：

    《全眞七子證道詞意涵析論》

    〈公羊傳稱賢事例的價值判斷及其意義〉

    〈試論《論語》中天的意義與天人關係〉

    〈中文學門中的經典與通識教學──以《詩經‧周南‧關雎》爲例〉

    〈《金蓮正宗記》的敘述結構分析〉

    〈《金蓮正宗仙源像傳》敘述分析〉

    愛鳥（小說創作）

提　　要

　　道教的神仙既有承續早期神話中先天不死的仙人，也強調人可經由修練而不死，因此神仙與人有時可分，有時不分，這種半神、半人；半仙、半人的人物，以模擬人物傳記的方式而敘述的就是仙傳，仙傳之模擬史傳的人物傳記的敘述方式，也是承襲神話的敘述而來，神話中的神靈也是以傳述人物的方式流傳下來，所以仙傳在內容上與形式上及思維方式的運用都是承續神話而來，故仙傳實爲道教神話的記錄。

　　道教以神仙思想爲核心，把道教形成以前的神仙神話賦予道教色彩，這是從《列仙傳》到《神仙傳》的轉變，所以透過仙傳的研究，可以理解道教成立以前的不死信仰與樂園神話的樣貌，以及道教如何吸收遠古長生不死的神仙神話，以建構其宗教的宇宙觀以及道教神話。並且經過對不同時期仙傳集內容的解讀，了解神仙思想自前道教時期至道教時期的發展，並將其定位於道教神話的範疇下，以補大陸學者在「仙話」的範疇下無法給予神仙傳記眞實定位之失。

自　序

　　年少時最喜愛朱自清「燕子去了，有再來的時候；楊柳枯了，有再青的時候；桃花謝了，有再開的時候。」這詩般的文句，當時只沉醉於其文字的美感，全然不解背後的傷感。也許年少的莫名偏愛，已是個開端，懵懂無知的心，已對生命的定限有著不安與不服，致使多年後以論文寫作的方式，追尋古人的生命態度，探討自我的生命意義。

　　在時光的河流裡，果然不容蹉跎，悄悄地一年半就消逝無息，幸運的是自己以此論著替這五百多個日子作記錄；慚愧的是從開始到完成，它的誕生是如此的倉促。本篇論文所涉及的層面，無論是宗教上的義涵，或是形式分析的理論，對個人而言幾乎都是由基礎的奠立開始，因此這一年多來，也是自己獲益最多，改變最大的日子，雖然它是一連串的挫折與混亂堆疊而成的，奇妙的是每正視一次困境，彷彿加裝了體會喜悅、感受幸福的接受器般覺得生命諸般美好，心中常有無由的喜樂，此時對於一切唯有無盡的感謝！

　　首先要感謝李豐楙教授的辛勤指導，對一個之前對道教全無概念的人而言於碩士修業期間內固定的在老師家上課，是本書能順利完成的關鍵，而老師提供的大量資料更使我在資料的收集上省去不少時間。其次感謝黃敬欽教授及陳兆南教授提供不少寶貴的意見，使本書在寫作細節上更趨嚴謹，也有助於深度的探討。當然還要感謝我的父親，為我逐字翻譯大批的日文資料，使我在資料的吸收與運用上更能掌握，還要謝謝麗玲學姊在諸多方面的開導和施懿琳教授的鼓勵，讓我在自我懷疑時還能堅持下去，並且感謝花木蘭文化出版社兩位主編潘美月教授與杜潔祥老師邀約讓此書能發行出版。最後以此書獻與總是等待我完成學業好去還神願的母親，因為這裡面都是神仙。

民國九十六年三月　　張美櫻謹序於佛光大學，德香樓

目次

第一章　緒　論

第一節　研究動機與目的

在人類文化的創造過程中，神話為初民思維方式的一種展現，而不死的願望與樂園的追求，即是人類採用神話的思維方式所探索的目標，也是中國古代神話中神仙思想的核心。國內研究神話的學者，對於神話的定義雖然紛歧，但大抵在魯迅的界說基礎上有所增損，〔註 1〕魯迅解釋神話為：

> 昔者初民，見天地萬物，變異不常，其諸現象，又出於人力所
>
> 能以上，則自造眾說以解釋之，凡所解釋，今謂之神話。〔註 2〕

魯迅的神話定義雖然簡短，但是界定了神話的時間與內容，這兩點對後來的神話研究影響很大。特別是在時間上，神話必為初民所作，那麼後代以同樣的思維模式、同樣的解釋方法產生類似於初民所作的敘述，因其時代較近，即不能稱之為神話，只好歸類於傳說。所以神話和傳說的分界，有的學者是以時間的遠近來區分的。

從內容上看，神話解釋的對象是天地萬物，其重點是出於「人力所能以上」，所以早期的神話研究者將「對大自然的解釋」及「表現與大自然奮鬥的精神」作為神話的指標。在這個指標下「創世神話」、「英雄神話」是被肯

〔註 1〕 張美卿《中國古代神話中之靈異動物研究》，將國內各學者的神話定義作成表格，對於定義的比對非常方便，見該書頁 5 至 7。政大中研所碩士論文，民國 82 年。

〔註 2〕 見魯迅《中國小說史略》，頁 20。北京：人民出版社，西元 1979 年。

定的，至於宗教神話就顯得不太受注意。偏重於強調神話對於宇宙萬物的解釋，造成把討論焦點放在自然現象與神靈的力量上，反而忽略了不死的探求與樂園的追求精神，造成神話研究上對宗教神話注意不多，而隸屬於宗教神話的道教神話更常被摒除在神話研究之外。〔註3〕

雖然中國古代神話中的神仙神話因為資料分散，不為一般研究者所注意，然而不死的願望卻是不同民族都具有的，而中國古代神話中也存在這種訴求，只是以往的研究都沒有加以重視。但有關神仙神話，不管是古代神話中的敍述，或者是稍後流傳於民間的事蹟，都一再反覆的描述這種追求。隨著時間的推進，後來轉而將樂園移至本土的輿圖上，使不死與樂園的追求本土化、世俗化及庶民化。這一轉化始見於早期神仙思想的傳播者，而完成於六朝的神仙道教。

道教的神仙既有承續早期神話中先天不死的仙人，也有強調人可經由修煉而不死的概念，因此神仙與人有時可分，有時不分。這種半神、半人，半仙、半人的人物，以模擬人物傳記的方式而敍述的就是「仙傳」。仙傳採取模擬史傳的人物傳記的敍述方式，也是承襲神話的敍述而來，因為神話中的神靈也是以敍述人物的方式流傳下來，所以仙傳在內容上與形式上及思維方式的運用都是承續神話而來，故仙傳實為道教神話的記錄。

道教以神仙思想為核心，而把道教形成以前的神仙神話賦予道教色彩，則是從《列仙傳》到《神仙傳》的轉變，所以透過仙傳的研究，可以理解道教成立以前的不死信仰與樂園神話的樣貌，以及道教如何吸收遠古長生不死

〔註3〕 如在《山海經》中的神靈敍述，基本上是神話，但在觀念上要撇清神話與仙話的不同。神話是現實的折射，仙話是超現實的，神話具有積極向上的精神，仙話是以個人享受、利己主義為前題。（參見袁珂《神話故事新編》：「這類仙話……其思想是荒誕的，其實質是利己的、個人主義的。」又譚達先《中國神話研究》：「仙話的主要特點，是宣傳了戰國後的神仙思想，稍後還宣傳漢以後的道教思想，講求摒除穀食，修心養性，以個人享受、利己主義為前題。」二說俱見於《中國古代神話甲編三種》，台北里仁出版社，民國74年。）這樣的結論對於神話的研究產生了很多問題，基本上神話、傳說仙話的分類不是能夠那麼簡單的畫分的，神話在初民創作時是十口相傳，是一種傳說，所以神話是傳說的一種；如果仙話和神話要截然的畫分，則仙話的研究就呈現無頭狀態，當然只能看到神仙思想個人主義、追求享受的表面。而忽略了神仙的追求與神仙世界的建構基本上就是起於不死的願望與樂園的回歸，神仙世界是初民所有的征服自然的想像精緻化、具象化的表現，在精神上與思維方式上與神話並無不同。

的神仙神話，用以建構其宗教的宇宙觀以及道教神話。並且經過對不同時期仙傳集內容的解讀，了解神仙思想自前道教時期至道教時期的發展，並將其定位於道教神話的範疇下，以補大陸學者在「仙話」的範疇下無法給予神仙傳記真實定位之失。此外也希望透過對仙傳集的系統解讀，在了解古人對生命探索的過程中，也能有助於自我對生命的省思。

第二節 義 界

在魏晉雜傳中，最能突顯整個時代史學特色的就是志怪傳記，這一部分志怪作品，在唐宋以後多劃入小說類，但在魏晉時代卻被視為真實的存在而進入歷史的記載之中，〔註4〕《宋書・徐廣傳論》沈約論稱：

> 自魏氏膺受，主愛雕蟲，家棄章句，人重異術……。自黃初至
> 晉末，百餘年中，儒教盡矣。〔註5〕

史書是時代的記錄者，雖然史官的價值觀足以影響歷史面貌的呈現，但是卻無法完全抹煞歷史的真實，魏晉時代「人重異術」的表現是整個時代風氣瀰漫宗教思潮與玄風的結果，加以此時歷史觀念的轉變，〔註6〕志異之風興盛。在整個六朝正史的人物傳記中，對於人物的神異敘述多有著墨，而正史之外的雜傳則更以述異為主題，神仙傳記就是其中之一，正因「人重異術」，所以社會上許多具有神異性格的人物，為人所樂道，這些神異性格人物事蹟的集結，反應在道教文化發展上則有許多仙傳集的產生。

「仙傳」是一種以仙人為敘述主體的傳記，這種傳記所表現的意識及其寫作形式，和中國正史列傳有所差異，過去一直未受到應有的重視。仙傳的集結當屬託名劉向所撰的《列仙傳》為首，在此之前，《史記》的〈封禪書〉記載先秦時期的宗教活動與方士行為，可算仙傳的前身。其後班固《漢書》〈郊祀志〉、〈五行志〉都對方士活動有所記錄，也保存許多西漢的神祕傳說；范曄《後漢書・方術列傳》則開正史敘述方術專傳的先例，雖然是合傳性質，但說明瞭方士在後漢歷史舞臺的活動情形。《後漢書・方術傳》的寫作，被後來史評家視為荒誕之作，但卻忠實的反映了歷史的真實。《後漢書》著成於劉

〔註4〕見逯耀東《魏晉史學及其他》，頁37。台北：東大圖書公司，民國87年。

〔註5〕沈約《宋書・徐廣傳》卷55，頁1552～1553，台北：鼎文書局，民國69年。

〔註6〕關於魏晉史學思想的衍變及特色，見逯耀東《魏晉時代史學思想的轉變》，師大歷史所博士論文，民國60年。

宋時期，魏晉南北朝是傳記文學發展最蓬勃的時期，人物別傳固然大量出現，仙傳的編撰也成果豐碩。〔註7〕

　　近年來大陸學者對於神仙故事與傳說的研究，投入較多的心力，也產生了「仙話」一詞，用以代稱神仙傳說，至於「仙話」一詞何時產生？研究神話多年的大陸學者袁珂以為或許是他無意中創立的。〔註8〕可以確定的是「仙話」的概念是為了區別神話而來的，早期稱之為「神仙故事」或「神仙談」，被視為「道士們胡說八道」之言。〔註9〕當然隨著觀念思想的改變，目前大陸學者對他們所謂的「仙話」也有了修正的看法，但基本上不是站在民間文學的角度探討其與民間故事的關係，就是視為神話的分枝，當然他們在資料上是把仙傳視為仙話的。這種作法加上馬克斯唯物主義與無神論的觀點，使得大陸學者的研究無法擺脫神仙思想是「迷信」，為道士謊言的批判。基於這種批判心態也就無法深入的探討神仙思想的義涵，而只能給予民間文學支流的定位，陳述其反應人民反抗統治者心態的論調。

　　唯物史觀與無神論的批判意識，使他們陷入研究的困境，基本上他們是肯定民間文學的，仙話既為民間文學，當然富有廣大民眾的感情，有美好向上的積極面，有被壓迫階級的反抗精神值得肯定。所以大陸學者偏重於強調神仙中的民眾性，而排除其中的宗教性格，甚至有學者強調神仙思想研究必須與道教脫離而獨立，神仙思想就是神仙思想，是民族心靈的夢。〔註10〕神仙思想的發展固然並非與道教同步，但神仙思想是道教的核心，脫離道教而

〔註7〕六朝時期的仙傳有神仙傳、說仙傳、養性傳、漢武內傳、太元真人東鄉司命茅君內傳、清虛真人王君內傳、清虛真人裴君內傳、正一真人三天法師張君內傳、太極左仙公葛君內傳、仙人馬君陰君內傳、仙人許遠遊傳、靈人辛子玄自序、劉君內記、陸先生傳、集仙傳、洞仙傳、王喬傳、關令內傳、南獄夫人內傳、蘇君記、嵩高寇天師傳、華陽子自序、太上真人內記、道學傳。仙傳的大量產生，除了受魏晉別傳的發達影響外，另一方面也是六朝神仙道教興盛的反映。

〔註8〕袁氏於〈仙話——中國神話的一個分枝〉一文中指出「仙話，這詞兒，不知道在我之前是否還有其他學者使用過，我翻檢了一下魯迅、茅盾、聞一多諸人的著作，好像沒有。或者是我偶然創作的也未可知。」刊於《民間文藝》季刊1988年第3期。

〔註9〕見袁珂《中國古代神話》，頁27，里仁書局，民國78年。

〔註10〕鄭土有於其《曉望洞天福地、中國的神仙與神仙信仰》序中言：「以往的研究中，基本上都是把神仙放在道教中來研究的。拙意以為這種做法，較難把神仙的概念搞清楚，也不能突出神仙信仰在中國宗教信仰活動中的特殊地位。」頁1，陝西人民教育出版社，1911年。

研究神仙思想在理論上並不周全，在實際上根本不可能。這一點可以從目前大陸學者仙話研究的成果看出。

其次「仙話」只是一個概略性的泛稱名詞，而不是嚴格定義的專有名詞，「仙話」可以代表流傳於民間的神仙傳說與神仙故事，卻無法充分涵蓋經過文字處理且有意識集結或撰寫的神仙傳記。因此本書以「仙傳」指稱這些集結成書的神仙傳記，如《列仙傳》、《神仙傳》及《洞仙傳》等，而不沿用大陸學界的「仙話」一詞。就文體的分類上說，「仙傳」是記載神仙的傳記，是傳記文學的一種，就文學的範疇而言，可歸類於宗教文學之道教神話。

在時間的範圍中選定成於東漢末至六朝，乃因仙傳集的成立時代而定，且此時正是道教由初期建立至蓬勃發展的階段，道教往後的發展均在此一時期奠基，是仙傳發展史中最重要的階段。由於這一時期的仙傳發展蓬勃，有許多仙人的專傳、別傳或單篇流行，或散見於道教各經典中，不但資料龐蕪，所涉及的宗教義涵繁多而複雜，非筆者能力所及，故而僅以《列仙傳》、《神仙傳》、《洞仙傳》三本仙傳集為探討對象。

第三節　研究方法

一、觀念角度的調整

人們對於可由科學驗證的事物當作是實，對於科學目前未能驗證的事物是否就可以判斷為虛？實與虛、幻與真這兩組對立問題的提出，幾乎是一個現代人看待神仙思想的反射動作。但是就生命的探索而言，人對於是否能夠突破時空局限的思考與嚐試，是理性的；就存有而言，生命的存在是最真實不過的，探討生命的極限也是理所當然的事。因此從面對生命的態度看神仙思想的發展，實在無法簡單地以慣用的虛、實與真、假來作批判，而神仙思想的探討主旨也不在於神仙是否可驗證。所以在思考神仙思想的問題上，有一個方法論上的問題必須深思，即近代科學的實驗方法，是從物質現象觀察開始，它傾向於追求現象間可以看見的、屬於一般而安定的因果關係，乃至於機率的關係，其對象是放諸四海皆準的普遍性，而無視於與這種正常關係相反的「偶然」或者是例外的事例。可是關於人類的經驗，卻無寧說是以「例外是在闡明本質」為原則的。例如當我們在考量藝術、武術的本質時，必定是以少數天才的作品或高手的技能來研究。宗教也是如此，我們借助於佛陀、

耶穌或神仙異於常人的體驗，才能得到宗教本質的端緒。〔註 11〕修練成仙思想的產生，絕對是始於日常生活中人的實踐活動，先透過實踐性的生活體驗而認識到可能的例外狀態。故而我們在理解神仙修練與求仙思想時，在觀念上必須先有如此的認識，才不致陷於支離的解析與批判，失去掌握神仙思想本質的契機。

二、方法運用

　　仙傳裡面所匯集的既是宗教神話，解讀這些道教神話當從神話學入手才能建立方法。李維史陀（Levi-Strauss）認為神話不僅是神仙故事，他還含有一項訊息。雖然我們不很清楚是誰在傳送訊息，但我們卻知道是誰在接收訊息。初踏入社會的年輕人，當他們第一次聽到神話時，他們是在接受傳統傳承者的灌輸，這個傳統至少在理論上講，是由遠古時代的祖先流傳下來的。因此我們可把祖先設想為訊息的「傳送者」（甲），而現在的世人是「接收者」（乙）。再讓我們想像有甲乙兩個人，甲想要把一項訊息傳遞給相離甚遠的乙；又假設這項傳遞受到各種干擾——風聲、車聲等。在這情況下甲該怎麼辦？如果他是個明智的人，他就不會把他要傳送的訊息只喊一次，而會喊數次，每一次用不同的話來表達，甚至用可以看得見的訊號來補充。而接收的一方，也極可能略為誤解每次傳送的訊息，但他把各次的訊息集中在一起，他會從內容的重複，他們之間的一致和不合之處明白對方「真正」在說什麼。〔註12〕

　　一般功能主義的人類學家大多能同意李維・史陀此一主張，當然此一說法的意義不在初民創造神話是為了要和遙遠的後代子孫傳遞訊息，而是後世對於古代遺留下來的神話，因語言與文化的障礙，必須將所有的訊息集中在一起，在重複的內容中，從他們之間的一致與不合處去組合這些神話的真正意思。對於後世而言神話所有的語言都是象徵、隱喻的語言，所有神話學的思維都是一種隱喻的形式，把人的想像力、創造力表現出來。神話透過符號來隱喻某些意義，解讀神話則必須在這些非理性邏輯的思維模式中尋繹其內

〔註11〕此一觀念見於湯淺泰雄著〈「氣之身體觀」在東亞哲學與科學中的探討——及其與西洋的比較考察〉一文中。收於《中國古代思想及身體觀》論文集中，頁 93 至 94。巨流圖書公司出版，民國 82 年 3 月。

〔註12〕見艾德蒙・李區著《結構主義之父・李維史陀》第四章〈神話的結構〉，頁 71，桂冠圖書公司，民國 76 年。

在的條理，把一些意念組織化。

仙傳集中所有的神仙傳記最適合用李維・史陀的「神話交響樂譜」來形容，也適合用其神話結構分析的觀念，然其結構分析的方法，乃將一則神話故事分爲若干聯組的關鍵片段，再由這些片段中尋找其重複的訊息。由於東西神話的內涵有別，在此僅採用其結構分析的觀念，將所有的神仙神話從形式上先分爲若干關鍵結構點，集中其重複的訊息，並區分其不同的訊息。再透過形式分析與內容分析的兩個步驟，重複的解讀仙傳集，藉以了解仙傳集所傳遞的神仙神話的義涵。

仙傳集藉著文學的形式，傳達道教的義理，既是宗教學又是宗教文學，這種文學的敘述態度建立在道教系統下，而以擬史傳的模式表現，因此必須神話學與歷史考證的方法交互運用，方法論的實踐除了神話結構點外，尚有宗教學、民間文學的觀念運用。

過去學者對於神仙思想的起源發展，在文獻上已作出了有系統的論述，在神仙思想的內緣問題上也有相當程度的探討〔註13〕，因此在前賢的基礎上，取其成果並藉由道教經典中的《列仙傳》、《神仙傳》及《洞仙傳》三種仙傳的比較分析，探討道教在形成初期的神仙傳說與道教確立後不同道派的神仙傳說，所呈現的不同現象，藉以明瞭道教在形成初期的神仙思想的發展以及神譜系統的建立。本書全文分六章：

第一章緒論；第二章所處理的是研究素材的基本問題，包括作者、成書年代、版本流傳、編撰過程與編撰依據等。古籍因其材質易損、保存不易，其流傳原本就多災厄，加以仙傳的形式內容被視爲殘叢小語，所言又是神仙之術，不爲一般藏書者所重，歷經時代的變遷，脫落佚失在所難免，因此今存仙傳可能均非原貌，在這種情況下，眞僞之辨及作者、成書年代、版本流傳問題的探討，爲思想內容探討的前置作業，故而本章採取目錄學的方法，釐清現存仙傳的版本問題，將古今中外學者的考證臚列比義，匯整諸家之說，

〔註13〕國內單篇研究除李師對《洞仙傳》爲專文外，其餘均爲目錄版本的考察，如余嘉錫《四庫提要辨證》，陳國符《道藏源流考》，嚴一萍所輯《道藏資料彙編》。大陸學者近幾年有部分仙話的研究，概論性如袁珂、羅永麟、鄭克宇等人的單篇論文，區別仙話與神話的差異。專著如羅永麟的《中國古代仙話研究》、梅新林的《仙話》、鄭土有《中國的神仙與神仙信仰》等，都偏向仙話史的著作。國外法國學者康德謨〈列仙傳譯序〉，日本學者澤田瑞穗、福井康順、小南一郎、下見隆雄、知山內也、本田濟他等都有專篇論文討論《列仙傳》或《神仙傳》的基本問題。

以作爲判斷依據。

第三章爲仙傳敘述形式的分析，分爲兩大方向進行，分析所有仙傳內容的敘述重點，製爲重點單元分析表，通過圖表的具體顯示，觀察仙傳集重點單元分布現象，探討不同時期的仙傳敘述重點變化；其二是根據仙傳內容的敘述筆法作分析，以明瞭其神仙世界的建構方式，與敘述模式及技巧。在觀念上是取自西方形式分析的觀念，特別是受 Tzvetn Todorov（多鐸洛）的 the fantastict 觀念的啓發，在筆法的分析上特別著重由平凡進入神奇境界的轉變，但基於文化背景的差異，西方文學的方法論未必完全合用於我國文學，因此在方法上不套用任何理論，只針對仙傳所呈現的敘述方式與筆法歸納整理。

第四章爲仙傳的結構點與思想內容分析，因目前所見中西方主題學的分類法，均忽略了仙傳的宗教性格，無法符合本研究應用的要求，所以也沒有援用其分類法，而自行據仙傳的內容歸類其結構點。並透過結構點的分析以見仙傳所述神仙思想的意義。

由於仙傳的性質是融合傳說與傳教於一體的，因此對於傳說學的一些基本原則的把握，有助於對故事來源與形成背景的考察，在傳說背後之神仙思想系統的理解上，這一層的考察是不可疏漏的；針對傳教的目的而言，仙傳編撰者本身的教派，也影響著仙傳中的神仙思想，就宗教的角度將仙傳放入教派的脈絡中加以考察，以見其神仙思想的特色，在問題的探討上也是重要的方法。

第五章爲史傳與仙傳的比對，仙傳人物並非全是民間傳說中的人物，其中不少爲史書所記載，活躍於歷史舞臺上。這些信史中的人物，在史家的筆法下有著不同於仙傳的生平事跡，也有與仙傳相差無幾的描述筆法，仙傳與史傳對同一人物描述的異同比較，可以看出兩種不同文化階層交互滲透、彼此融合的痕跡。同時仙傳的產生背景，決定其思想要素，因而置仙傳於社會文化的肌理脈絡中，就社會現象探討其存在的時代意義，是處理仙傳諸多問題中不可或缺的一環，因此與史傳的對照更顯重要。第六章結論。

第二章　仙傳的成立與流傳

　　仙傳的著作實爲仙道思想作宣傳，戰國與秦漢之際神仙不死的思想隨著方士的積極傳播而流傳各地，仙人事蹟的敘述對神仙思想的宣傳是最具體而有效的方式。方士集團在宣傳神仙不死思想，向帝王卿貴們遊說其方時，必將神仙世界予以具體的描述，因此仙人事蹟也就隨著他們的散佈而四處流傳，加上與民間祠廟信仰結合，關於神仙的敘述也就更多樣更豐富。

　　大量的神仙傳說，雖然生成的系統有異，可是不死的信念一致，即可爲神仙家作爲強有力的證據。故相信神仙之眞有者，將這些流傳於民間的神仙傳說以文字記錄整理出來，以利於其信念的傳佈，加強自己與他人對神仙信仰的信心，此爲仙傳寫作的目的。仙傳的作者早期爲神仙家的信仰者或爲方士，道教成立後則以道士爲多。其他也有文人好奇之作，但是純出於作意好奇的文人，不會只記神仙之事，而多記各種神奇怪異的傳說，學界統稱之爲志怪小說。

　　儘管方士、道士之列，不乏博學多聞、高尚志節的文士，但是就整體而言，道士、方士在傳統社會之中，受知識分子認同的程度並不高，大部分知識分子的思想總以孔子的不語怪力亂神心態，對鬼神問題抱著存而不論的態度，或者因其荒誕不可驗而排斥。所以仙傳的保存除了道教內部祕傳外，雜廁於小說家末流，甚少引起學者的注意，因此亡佚散失的情況比一般書籍更甚，況且道教內部以祕傳爲尚更容易失傳。因典籍散亡情況嚴重，後世學者在研究上就必須注意眞僞之辨，解決眞僞問題所引發的作者問題、成書年代、版本流傳等文獻的考據成爲討論古籍內容之前必先進行的準備工作。

第一節　《列仙傳》的流傳與作者問題

　　《列仙傳》爲最早的仙傳集，首見於《隋書・經籍志》，明言劉向著，但是《漢書・楚元王傳》中並未提及此事，而《漢書・藝文志》也沒有著錄，以《漢志》和《七略》的關係上看，這是令人費解的問題。然而《隋志》記載分明，而劉向本身又是神仙不死的信仰者，縱使有《漢志》不錄，劉向本傳未提的疑點，仍是有學者深信此書爲劉向所作，東晉葛洪即爲代表，因此前輩學者對於本書的討論，一直以作者及連帶的成書年代爲核心。本節即就各家的討論作一總合歸納以見其要。

一、問題的產生

　　現存《列仙傳》的各種版本均標明作者爲劉向，書前有篇無署名的序文，其中敘述這位漢代著名的目錄學家如何編撰這本書。《隋書・經籍志》（以下簡稱隋志）載及漢代（應爲秦代）阮倉作〈列仙圖〉，同時提及劉向編纂古籍時，「始作列仙、列士、列女之傳」〔註1〕。《列仙傳》在《漢書》中雖有記載，但並沒有把它歸於劉向的著作中。而且此書的眞實性從宋朝開始就常常被懷疑。〔註2〕

　　《列仙傳》的作者問題因篇前的序文，引起諸多爭端，其序文如下：

> 初，武帝好方士，淮南王安招賓客，有枕中鴻寶密祕之書，言神僊使鬼物及鄒衍重道延命之術，世人莫見。先是安謀反伏誅，向父德爲武帝治淮南王獄，獨得其書，向幼而好之，以爲奇。及宣帝即位，修武帝故事，向與王襃、張子喬等並以通敏有俊才，進侍左右。向及見淮南鑄金之術，上言黃金可成。上使向典上方鑄金，費多不驗，下吏當死。兄安成侯安民乞入國中戶半贖向罪，上亦奇其才，得減死論，復徵爲黃門侍郎，講五經於石渠。至成帝時，向既司典籍，見上頗修神僊之事，乃知鑄金之術，實有不虛，僊顏久視，眞乎不謬，但世人求之，不勤者也。遂輯上古以來及三代、秦漢博

〔註1〕《隋書・經籍志》：「又漢時，阮倉作〈列仙圖〉，劉向典校經籍，始作列仙、列女之傳，皆因其志向，率爾而作，不在正史。」卷33，頁982，台北：鼎文書局。

〔註2〕《漢書・郊祀志注》卷25，頁1204，北京：中華書局，1996年。《漢書・司馬相如傳》，頁2592，台北：鼎文書局。

采諸家言神僊事者，約載其人集斯傳焉。〔註3〕（頁 171～172）

此文將劉向與神仙思想結緣的開始及其作金實驗失敗的經驗，至對神仙思想再肯定的過程，簡要的交待，以強調劉向著作《列仙傳》的動機，因此序文言之鑿鑿，加以《隋志》之著錄，劉向著《列仙傳》之說，遂爲許多學者所信，葛洪即爲一例。儘管如此懷疑此序文的眞實性者，也有其立說之據，因此作者問題爲本書引人論說最富的議題。論者從目錄、版本、內容等各方面著手，雖然沒有一具體而令人信服的定論，也釐清了許多複雜的問題。

二、歷代書目的著錄及國內目錄學家的辨證

《列仙傳》的作者問題與著作年代雖然《隋志》的著錄相當的清楚，但後代的學者沒有不持懷疑態度的，其原因即在於劉向、歆父子未曾提及，且《漢書》不志。於是學者從版本目錄、內容記載、文筆風格等各角度論其不可信，其中問題繁複、資料龐雜，不過仍需通過作者與成書年代的考察，才能據以探討思想內容的特色，因而將歷代書目著錄及各家疑說，不嫌冗贅爬梳如下。首先檢視《列仙傳》在史書經籍目錄的記載情形：

《隋書‧經籍志‧雜傳類》　著錄《列仙傳讚》三卷，劉向撰；又言《列仙傳讚》二卷，劉向撰。

《舊唐書‧經籍志‧雜傳類》　著錄《列仙傳讚》二卷，劉向撰。

《新唐書‧藝文志‧道家類》　著錄劉向《列仙傳》二卷。

《宋史‧藝文志》　著錄劉向《列仙傳》二卷。

最先注明《列仙傳》作者的爲《隋志》，而該志向來被目錄學家認爲疏漏多，可信度低，加以《漢書》並未注明作者而《隋志》的著錄反指實爲劉向所著。根據目錄辨僞的原則，視前代未載作者而後朝出現的情形爲可疑，在目錄考察的雙重不利情況之下，判定《列仙傳》並非劉向所撰，是宋代疑經風潮之下的必然結果。

陳振孫《直齋書錄解題》卷十二即云：

《列仙》二卷，漢劉向撰，凡七十二人，每有贊，似非向本書，西漢文章不爾也。《館閣書目》，三卷六十二人。《崇文總目》作二卷

七十二人，與此合。〔註4〕

黃伯思《東觀餘論》〈跋劉向列仙傳〉亦云：

> 司馬相如云：列仙之儒，居山之澤間。列仙之名當始此。傳
> 云劉向作。而《漢書》所序六十七篇，但有《新序》、《說苑》、《列
> 女傳》等，而無此書。又敘事並贊不類向文，恐非其筆。然事詳語
> 約，辭旨明潤，疑東京文也。〔註5〕

陳振孫由文字風格上判斷，懷疑非劉向所著，原因是文章不像西漢風格；而
黃伯思則以《漢書》未志及文體不類爲理由推翻《隋志》的說法，並進一步
認爲其文字風格應屬東漢。雖然根據文章風格作判斷，並不具有積極的說服
力，但仍不失爲可以考量的方向。

胡應麟《四部正僞》亦有導語：

> 案《漢書·藝文志》，劉向所敘六十七篇，止《新序》、《說苑》、
> 《世說》、《列女傳》而無此書。《七略》，劉歆所定，果向有此書，
> 班氏決弗遺，蓋僞撰也。當是六朝間人因向傳列女，又好神仙家言，
> 遂僞撰託之。其書既不得爲眞，則所傳之人恐亦未必皆實。考此傳，
> 孫綽及郭元祖各爲贊，非六朝則三國無疑也。〔註6〕

胡應麟除了根據《漢志》的記錄證明劉向《列仙傳》的可疑外，並且提出《七
略》與《漢志》的關係，在論理上較積極的說明如果劉向作《列仙傳》，班固
不可能遺漏，《漢志》不可能不著錄；並進一步推測《列仙傳》應該是六朝時
人所作，因劉向有《列女傳》，加以好神仙之言，因而託名向作。再依據孫綽、
郭元祖爲贊判斷，其成書年代如非六朝即爲三國時期。

姚際恆《古今僞書考》言：

> 《漢志》載向《新序》、《說苑》、《世說》、《列女傳》，無《列
> 仙傳》，可證其僞。殆因列女而有此列仙歟？其云：歷觀百家之中，
> 以相檢驗，得仙者百四十六人。其七十四人，已在佛經，故檢得七
> 十二人，可以爲多聞博識者遐觀焉。西漢之時安有佛經！其爲六朝
> 人所作，自可無疑也。〔註7〕

〔註4〕陳振孫《直齋書錄解題》卷12，頁333，台北：商務印書館，民國67年。
〔註5〕《僞書通考》〈道藏洞眞部〉引，頁1037，台北：宏業書局，民國68年。
〔註6〕《僞書通考》〈道藏洞眞部〉引，頁1037，台北，宏業書局，民國68年。
〔註7〕同上。

姚際恆的觀點，基本上是承襲胡應麟而來，只是根據序文言「其七十四人已在佛經」作發揮，認爲劉向所處的西漢時代，不可能有佛經出現，而認爲是六朝人所作。

《四庫提要》曰：

　　考是書《隋書》著錄，則出於梁前。又葛洪〈神仙傳序〉亦稱此書爲向作，則晉時已有其本。然《漢志》列劉向所序六十七篇，但有《新序》、《說苑》、《世說》、《列女傳圖頌》，無《列仙傳》之名。又《漢志》所錄皆因《七略》，其〈總讚〉引《孝經援神契》，爲《漢志》所不載。〈涓子傳〉稱其〈琴心〉三篇有條理，與《漢志》〈蜎子〉十三篇不合。〈老子傳〉稱作《道德經》上下二篇，與《漢志》但稱《老子》亦不合，均不應自相違異。或魏晉間方士爲之，託名於向歟？〔註8〕（卷一四六，子部道家類）

《四庫提要》肯定《隋志》著成時，已見《列仙傳》，而葛洪也稱劉向作此書，表示晉代確有此書。但是根據今本《列仙傳》內容中所提及的書籍，與《漢書‧藝文志》的著錄作比對，可發現兩者之間篇名卷數都有出入，《漢志》是承《七略》而來的，《七略》又是劉向所著，如果是出於同一人的手筆，應不致於自相違異。

孫志祖《讀書脞錄》曰：

　　《世說‧文學篇》注引〈列仙傳贊〉曰：「歷觀百家之中，以相檢驗，得仙者百四十六人，其七十四人已在佛經，故撰得七十。可以爲多聞博識者遐觀焉。」索撰得七十下脫二人二字，蓋百四十六人除七十四人外，尚有七十二人也。故李石《續博物志》云：「《列仙傳》七十二人，」……今本《列仙傳》止七十人，末有〈總讚〉一篇，亦無出佛經之語。蓋今本後人綴輯，非向書之舊。又見《世說》注云：「撰得七十」，不悟其有脫字，故數止此也。《文選‧吳都賦》注引「鰲負蓬萊山而抃滄海之中」；又〈登江中孤嶼詩〉注引……，〈西京賦〉注引……，〈天台賦〉注引……者，今本皆無之。〔註9〕（卷四）

在辨僞觀念下的多種立說論證中，孫志祖的見解是較值得特別注意的，他就其所見的《列仙傳》與〈列仙傳序〉及〈世說注文〉相比，認爲所見本並非

〔註8〕同上。
〔註9〕孫志祖《讀書脞錄》卷4，頁11，廣文書局，民國52年。

劉向的舊本。在其字裡行間可以看出，並不懷疑劉向爲《列仙傳》的作者，只是後來流傳於世的本子，不是《列仙傳》的原本罷了。

從宋代的疑書風尚至清代以來，若就論證上來說，劉向爲《列仙傳》的作者，幾乎完全被否定了，其否定的依據是《漢書》不志。對於《列仙傳》的成書年代，在認定上，雖然頗爲紛歧，但是大多數以爲成於六朝。至於何以判定爲六朝，各家都沒有具體的說明，從行文中可以看出，對於《隋志》的著錄，學者多不予採信，卻也不否認《隋志》編定之時《列仙傳》既已存在的事實。因此有關成書年代與著者問題在此一階段，可說僅止於問題的提出，而未能得到確切的解決。

至余嘉錫的《四庫提要辨正》，始對《列仙傳》的問題有較具體明確的處理，他以爲《列仙傳》本身是僞書，因劉向有鑄黃金之事見於史載，而又掌管典籍、多見異書，所以僞造者即仿《列女傳》體僞作《列仙傳》，託名劉向以取信於世。他由《列仙傳》的內容及文字入手，將傳文所述的事跡與史料作比對，說明其中矛盾不合理的地方，其立論如下：

（一）劉向曾向長老賢人詢問故舊之事，當時人都說東方朔喜爲庸人誦說，所以後世多傳聞。可見劉向時東方朔已故，而《列仙傳》云：朔自宣帝初，棄郎以避亂世，後見於會稽。果眞如此，劉向與東方朔是先後同時之人，於理不合。

（二）楊守敬《日本訪書志》云：〈文賓傳〉言太邱鄉人也，前漢無太邱縣，後漢屬沛國；〈木羽傳〉云鉅鹿南和平鄉人也，前漢南和屬廣平國，後漢始改屬鉅鹿。

（三）王照圓注云：〈商邱子胥傳〉言高邑人也，《後漢・郡國志》常山國高邑，故鄗，光武更名高邑。〔註10〕

以上三點證明其文字內容多與西漢不符，不可能成於西漢，當然也就不可能是劉向所作；而應劭《漢書注》與王逸《楚辭章句》引此書，說明《列仙傳》已盛行於東漢，其著成不可能起自魏晉。

三、國外學者的考察

《列仙傳》在國外漢學界也頗受注目，先後有法國學者康德謨（MAX

〔註10〕余氏對《列仙傳》的辯證，見於該書卷19，子部10，頁1202～1218，（北京：中華書局，1980年）。

KALTE- NMARK）根據王照圓校本譯注爲法文，日本學者福井康順、澤田瑞穗、內山知也等人，都曾對《列仙傳》的著作問題作一番考察。

　　法國巴黎大學康德謨教授認爲：《列仙傳》至少在東漢時已經流傳了，應劭在《漢書》〈郊祀志〉及〈司馬相如傳〉的注釋中，既已加以引用，而王逸的《楚辭注》也引用《列仙傳》。王逸注《楚辭》在西元 117 年左右，而應劭是靈、獻兩帝（西元 168～219）時人，可知《列仙傳》在二世紀初期已經存在了。但是應劭和王逸的引文，均不見於今本。〔註 11〕從晉至宋的類書引文中，也可以看出多有異文，因而康德謨斷言《列仙傳》可能有很多不同的抄本在流通。康德謨的論說是以余嘉錫的辨證爲主要依據，但是在結論上並不確定劉向是不是《列仙傳》的作者。

　　福井康順在其〈列仙傳考〉一文中以黃伯思、胡應麟、姚際恆、張心澂、王照圓、洪頤宣、康德謨等人的論說爲基礎，進一步根據《列仙傳》的文字內容、列序位置、序文「在佛經」一語、讚的問題分層等論述。在作者問題上，福井氏提出五點加以說明：

（一）《漢書・李尋傳》引劉向曰：「忠可，假鬼神，罔上惑眾」，是對怪力亂神的斥責如果《列仙傳》爲他所撰述，實爲矛盾。〔註12〕

（二）〈介子推傳〉無「寒食」傳說，《說苑》卻一再提及，《後漢書・周寧傳》亦載太原郡的「寒食」風俗，《列仙傳》則全不觸及，令人不解。

（三）〈陸通傳〉與《列女傳・狂接輿妻傳》的內容不一致。《列女傳》中狂接輿妻有陸通行狀的描述，全不見於《列仙傳》，若出於同一作者，實爲可疑。

（四）《列仙傳》中，可見當代人物，及一些無名的仙人及漢代之後才成仙的人物，與〈神仙傳序〉的敘述不同。〔註13〕

（五）出現西漢以後的避諱與地名。〔註14〕

〔註11〕詳見康譯〈列仙傳序〉，載於《中國學誌》第五本。頁 264。

〔註12〕原文見《漢書》卷七十五〈李尋傳〉，福井以此論劉向斥神怪、不可能作《列仙傳》，在說理上顯然不夠圓融，如果斥甘忠可與作列仙是矛盾的，那麼劉向本身好神仙之言與斥神怪也是矛盾的，福井於此無視於劉向好神仙、鑄黃金之事，而直接將斥甘忠可之事視爲斥怪力亂神，沒有就政治層面與道派之間意識形態的差異作考察，而有所誤解。

〔註13〕〈神仙傳序〉言《列仙傳》是劉向以秦阮倉〈列仙圖〉爲基礎，集結而成，卻出現漢代人物，令人不解。

〔註14〕上五點乃自福井論文作簡單摘譯，詳見福井康順之〈列仙傳考〉，刊於《早稻

　　稍後於福井氏的澤田瑞穗，則在《中國古典文學大系》〈《列仙傳》與《神仙傳》的解說〉中，也有相關的論述，不過他的論點與資料大體沒有超越余嘉錫之處，只有提出《列仙傳》中玄俗的傳記作考證，若如傳所言玄俗為西漢末人，怎麼會錄進劉向的《列仙傳》中為資料補充。〔註 15〕澤田氏之後日本所編的《中國小說全集》中在《列仙傳》的部分，有一篇前野直彬的解說，除了在資料上接受法國與日本漢學界的結論外，另外又就《列仙傳》的思想體系考察，認為《列仙傳》的神仙思想較樸素，不同於六朝神仙傳說膨脹下的仙傳風格，因而《列仙傳》應非晚至六朝的作品。〔註 16〕

　　綜合中外龐雜的資料論證後，可以明顯的得到兩個不同的結論：即國內前代的學者，以辨偽的觀點判定《列仙傳》為偽書，作者為六朝人士，就論證而言，只能證實《列仙傳》成立於西漢是可疑的，連帶的作者就不可能是劉向了。若要進一步證明他們判定為六朝人所作，在論證上並沒有任何說明，在證據上也沒有提出力證，因此研究成果當以余嘉錫的結論較具說服力。而國外後繼的學者也都在其資料基礎上，進一步的根據內容作考察，而有較多的收穫，在觀念及方法上也有所差異，早期以辨偽為主，對於諸書的引文出入，往往視為真偽的判斷，而沒有版本的觀念；但版本流傳的問題反而是後世學者注意的焦點，如福井博士的〈《列仙傳》考〉對於版本流傳的著墨，即佔了相當大的篇幅。

四、版本問題

　　對於版本的問題加以考察，在進行《列仙傳》的內容分析之前，是一項至為重要的工作，福井的結論認為今本為後世雜輯的作品，也是持平之論，這也是中國大部分古籍流傳過程的共通命運。因此就今本《列仙傳》的文體或內容與西漢末的時代背景作對照，其不相符的結果，正表示今本《列仙傳》成書的複雜性。

　　《列仙傳》現存諸本凡有八種：

　　（一）《說郛》，第五八，一卷，明末刊本。

　　（二）《夷門廣牘》，第四十冊，一卷，明周履靖校，明萬曆二十五年序

田大學文學研究科紀要》，1957 年，昭和三十二年。

〔註 15〕見澤田瑞穗《中國文學大系》（八）〈列仙傳與神仙傳解說〉，頁 536。平凡社，1973。

〔註 16〕見前野直彬《中國古典小說全集》（五）頁 621。集英社，1975。

刊本。

　（三）《五朝小說》，卷四，一卷，明末刊本。

　（四）《祕書二十一種》，第二十冊，二卷，清汪士漢編，乾隆刊本。

　（五）《列仙傳》校正本，二卷，讚一卷，清王照圓校本。

　（六）寬永刊古活字本《列仙傳》，二卷。

　（七）《道藏・洞眞部・記傳類》所取本，二卷，藝文印書館影印本。

　（八）《道藏・雲笈七籤》卷一零八《列仙傳》，一卷，四十八人。

　　目前所見國內最好的版本，仍爲清王照圓的本子，此本旁搜唐以來類書，及注家所引條文，校定而成，《列仙傳》歷來著錄皆言七十二人，清代可見版本則爲七十人，王照圓乃根據《廣韻》羨字注考定上卷缺〈羨門傳〉，以《史記・封禪書》索引之文補之，卷下則據《藝文類聚・靈異部》引文，補上劉安一則，合爲七十二人。〔註17〕

　　《列仙傳》的成書年代既無法確立於西漢，劉向作《列仙傳》自然也不能成立，但是託名劉向的動機與作《列仙傳》的動機則是相關的，自〈列仙傳序〉可以看出端倪。該序與《漢書・楚元王傳》的雷同程度相當驚人，〔註18〕在序中可看出《列仙傳》的著作動機在於以實例證成神仙的存在，雖然神仙思想在漢代社會相當普遍，著書證成卻需要公信力，而且漢代同樣有反對神仙思想的論調，因此託名著作對於神仙思想的宣傳與流傳有所助益，而劉向以《七略》的編纂在圖書目錄、文獻校勘上偉大的成就，在中國學術史上留下了輝煌的記錄；同時他也是西漢末的著名經學家。劉向學問淵博，通經書、能屬文，又校書祕府二十多年，撰著相當豐富，又好神仙家言，有鑄金之事記載於史，既是儒家的一份子，又具有官方的身分，當然是託名的最佳人選。

　　綜合各家對《列仙傳》內文，及歷來書籍引用的情況的考察結果，雖然《列仙傳》非西漢的作品，但也不至於晚到六朝。許愼《說文解字》八篇上，

〔註17〕　《列仙傳》校正本卷上羨門注：「《史記封禪書索隱》，不云出《列仙傳》。《廣韻》羨字注云「又姓，《列仙傳》有羨門」然則索引所說即本傳文。」又王叔岷教授所撰《列仙傳校箋》一書，以王照圓本爲主，詳參諸家校本，校勘之功深厚，參考價值高。

〔註18〕　《漢書》列傳卷六〈楚元王傳〉：「上復興神僊方術之事，而淮南有枕中鴻寶苑祕書，書言神仙使鬼物爲金之術，及鄒衍重道延命方，世人莫見而更生父德，武帝時治淮南獄，得其書，更生幼而讀誦，以爲奇，獻之，言黃金可成，上令典上方鑄作事，費多不驗……。」頁1928～1929。

偓佺，古仙人名也，段玉裁注云，見〈上林賦〉，張衡〈思玄賦〉：「載太華之玉女兮」，玉女即毛女，字玉姜，在華陰山中，李善注引《列仙傳》〈朱仲傳〉稱「高后時」，〈修羊公傳〉稱「景帝」，〈谷春傳〉稱「成帝時」，多爲漢人口吻。〔註19〕根據上文各家的分析，可以說明《列仙傳》應爲東漢的作品。

第二節　《神仙傳》的著作緣起及其流傳

在道教史上，葛洪的名聲甚著，被後世道教徒視爲祖師，後世仙傳也將他置於神仙之列，上清經派的宗師陶弘景即因閱讀《神仙傳》而受他的影響進入道教養生修仙之門。〔註20〕直到今天一些名山勝境如杭州的葛嶺、廣東的羅浮山，都還留存著紀念他的建築，以及傳說是他煉丹的遺跡。

葛洪在道教史上的重要地位，在於他爲道教建立理論，從理論上確立了長生不死、仙人可學而致的道教基本教義，並將早期各道派的仙道思想作一總結，集各種仙道方術之大成，提出學仙修道的具體途徑，故而學者以爲葛洪是把道教雅化的關鍵人物，他使道教從民間進入上層社會，成爲士人的人生信仰。〔註21〕

葛洪之所以能夠爲道教建立理論系統，就道教史的發展上看，道教發展至當時已足以爲其理論架構的建立提完足的條件；就其個人條件而言，與其個性與家學淵源有關。

《神仙傳》不僅只是葛洪編輯的仙人傳記集，同時也是葛洪仙道理論的發揮處，因此關於本書的研究，不得不注意葛洪的神仙思想，而影響其神仙思想理念的因素也是不容忽略的，其奉道的家學淵源及師承世系，及其遊歷經驗，都是蘊釀其思想的溫床，故而本節前半階段處理《神仙傳》成書的外緣問題，後半階段論其流傳。

〔註19〕王叔岷《列仙傳校箋·序》，頁4。

〔註20〕《梁書》頁742；《南史》頁1897。

〔註21〕見羅宗強《玄學與魏晉士人心態》，頁348（文史哲出版社，民國81年）。站在宗教學的立場上，宗教信仰實質上沒有所謂的高級、低級、俗層、雅層之分，不過進化論學派的宗教學家依宗教的演進而分高級宗教與低級宗教，其所謂的高級宗教並不意味著有更高的眞、善、美價值，比低級宗教有更優越的地位，而是指其宗教觀念、教義信條、組織規範，發展得更細密更完備，同樣的筆者以此援引羅先生的觀點，在觀念上也沒有將上層文人的精神價值視爲雅，民間大眾的精神價值視爲俗的批判意識，而是就其理論的精緻而相對區別。

一、家學淵源

葛洪在《抱朴子・內篇・金丹篇》中自述其師援傳承說：

> 昔左元放于天柱山中精思，而神人受之金丹仙經，會漢末亂，
> 而避地渡江東，志欲投名山以修斯道。余從祖仙公，又從元放受之。
> 凡受《太清丹經》三卷及《九鼎丹經》一卷、《金液丹經》一卷。余
> 師鄭隱者，則余從祖仙公之弟子也，又于從祖受之，而家貧無用買
> 藥。余親事之，洒掃積久，乃於馬跡山中立壇盟受之，并諸口訣之
> 不書者。江東無此書，書出於左元放，元放以授余從祖，從祖以授
> 鄭君，鄭君以授余。

此一自敘記述了葛洪所屬丹鼎派的師承授徒關係，可知其有家學之淵源，雖
然非親灸於其從祖，但站在奉道者的神秘體驗經歷上言，這種傳承自有其機
緣，除了此一自敘外，對於史書所載其家世學程也有助於對葛洪思想的了解。

葛洪字稚川，自號抱朴子，丹陽句容人，其生卒年月依《晉書・葛洪傳》，
論者多以生於晉武帝太康四年（283），卒於康帝建元元年（343）（一說哀帝
興寧元年，363）《抱朴子・自序篇》言「曩祖爲荊州刺史」，因反對王莽，起
義失敗，被迫遷徒於山東琅邪。東漢初，其九世先祖葛浦廬與葛文曾輔佐漢
光武帝興國有功，浦廬受封爲下僮縣侯，後讓國於文，然後南遊江南，定居
句容。〔註22〕

葛家與道教的淵源自葛洪從祖葛玄開始，玄字孝先，學通古今，博覽經
傳史籍，早年即有志於道，曾入天臺、赤城、上虞山修道。後得遇左慈，禮
之爲師，受九丹金液仙經、練保形之術、治病劾鬼祕法、三元眞一妙經。以
奇術聞名朝野之間，孫權父子甚爲敬重，吳人稱之爲「葛仙公」或「太極左
仙翁」。弟子五百餘人。〔註23〕葛洪之父悌，以孝友聞名，仕吳拜會稽守，入
晉後除郎中，遷大中大夫、邵陵太守，卒於任，時洪十三歲。悌爲人清廉，
以循吏著稱，因而一旦過世，家道衰微。

葛洪是葛悌的第三子，幼時很得父母寵愛，並未督以早讀書史，葛悌去
世後葛洪躬執耕稼，並於農暇時發奮讀書。後累遭兵火，先人藏書均遭燒燬，

〔註22〕有關葛洪的生平參見王利器〈葛洪論〉（《東方宗教》59 期，頁 18～41，西元
　　　　1982 年）；王明〈論葛洪〉《道家和道教思想研究》，頁 55～79（重慶：中國
　　　　社會科學出版社，西元 1984 年）；胡孚琛《魏晉神仙道教》（北京：人民出版
　　　　社，1989 年）。

〔註23〕見李師豐楙著《不死的探求》頁 10，台北：時報文化出版事業。76 年。

洪徒步行借，尋書問義，期在必得，砍柴賣錢以買紙筆，抄書誦習。十六歲
始讀經，大義多不通，拜鄭隱爲師，鄭隱本大儒，晚好道，師葛玄。鄭隱所
藏道書頗多，因葛洪年少體弱，又爲葛玄從孫，也另眼相看，命葛洪抄寫道
書，使葛洪得以閱讀大批道經，經過一段時間於馬跡山立壇盟誓，將金丹要
訣授于洪。

　　晉惠帝太安二年（西元 303），張昌舉兵，葛洪奉大都督顧祕之召，在家
鄉募數百人，參加鎮壓張昌別軍石冰起義軍，以戰功遷伏波將軍。石冰事平，
葛洪未受朝廷錄用，投戈釋甲，去京師洛陽搜求異書，遇上八王之亂，前路
受阻，想歸鄉里又因陳敏作亂，江東歸路中斷，只好盤桓徐、豫、荊、襄、
江、廣數州。葛洪也曾師事鮑靚，並娶其女鮑姑授洪《三皇文》。

　　葛洪在廣州時，不應一切徵召，回鄉之後閱歷豐富、眼界開闊，得以實
現他撰著子書的抱負，從事《抱朴子》的寫作。

　　在史書的記載中，葛洪生平事蹟與《神仙傳》的編撰最有關聯的是少年
期的抄書習誦與師事鄭隱時的抄寫道書之事。史抄爲葛洪自學的方法，其自
敘言「抄五經七史百家之言」，這種抄史的經驗，使其《神仙傳》以雜傳體的
方式，論仙人之眞有，其筆法多史筆之風。

　　雜傳體在六朝時將其列於史部，表示視其事件爲眞實，或信其具有部分
眞實性，類此傳說資料，葛洪引作證據，依此論證神仙之有無，爲時代風氣
下的觀念反映，其自敘言「又撰俗所不列爲《神仙傳》」，是他倡導神仙說，
異於世俗上的仙眞傳記。

　　綜觀葛洪的一生，李師豐楙分爲四期〔註 24〕，即「讀書求道」、「撰述子
書」、「任官封爵」、「羅浮煉丹」四個時期，自晉武帝太康四年（西元 283～302）
至惠帝太安元年，爲第一期，少年時的葛洪有志爲文儒，而葛家亦以儒學傳
家，葛洪十四歲已抄書誦習，十五歲始作詩、賦、雜文，自謂可行於世。十
六歲始讀《孝經》、《論語》、《詩》、《易》，從鄭隱受《禮記》、《尚書》，並廣
覽經、史百家之言，至短雜文章，奠定其著書之基。又學風角、望氣、三元、
遁甲、六壬、太一之法，也學會了射箭、刀、戟等武術，並從事兵法的研習。
此時也從鄭隱學神仙導養之法，既欲精治五經，令後世知其爲文儒，又對巢
父、許由等人產生仰慕之情，心生隱世情懷。

　　從惠帝太安二年，到晉元帝建武元年（西元 303～317）這段歲月經過一

─────────────────────────

〔註 24〕同上書，頁 29。

段流離顛沛的生活，見識廣闊，人生經驗也豐富了，終能撰成子書，當然這段期間他加入了軍隊為保衛鄉土而戰，小有軍功，其間朝廷也有所召辟，不過這時期以沈潛精進、著書立說為主。

自晉元帝建武元年至成帝咸和六年（西元 317～331）為任官受爵之期，這時葛洪著書已成，歸隱之心強烈，但時值東晉懷柔江南士族，洪又以積學著作彰名，加上昔有戰功，為新朝羅致對象，雖然一再辭讓，終不能如願。其中也有困於生活，不得不出任為官以應生活之需的時候，這段時間也是他與鮑靚結緣之時，同時也曾嘗試隱居山林，於浙江上虞蘭風山修道，並從事煉丹實驗。

第四期為咸和七年到建元元年（西元 332～343），葛洪一直相信金丹大道為神仙修練之要，但是一直未能付之實證，愈近晚年，愈急於搜集藥材親自實踐，因此煉丹為他晚年的一大心願。葛洪的一生由儒、道兼修而轉向神仙道教之途，正可以代表東晉前後的社會文化。由漢代的經學主流到盛行於魏晉的神仙道教，葛洪的一生也是時代的縮影。

二、今本《神仙傳》摻有後人編輯內容

《神仙傳》最早出現於《抱朴子・自敘篇》，而後《隋志・史部・雜傳類》、《舊唐書・經籍志・史錄・雜傳類》、《新唐書・藝文志・子錄・神仙類》、《宋史・藝文志・神仙類》，《太平御覽・經史圖書綱目》、晁公武《藏書志・傳記類》均有著錄，而《通志略・諸子類・道家》作《列仙傳》十卷葛洪撰，當為《神仙傳》之誤，由《崇文總目・道藏闕經目錄》卷上著錄可知宋修《崇文總目》時已亡佚。因此《神仙傳》未見於《正統道藏》，今通行本亦十卷，但並非全帙，佚文於《三洞珠囊》、《仙苑編珠》等均可見。

《神仙傳》的著作既見於《晉書・葛洪》本傳，也見於《隋志》，及後世官方及私人藏書目錄中，所以作者為葛洪是毫無疑問的。較引起一般學者注意的是葛洪著述《神仙傳》的時間，一般以為《神仙傳》是葛洪在《抱朴子》著作之前所作的，也就是與《良吏傳》、《隱逸傳》、《集異傳》等性質相近的書同期的，是葛洪中年以前的作品。〔註 25〕但根據《抱朴子・內篇・自敘》的考察，葛洪自言「予著內篇，論神仙之事二十卷，弟子滕升問曰……予今

〔註 25〕根據自敘「洪年二十餘乃草創子書……十餘年，至建武中乃立」、「撰俗所不列者為神仙傳十卷」。據此，《神仙傳》在東晉元帝建武以前已成立，為《抱朴子》之前。

復抄集古之仙者見於仙經服食方，及百家之書，先師所說，耆儒所論，以爲十卷。」如此看來，似乎《神仙傳》的著作是在《抱朴子‧內篇》著作之後才進行的，但是今本《神仙傳》的思想內容，有很多是和《抱朴子》的內容不符的，此一矛盾學者是偏向以今本《神仙傳》非葛洪舊本作解釋。

由現存《神仙傳》的內容來看，今本《神仙傳‧老子傳》中出現「葛稚川云、洪以爲」的筆法，稚川爲葛洪的字，就古人的寫作習慣而言，有所論讚或發表自己主見時，稱自己的名，因此「洪以爲」是葛洪的筆法，而「葛稚川云」不是自稱的用法，疑似後人添加的。其次就卷七〈麻姑傳〉與卷八〈王遠傳〉作比對，可以發現〈麻姑傳〉的文字是由〈王遠傳〉削去頭尾而成的，爲同一人而作文字相近的傳文且重出於一書中，這種作法就一個著作豐富的作者而言，是不可思議的。同樣的卷七〈西河少女傳〉與卷二〈伯山甫傳〉也是同一情況。這個問題的可能解釋，就是今本《神仙傳》爲後人編輯而成，在編輯的過程中摻入非葛洪原本的內容。

三、《神仙傳》的流傳

對於《神仙傳》的流傳與版本考察，福井康順氏有詳實的專篇論文處理，〔註 26〕其論述，乃緣於對《四庫全書總目提要》的敘述有所辨證。《提要》將今本《神仙傳》與《三國志裴注》所引《神仙傳》條文作比較，發現完全相合，因而判斷爲原帙，〔註 27〕即爲晉代的舊本，福井則以爲就現在的《神

〔註 26〕見其〈神仙傳考〉，載於《東方宗教》1 期，西元 1951 年，昭和 26 年。

〔註 27〕〈四庫全書神仙傳提要〉，爲論家所據，爲比對方便全引於下：晉葛洪撰，是書據洪自序，蓋於〈抱朴子內篇〉既成之後，因其弟子滕生，問仙人有無而作。所錄凡八十四人，序稱秦大夫阮倉所記凡數百人，劉向所撰又七十二人，今復集古之仙者，見於仙經服食方百家之書，先師所說，耆儒所論以爲十卷，又稱劉向所述殊甚簡略，而自謂此傳有愈於向，今考其書唯容成公、彭祖二條，與《列仙傳》重出，餘皆補向所未載，其中如黃帝之見廣成子，盧敖之遇若士，皆莊周之寓言，不過鴻蒙、雲將之類未嘗實有其人，淮南王劉安，謀反自殺，李少君病死，俱載《史記》、《漢書》，亦實無登仙之事，洪一概登載，未免附會，至謂許由、巢父服箕山石流黃丹，今在中嶽山中，若二人晉時尚存，洪目睹而記之者，尤爲盧誕，然《後漢書‧方術傳》載壺公、薊子訓、劉根、左慈、甘始、封君達諸人，已多與此書相符。疑其亦據舊聞，不盡僞撰，又流傳既久，遂爲故實。歷代詞人轉相沿用，固不必一一核其真僞也，諸家著錄，皆作十卷，與今本合，惟《隋書經籍志》，稱爲《葛洪列仙傳》，其名獨異，考《新‧舊唐書》，並作葛洪《神仙傳》，知今本《隋志》殆上承〈列仙傳讚〉之文，偶然誤刊，非書有二名也。此本爲毛晉所刊，考裴松之

仙傳》內容，加以仔細檢討後，指出這樣的推斷是錯的，他認爲今本〔註28〕
《神仙傳》恐是唐以後所輯的，其原因如下：

（一）唐道士王懸河所編的《三洞珠囊》所引《神仙傳》多明記所引卷數，
　　　而這些記載和今本所載差異很大；不僅如此，連題名也有很大的出入。
　　　而且《三洞珠囊》所引很多爲今本所無，如干君、桂君、若士、太陽
　　　女、太陰女，均爲《三洞珠囊》所有而今本所無。以干君一則爲例，
　　　不僅見引於《三洞珠囊》，唐末五代之間所編的《仙苑編珠》也引用，
　　　可見今本與唐人所見的《神仙傳》分明不同。福井以爲《三洞珠囊》
　　　所引的《神仙傳》與舊本是較接近的，所以今本不可能爲原帙。

（二）從《史記正義》〈老子傳〉所引的《神仙傳》，也與今本《神仙傳》〈老
　　　子傳〉在內容上有很大的差異。其比對如下：

《史記正義》所引《神仙傳》〈老子傳〉文	《漢魏叢書》本《神仙傳》〈老子傳〉文
朱韜玉札及神仙傳云，老子，楚國苦縣瀨鄉曲仁里人也。姓李名耳字伯陽。一名重耳外字聃。身長八尺八寸，黃色美眉。長耳、大目、廣額、疏齒、方口、厚唇、額有三五達理、日角月縣。鼻有雙柱，額有三門，足蹈二五，手把十文，周時人李母八十一而生。	老子者，名重耳，字伯陽。楚國楚縣曲仁里人也，或云……，母懷之七十二年乃生。……洪按西升中胎復命苞及珠韜玉機金篇內經皆云，老子、黃白色美眉。廣纇長耳。大目、疏齒、方口、厚唇、額有三五達理，日角月縣。鼻純骨雙柱，額有三漏門，足蹈二五，手把十文。以周文王時，爲守藏史，至武王時爲柱下史，時俗見，其壽久故號之爲老子。

　　就以上引文來看，今本云洪按的筆調，在全文來看是非常奇怪的，因

〈蜀志先生傳註〉，引李意其一條，〈吳志士燮傳註〉，引董奉一條，〈吳範、
劉惇、趙達傳註〉，引介象一條，并稱葛洪所記。近爲惑眾，其書頗行世，故
撮舉數事，載之篇末，是徵引此書，以〈三國志註〉爲最古，然悉與此本相
合，知爲原帙，《漢魏叢書》別載一本，其文大略相同。而所載凡九十二人，
核其篇第，蓋從《太平廣記》所引，鈔合而成。《廣記》標題，間有舛誤，亦
有與他書互見，即不引《神仙傳》者，故其本頗有譌漏，即如盧敖、若士一
條，李善註《文選》江淹〈恨賦〉，鮑照〈升天行〉，凡兩引之，俱稱葛洪《神
仙傳》，與此本合，因《太平廣記》未引此條，《漢魏叢書》本遂不載之，足
以證其非完本矣。

〔註28〕福井的今本指的是《漢魏叢書》本及同種的《龍威祕本》。

與全書「洪曰」、「洪以爲」的筆法是不同的。今本的傳文與《史記正義索隱》的引文意旨相近，可見今本非唐本。

（三）《後漢書李賢注》《神仙傳》引文亦與今本異，李注於鳳儀元年（西元677）成立，即與《三洞珠囊》時代同，《後漢書》成立於劉宋時期，其〈方術傳〉的筆調，與《神仙傳》多有雷同，今本《神仙傳》〈薊子訓傳〉之前半與《後漢書》〈薊子訓傳〉的旨趣相同，後半也與〈計子勳傳〉共通，可知《後漢書》受《神仙傳》的影響是肯定的，因此今本《神仙傳》與《後漢書・方術傳》的相違，正是今本非舊本之證。

（四）今本《神仙傳》內容與《漢武內傳》所引《神仙傳》不同。

（五）今本《神仙傳》與《藝文類聚》所引不同。

（六）今本《神仙傳》除了帛和、王眞、魯女生、封衡傳之外，見出於《太平廣記》。

（七）今本卷十所載仙人近三十人，之前各卷人數至多九人，這種現象非常奇怪，而且文字太過簡略，似有違葛洪自序所言。

（八）今本序列雜亂，如卷一出現三國吳人魏伯陽，卷四後漢人張陵排於西漢淮南王之前，卷八墨子列於漢武之衛叔卿後，與張陵同爲後漢人的宮嵩列於卷十。

（九）今本《神仙傳》題名與舊本不同，如今本題呂文敬，《眞誥》引作呂恭，今本張道陵，《藝文類聚》引作張陵。

（十）卷十所列仙人頻附子號於後，如皇化爲九靈子，陰恆爲北極子，李修爲絕洞子，柳融爲南極子，葛越爲黃盧子，而《仙苑編珠》的書法爲號在前，名在後，如天門子，姓王名綱。

福井以此十個理由證明「漢魏叢書」本非唐之舊本，他認爲今本是唐以後的輯本，而《太平廣記》所引的本雖是唐舊本，但是應該在宋初前被整理過。而他所謂唐的舊本，是不是葛洪的原本？就福井而言，他的答案是唐舊本較接近原帙，但也不是葛洪原本，理由有三：

（一）《太平廣記》卷十三所引舊本，可見〈郭璞傳〉，郭璞與葛洪同時，如何入傳。

（二）《彭祖傳》與《列仙傳》重複，〈張陵傳〉的列入與《抱朴子》思想不符。《抱朴子》對張陵的道流，並不認同，葛洪原本應不列〈張陵傳〉。

（三）與《抱朴子》的內容不符。今本《神仙傳》言「李八百」莫知其名，《抱

朴子》卷九〈道意篇〉，明言李阿爲李八百，即李寬。
所以唐舊本亦非晉原本。

　　福井對今本《神仙傳》的考證之後，另一位學者小南一郎則在積極地企圖
恢復《神仙傳》的原貌。他以《說郛》本《列仙傳》的目錄，對照今本《列仙
傳》，證明《說郛》本《列仙傳》爲《列仙傳》的節略本，進而推論同樣收於《說
郛》本的《神仙傳》，當爲《神仙傳》的節略目錄，再將《說郛》本的目錄，與
《雲笈七籤》傳記部分，卷一百九引《神仙傳》〈廣成子〉至〈淮南王〉二十一
則的列序比對相合，更確定其立說。在肯定《說郛》本爲原本的節略後，再以
《三洞珠囊》、《雲笈七籤》對照，復元《神仙傳》第四卷。〔註29〕

　　目前所知流傳於後世的《神仙傳》之版本可分一卷本與十卷本兩種，一
卷本如《說郛》、《夷門廣牘》、《五朝小說大觀》、《漢魏小說採珍》等叢書所
收錄的《神仙傳》摘錄抄本，雖題名爲葛洪撰，實際應是後人抄錄部分《神
仙傳》題爲葛洪所撰，而非葛洪原著。十卷本則有《龍威秘書》、《漢魏叢書》
所收之本〔註30〕，汲古閣本、《道藏精華錄》本、《說庫》、《叢書集成》、《秘
書四十八種》、《藝苑捃華》等所收之本，不過《龍威祕書》本是引用《藝文
類聚》、《太平廣記》、《太平御覽》等類書之傳記的輯本，而《漢魏叢書》本
也是輯自《太平廣記》、《藝文類聚》、《太平御覽》等類書，與《龍威祕書》
本是同一版本，現在通行較廣的是丁福保所輯的《道藏精華錄》本，此本比
《漢魏叢書》本多〈盧敖若士〉與〈華子期〉二傳，本書即以此本爲依據。

　　《神仙傳》的作者因葛洪於《抱朴子・內篇・自序》自述其著作宗旨，
而歷代的著錄詳明，因此作者與著作年代並無疑義，然而自葛洪（西元 283
～343）的著成至近代已過一千多年，經歷世代的更迭、人世的興衰，其牷殘
帙落、散失亡佚實爲必然。今本經輯佚過程，內容、列次和原帙有所出入也
在所難免。但是後人輯佚的作品並不因而就不能代表原帙的思想，只不過在
運用上，須作更多的考察對照，始能達立論的周全性。

─────────────────

〔註29〕見小南一郎著〈神仙傳之復原〉一文，收於《矢川教授退休紀念論集》（京都：
　　　　京都大學文學部中國語文學研究室，1974 年）。小南於此文中復原了《神仙傳》
　　　　的第四卷二十一條，他推算以此增十倍，當爲《神仙傳》原本的數量，證之
　　　　於梁蕭〈神仙傳論〉所言「神仙傳，凡一百九十人」相差不遠。
〔註30〕《漢魏叢書》中並無《神仙傳》，明代何允中所編《廣漢魏叢書》才收有《神
　　　　仙傳》，清代王謨編《增訂漢魏叢書》也收入《神仙傳》。詳見周啓成注譯《新
　　　　譯神仙傳》，〈導讀〉，頁 13～14。

第三節　《洞仙傳》的著作與版本流傳問題

　　《洞仙傳》的題名，來自道教洞天神仙之思想，「洞仙」二字，即洞天仙眞之意，是六朝仙傳的集成，也是六朝重要的仙傳之一。因佚散甚鉅，收錄於《雲笈七籤》中僅存二卷，其原本的編纂情形，著作年代與作者問題，都呈現撲朔迷離的狀態。

　　此書的問題來自作者與成書年代，《隋志》最早著錄該書，但不具作者，由於《隋志》的著錄，因此其成書年代爲隋朝之前，爲學者所共識，隋以後的史志均著明作者爲見素子，因其號與唐代《黃庭內景五臟六腑圖》之作者胡愔同，故而學者於此多有論證。

　　此書雖作者不可考，然其成書年代與編纂情形至關本研究於思想內容的探討，因此在進入形式內容的分析之前，仍需對這些基本問題作一番理匯，以下擬就圖書目錄著錄情況，及學者的考證論據作一淺析，明其梗概。

一、歷來著錄情形

　　《隋書・經籍志》　　《洞仙傳》十卷。

　　《舊唐書・經籍志》　　見素子《洞仙傳》十卷。

　　《新唐書・藝文志》　　《洞仙傳》十卷見素子撰。

　　《宋史・藝文志》　　見素子《洞仙傳》十卷。

　　《通志略》道家　　見素子《洞仙傳》十卷。

　　《崇文總目・道書類・道藏闕經目錄》卷上云九卷，不著撰人。原書佚。

二、各家之考定

　　目前所見最早對《洞仙傳》有所考定的爲《四庫提要》：

　　　　《洞仙傳》一卷，浙江汪汝瑮家藏本，不著撰人名氏，晁、陳
　　　諸家書目，皆未著錄，然《太平廣記》嘗引之，《雲笈七籤》第十卷、
　　　第十一卷亦全載其文，則宋以前人作也，所錄自〈元君〉迄〈姜伯〉
　　　凡爲傳七十有七。

此一簡單的介紹，將《洞仙傳》的當時狀況作了說明，雖然宋代著名書目家所編的目錄均未曾載及，但是《太平廣記》所引，《雲笈七籤》成立於北宋仁宗年間，張君房撮此書以宋本道藏《大宋天宮寶藏》卷帙浩繁，帝王御覽不易，則此書實爲前書之精華本，張君房奉旨整修《寶文統錄》窮數十年之精

力，搜隱索佚而成的《大宋天宮寶藏》，《雲笈七籤》又爲其精華，其中所錄當然出自前者，其中所收錄的書籍當在社會流傳已久的，因此《四庫提要》斷定《洞仙傳》當成於宋以前，才能入於宋本《道藏》之中。

陳國符《道藏源流考》的引用傳記提要中指出：

> 《洞仙傳》十卷。《隋志・史部・雜傳類》不著撰人，《舊唐志・史錄雜傳類》、《新唐志・子錄神仙類》、《宋志・神仙類》、《通志略・道家》皆云見素子撰。《崇文總目・道書類・道藏闕經目錄》卷上，云九卷，不著撰人，原書佚。《雲笈七籤》卷一百一十所錄，蓋非全帙。《道藏》國字號《黃庭內景五臟六腑補瀉圖》一卷，題曰太白見素子胡愔述，前有自述，末題大中（唐宣宗年號）二年戊辰歲。既《洞仙傳》已見《隋志》著錄，則此見素子至遲當爲南北朝人，非唐人胡愔也。（頁 239～240）

所有的著錄書目中，均言《洞仙傳》十卷，而《雲笈七籤》中只有二卷，因而陳國符斷定《雲笈七籤》所錄非全帙。其次除了《隋志》之外，其他書目均載撰者爲見素子，而唐代《黃庭內景五臟六腑補瀉圖》作者題名爲太白見素子胡愔，但此見素子不可能爲《洞仙傳》的著者，否則此書不可能著錄於《隋志》。根據《隋書》的著成年代推論，陳國符以爲《洞仙傳》至遲當於南北朝成立。

嚴一萍於其《洞仙傳》序文中，亦對《洞仙傳》的作者問題及成書年代有所說明，〔註31〕在立說上，嚴氏的觀點未能超出陳國符先生，在資料的引

〔註31〕嚴一萍〈洞仙傳序〉爲筆者論證的對象，故列此以供比對。

此書《雲笈七籤》收錄在卷一百一十及一百一十一，提要脫「一百」二字。《太平廣記》卷五錄「茅濛」二條，卷三十三錄「張巨君」一條，並見《雲笈七籤》所收。此書《隋書》已著錄，惟不著撰人……考見素子名號，亦見於《道藏・洞玄部》國字號四「黃庭內景經五臟六腑補瀉圖一卷」題曰「太白山見素子胡愔述」又洞眞部柰字十號「修眞十書」卷五十四亦採此冊，題稱曰「黃帝內景經，五臟六腑圖」下標「太白山見素女胡愔撰」。此書《新唐書・藝文志・神仙類》著錄，但稱「女子胡愔黃帝內景圖一卷」，《崇文總目・道書類》有「黃庭內景外景圖各一卷」，亦標胡愔撰而不言女子。醫書類有「黃庭內景五臟六腑圖一卷」則題「女子胡愔撰」。綜此而觀，胡愔當爲女道，「見素子」乃其道號。《洞仙傳》之撰人似可確定爲女子胡愔，然「黃庭內景五臟六腑補瀉圖」有自述一篇，末述「大中戊辰歲」。案大中爲唐宣宗年號，戊辰系大中二年（西元八四八）。時代太晚，與《隋志》著錄不符，則撰《洞仙》之見素子，決非唐宣宗時代之女道胡愔又可斷言矣。

證上倒對《黃庭內景五臟六腑圖》在《道藏》各字號中的作者標示有更詳明的補充，在其資料的說明下，結論為見素子為女道之號，但其為唐宣宗時人，決非《洞仙傳》作者。

其次嚴一萍又根據書目著錄《洞仙傳》十卷的卷帙而論《雲笈七籤》所輯非全數，並與元代道士趙道一所撰《歷世眞仙體道通鑑》核對，得到《洞仙傳》當輯錄於其中，所以《洞仙傳》全書在元代當尙未亡佚。並且指出張君房所見的本子與趙道一所見本，當有不同，因「雲笈本」稱孫權為「先主」，《歷世眞仙體道通鑑》改作「吳主」。就先主的稱謂而言，作者去三國時代未遠。而「雲笈本」所錄最後三人，「扈謙」條記廢簡文帝事，已入東晉，〈朱庫〉、〈姜伯眞〉二則，未敍時代，核《歷世眞仙體道通鑑》所列次於梁人王霸之前，推知作者最晚當為梁陳間人。

對於《洞仙傳》的作者問題，陳國符與嚴一萍兩位先生均肯定見素子為此書的作者，然而此見素子非胡愔。但考核兩人對於《洞仙傳》的作者與時代的考定論據，顯然他們的論證不能徹底解決作者問題。因為首先著錄《洞仙傳》的《隋志》即不著撰者，而後出的《新、舊唐書》標明作者也沒有任何注解，這種情形在目錄的運用上必須愼重，雖然《宋史》、《通志略》並無不同，不算孤證，但史書經籍志的編纂，自有其沿襲性，並非每一朝代的編纂者，均逐一核對校正祕府中的書籍。亦即諸書的著錄撰者不見得是有力的旁證。加上《崇文總目》是專著的圖書目錄，其專業性及可信度在圖書目錄學上具有相當的說服力。既《崇文總目·道書類·道藏闕經目錄》上不著撰人，可見在宋修《崇文總目》時，所根據的《道藏》經目記載的《洞仙傳》並無撰者，並且當時完整的《洞仙傳》已亡佚，加以宋代目錄學家的各種圖

《洞仙傳》十卷，當不止七十七人，全書久佚，今所得見者，惟《雲笈七籤》所輯存之二卷。元道士趙道一撰《歷世眞仙體道通鑑》，輯錄諸仙傳皆不著出處，然據《雲笈七籤》本加以核對，知《洞仙》亦在輯錄之中，是全書在元代尚未亡佚。惜於七十七人外未能加以指證也。張君房所見本與趙貫一似有所不同。書中「介琰」一條，述孫權事，《雲笈》本稱權為先主，《歷世眞仙體道通鑑》改作「吳主」。就先主之稱謂而論，作者去三國時代不遠。又檢《雲笈》本所錄最後三人，「扈謙」條記廢海西王立簡文帝事，已入東晉。「朱庫」「姜伯眞」二條未敍時代，核《歷世仙眞體道通鑑》所列，次於梁人「王霸」條之前，知作者最晚當梁陳間人，故《隋書·經籍志》得據以入錄也。據此推斷，此梁陳間撰《洞仙傳》之見素子既與唐末女子胡愔無涉，則其姓氏殆已無從考得矣。（嚴一萍編：《道教研究資料》第一輯，頁1～2，台北：藝文印書館，民國62年）。

書目錄均無此書的登錄，如果元代修《宋史》時，官方蒐羅出完整的十卷《洞仙傳》祕本，則元代的私人圖書目錄應有所載。〔註32〕可見見素子爲《洞仙傳》之作者是可疑的。

在《洞仙傳》的著成年限推斷上，陳國符以爲既見《隋志》，則最遲當爲南北朝人，嚴一萍認爲稱孫權爲「先主」，作者應去三國時代不遠，又據「扈謙」條記立簡文帝事已入東晉，「朱庫」、「姜伯眞」《雲笈》本之末二條，於《仙鑑》則在梁人王霸之前，故而作者最晚當爲梁陳間人。陳國符的推斷當然是保守的說法，而嚴一萍依介琰稱孫權爲「先主」的論述則忽略仙傳資料的來源問題，基本上仙傳的資料多民間傳說之仙人事蹟，其內容是積累因襲的，在不同區域，不同時代有所變異，文中稱「先主」有可能是沿襲吳地的傳說而來，並不見得代表作者對孫權的稱呼。其次據李師的考定《洞仙傳》的撰成，扈謙等三仙眞的記載，即根據《眞誥》，《眞誥》則是陶弘景據東晉楊羲、許謐、許翽等所錄的眞跡，與梁人王霸的排列次序無關。〔註33〕就此而言，《洞仙傳》的成書當在《眞誥》之後，南北朝末，與茅山道派有淵源。

三、《洞仙傳》的著作淵源

據李師於《洞仙傳》研究指出，此書所錄仙眞七十七人，其中資料多襲自陶弘景所編《眞誥》，趙道一編撰《仙鑑》時既以參用兩書，或以《洞仙傳》爲主，依據《眞誥》改定字句，如〈周太賓〉一則，或先述《洞仙傳》資料，再綴錄《眞誥》所述者，如〈姜叔茂〉一則。

《雲笈》本《洞仙傳》自《眞誥》所襲錄的仙眞傳記有徐道季、趙叔期、毛伯道、劉道恭、謝稚堅、張兆期、莊伯微、劉道偉、傅先生、姜伯眞等十人，散見於《眞誥》卷五；又青谷先生、劉文饒、夏馥、杜契、范幼沖、展上公、周太賓、郭四朝、張玄賓、趙威伯、樂長治、戴孟、劉諷等十三人，散見於《眞誥》卷十二、十三、十四。今存《雲笈》本《洞仙傳》的諸仙眞排列次序，大致與《眞誥》各篇各卷的前後次序相近，如三十徐季道、三一趙叔期、三二毛伯道、劉道恭、謝稚堅、張兆期，三三莊伯微、三四劉偉道、三八傅先生，舉〈傅先生傳〉爲例：

〔註32〕李師豐楙認爲《洞仙傳》的原本，尚流傳於元代道士之手，諸家書目皆未著錄，乃因不得一睹方外秘藏耳。見《六朝隋唐仙道類小說研究》，頁188。學生書局，民國75年。

〔註33〕同上書，頁189。

君曰：昔有傅先生者，其少好道，入焦山石室中，積七年，而太極老君詣之，與之木鑽，使穿一石盤，厚五尺許，云穿此盤，便當得道，其人乃晝夜穿之，積四十七年，鑽盡石穿，遂得神丹，乃升太清爲南嶽眞人。（《眞誥》卷五第七）

傅先生者，學道於焦山中，遇太極眞人，與之木鑽，使以穿一石盤，厚五尺許，戒云：石穿，仙可得也。於是晝夜鑽之，積四十七年，鑽盡石穿，仙人來曰：立志若斯，寧有不得道者。即授以金液還丹，服之度世。（《洞仙傳》卷一）

兩者比較之下整個故事架構是同一模式，只有文字有小部分的更動，故言《洞仙傳》承襲《眞誥》仙眞傳記。

《眞誥》卷十二至卷十四多敍述洞天中的仙眞。《洞仙傳》的仙眞頗多取材於此，卷十二有劉文饒、青谷先生及夏馥；卷十三有杜契、范幼沖、展上公、周太賓、及姜叔茂、郭四朝、張玄賓、趙威伯、樂長治；卷十四則有戴孟、劉偉道等。

六朝仙傳資料有仙道別傳、個傳及類傳，而筆記雜傳間亦不少載神仙事跡者，反映了社會上仙道思想的流行，因而產生大量的仙道傳說，《洞仙傳》成書於梁、陳時期，對於南北朝前半期的仙道傳說當然得以輯錄，因此除了《眞誥》之外，也有鈔錄自六朝其他仙傳的，其中可追溯來源的如《漢武外傳》、《十洲記》等，其與《漢武外傳》〔註34〕的關係可見於〈長桑公子傳〉：

長桑公子者，常散髮歌行曰：巾金巾，入天門，呼長精，吸玄泉，鳴天鼓，養丹田。柱下史曰：彼長桑所歌之詞，得服五星守洞房之道也。（《洞仙傳》卷一）

王眞……尋見仙經雜言說郊間人者，周宣王時郊間採薪之人也。採薪而行歌曰：巾金巾，入天門，呼長精，嗡玄泉，鳴天鼓、養泥丸。時人莫能知，唯柱下史曰：此活國中人，其語祕矣。其人乃古之漁父也，何以知之，八百歲人目瞳方正，千歲人目理縱，採薪者乃千歲之人也。（《漢武外傳》）

《洞仙傳》與《十洲記》的淵源可見於〈九源丈人〉、〈谷希子〉、及〈徐福〉三則，〔註35〕今舉〈谷希子〉一例：

〔註34〕今本《漢武外傳》，六朝時期仍稱《漢武內傳》。
〔註35〕詳見李師豐楙：《六朝隋唐仙道類小說研究》，頁203至204。

　　　谷希子者，學道得仙，爲太上眞官。東方朔師之，受閬風、鍾
　　山、蓬萊及神州眞形圖。(《洞仙傳》卷一)

　　　臣先師古希子者，太上眞官也，昔受臣崑崙、鍾山、蓬萊山及
　　神州眞形圖。(《十洲記》)

李師又指出《洞仙傳》又有多條當據茅山道派的經典，而不易確指者，如「襲
仲陽者，受崇山少童步六紀道。」《無上祕要》即錄朱火丹陵宮襲仲陽、襲幼
陽，註云「此兄弟二人受青童君仙眞記得道。」《眞靈位業圖》作：「兄弟二
人受道於青童君。」；此外又舉介琰、長存子、張巨君等於《無上祕要》及《眞
靈位業圖》的記載與《洞仙傳》之傳文作比對明其關連。

　　根據李師研究的結論，《洞仙傳》所據資料多有所本，而與茅山的關係最
密切，故此書之載詳於南朝而略於北朝。

第三章　仙傳的敘事形式

　　敘事理論爲西方文學理論的一大重心，然西方敘事的著重點與中國傳統敘事中的著重有所不同，西方觀念中的「敘事文」實以人物行爲爲主要因素，以「行爲」爲故事骨幹，事情也多環繞著人物意志而發展，以人物的意向爲故事取向。所謂取向當然帶著明確的目的性。中國傳統則與此不盡相同，「敘事」以「事」而非「行爲」爲基本因素〔註1〕。這與我國傳統論者對敘事的要求一致，敘事的紀實性爲主史派所強調「敘事不僅要紀事，而且所紀之事必須能證實」，正如明末清初袁于令在其《隋書遺文》序言「正史以記事，記事者何，傳信也，遺史以搜逸。搜逸者何，傳奇也。」〔註2〕仙傳則屬於後者。既爲遺史，就一般的角度看是「傳神仙之奇」，其敘事方式自然有別於正史傳記，爲了滿足其傳「奇」的特質，在筆法的運用上也有其特殊風格，形式的探析爲內容考察的必然經過，因此傳「奇」之筆爲本章筆法分析部分的重心之一，希望藉此透顯仙傳的特性。

　　「仙傳」爲一種以「仙人」爲敘述主體的傳記，這種傳記所表現的意識以及其寫作形式，都和正史列傳不同。目前所見的典籍中，最早記載仙人事跡的當屬《史記・封禪書》，此文記載先秦時期的宗教活動與方士行徑，包含一部分的神仙傳奇故事，可算仙傳的前身。其後班固《漢書》〈郊祀志〉、〈五行志〉都對方士活動有所記錄，也保存許多西漢的神秘傳說。范曄《後漢書・方術列傳》則開正史敘列方術專傳的先例，雖然是合傳性質，但說明瞭方士在後漢歷史舞臺的活動情形。范曄此舉雖被後世史評家視爲荒誕之作，但卻

〔註1〕此一觀念見高辛勇著《形名學與敘事理論》，頁129，聯經出版社，民國76年。
〔註2〕徐岱著《小說敘事學》，頁29。中國社會科學出版社，1992年。

忠實的反映了歷史的眞實。然而史傳的筆法與敘述方式有其傳承與史觀，此雙層因素影響著史家對於神仙傳說資料的處理手法，致使史家對於這些資料的處理，未必能夠滿足所有對神仙事蹟關心注意者的需求，加以兩漢的神仙思想發達，求仙活動與神仙傳說盛行於朝野，史傳的記載方式顯然無法充分表現求仙者或神仙方士的生命意義與精神內涵，於是仙傳的集結因應而生，所以仙傳的敘述手法呈現出異於史傳的敘事方式。

　　仙傳的敘事模式即以仙人爲主，以史筆的手法敘述其身世里籍，並敘述其神蹟異能。以史筆的手法表現仙人這種超越的存在的基本資料，一方面固然受傳記體例發展的影響不得不如此，另一方面卻有標明「神仙可信」的積極意圖；而仙傳的神異敘述筆法，則劃分「仙人」與「凡人」的界線，凸顯其超越性，因比若將仙傳的單篇結構，以敘述重點作爲分析單元，可以分爲姓名、身世職業里籍、受授傳承、修練與登仙方式、異能、神遇、居遊去所、結局等八個單元，〔註3〕依據仙傳敘述的詳實與否，而分別包含數個單元。不同時期的仙傳其敘述重點的分佈，有明顯的不同，故而本章的處理手法，即將《列仙傳》、《神仙傳》及《洞仙傳》的每一單篇素材予以分析，觀察其重點單元的分佈現象，藉以歸納其敘述風格。

　　敘述重點單元的分類是依照敘述體的文體，原則上將每一則仙傳的敘述重點歸納分析，根據敘述程序及成仙的程序排列，姓名爲仙傳的題名，也是作爲傳記體的特色，在敘述程序上是第一重點，故排於第一。里籍、身世、職業，是神仙與凡人的共同點，神仙思想強調的是凡人經過一定的修練方式得以不死昇仙，在成仙的過程中，凡人階段是成仙的先決條件。〔註4〕加以仙傳所傳承的史傳體例，對於里籍、身世、職業的交待是傳信之筆，也是史傳的寫作次序，所以排列爲第二。授受傳承及著作和修練與登仙方式，在仙傳的敘述程序上的比例而言，是難分先後的，將授受傳承及著作列在前面是以仙傳的宣教功能作考量，在仙道思想的傳佈上，授受傳承關係著神仙思想的

〔註3〕就學術界的習慣用語而言，此處所指之「重點單元」，即所謂的「事構」，然筆者以爲「事構」所呈現的是偏重於情節發展的結構，而仙傳的敘事並不以「情節」爲主，服食修練的方式爲知識性的報導，卻是仙傳的內容重點之一，所以不逕援用「事構」而以「重點單元」代替。

〔註4〕神仙思想中非人亦可成仙，仙傳中即有淮南王劉安一人得道雞犬俱昇之事，不過這則故事強調的仍是人，雞犬是託人之福而昇天的，在異類修練的情節中，異類修道的過程中，化形爲人也是其上昇爲仙的過渡，因此基本上仍是以人爲成仙程序的開始，而仙傳強調的更是凡人的成仙之道。

發展與流傳，所以列在修練與登仙方式之前為第三。修練與登仙方式在文字的敘述上通常只佔仙傳內文的一小節，卻是成仙程序的關鍵，所以列於第四，神仙異能通常是跟隨著修練或成仙之後而擁有的超能力，是神仙為人所識的標誌之一，列於第五，神遇情節也和神仙異能一樣在敘述的程序比例上難分先後，但是神遇情節往往與結局相連，所以列於神仙異能之後結局之前列於第六。居、遊去所是結局的方式之一，但因神仙思想強調逍遙境界，及名山洞府的興圖化，因此在仙傳敘述中多所交待仙人之居遊處，故列於第七。結局是整個仙傳的敘述完結也是仙人修練的完成，當然列最後。在重點單元中特別必需說明的是神遇單元這一個指標的設定，指的是神奇際遇，而不限於遇上神仙的狹小範圍，因此修仙者遇仙人指點是神遇，遭神仙處罰、凡人追隨神仙都算神遇。

　　仙傳的敘述對象為神仙，神仙乃超越的存在，為了描摹此一超越的存在，以及其不尋常的事蹟與神奇的世界，因此在敘述筆法土，有種種特殊的筆法運用，透過筆法的分析藉以明瞭神仙世界的建構，是仙傳的形式研究的另一個重點，此一研究取向的進行，本應借助西方文學理論的形式分析法，然而西方的文體形式畢竟有別於中國的文體形式，因此形名學、或結構主義等論者的任何一套分析理論，都不適宜直接挪移至仙傳的筆法分析上為其理論基礎，故而本章的分析方法在觀念上採用西方結構主義的形式分析觀念，分別自敘述語言、敘述方式二層次探討其重點單元的筆法特質，進而探視其功能意義。

　　敘述語言所指的是仙傳中所使用的語言類型。由於仙傳介於傳記與傳說之間，傳承敘事文學與史傳兩端的特殊性質，其語言類型不一致，劉苑如在其《搜神記即搜神後記的觀念世界研究》中，將敘述語言略分為三類：

（一）功能性語言為主的敘述：以故事情節為主的敘述語言，為一動態的陳述，依照時間順序，將一連串因果相關的動作，或轉述、或搬演的報導出來，是有開始、中間、結束的完整行動。

（二）標誌性語言：指以性格配景的描寫為主的敘述語言。此為一種比較偏於靜態的記述，直接勾勒動作主體的外貌言行和內在心理，或藉配景的描繪構成氣氛，反映性格情感的狀況。

（三）報導性為主的敘述：即非以情節、性格、配景為重心的敘事。其為一種外在化的敘事觀點，客觀的陳述人事與自然事，以提供現實的知識

使對方信服所報導的訊息。〔註 5〕

仙傳的篇幅多半短小，作者意圖以簡略的描述記錄仙人的事蹟傳略，以示仙人之眞有，達到宣揚神仙思想的目的而非刻意經營塑造人物，或精心營造某些情境，在整體而言，當屬上述的第三類型，報導性爲主的敘事語言，此爲仙傳敘述語言的特色。

第一節　《列仙傳》的敘述結構與敘述筆法

《列仙傳》的敘述形式和敘述筆法在所有的仙傳集中，無論就文字的運用以及結構的安排上，都具有示範性的作用，往後的仙傳寫作都是在它的架構基礎下建立其敘述模式，雖然本書的篇幅短小、文字質樸、敘述平板，但是作爲仙傳此一記載特殊存在事蹟記錄集，因其記敘對象的特別，仍是有其異於其他敘述文體的寫作安排，從敘述重點的結構分析，到敘述筆法的運用分析，都可以了解本書如何運用敘述上的安排與筆調的變化呈現當時的神仙思想面貌。本節即從重點結構的分佈與筆法的運用解讀本書的神仙思想。

壹、《列仙傳》敘事結構

《列仙傳》爲最早的仙傳集，其敘事內容以仙人的事蹟爲主，其資料來源以流傳於世的仙人傳說爲主，傳說對於仙人的描述各有所偏，所呈現的仙人事蹟也具多樣化，雖然仙傳的著作者在經過文字處理時有所剪裁，但仍不可能將所有的資料以同樣模式呈現，所以《列仙傳》在敘述內容上是較紛歧而多樣的，在探討其內容前必先將其主要的敘述內容作一分類，所以根據每一則仙傳的敘述內容分析，將其歸納爲姓名、身世里籍、授受傳承、修練與登仙方式、異能、神遇、居遊去所、結局八個重點單元，而這八種重點單元的組合，事實上是構成一則仙傳的基本結構，仙傳的敘述透過這些重點單元表現出仙人的特色，所以考察這些重點單元的分佈趨勢，對於仙傳所表現出來的仙道思想，就非常容易掌握。

〔註 5〕 以上分類見劉苑如《搜神記及搜神後記的觀念世界研究》政大碩士論文，民國 79 年。但在實際運用上有所轉變，本文並不著重在全篇內容作敘述語言的歸類，而是以此分類方式檢閱每一事構的表達方式，呈現其功能意義。

《列仙傳》重點單元分析表

姓　名	身世職業里籍	受授傳承	修練與登仙方式	異　能	神　遇	居、遊、去所	結　局
1. 赤松子	神農水師，高辛時復爲雨師	炎帝少女	服水玉	入火自燒，隨風上下。		常遊崑崙止西王母石室	今雨師本是焉。
2. 甯封子	黃帝陶正		尸解	能掌火出五色煙，積火自燒，隨煙上下。		葬封山	時人共葬於寧北。
3. 馬皇師	黃帝馬醫		龍負而去	死馬回生，能治龍	有龍下向其垂耳張口		
4. 赤將子輿	黃帝時人，堯時木匠		不食五穀，啖百草花。	能隨風雨上下。			時於市中賣繳，亦謂之繳父云。
5. 黃帝	自爲雲師		一云劍解，一云龍負而去。	能劾百神，可預知未來，自擇亡日。			
6. 偓佺	采藥師也	遺堯松子，時人服，皆二百歲。	好食松子	能飛行逐走馬。		槐山采藥	時人受服者皆至百歲。
7. 容成公	自稱黃帝師又見於周穆	善輔導之事，事與老子同。					亦云老子師也。
8. 方回	堯時隱人，堯聘爲閭士	與人有病者	爲求道者劫，化而得去。食雲母				
9. 老子	生於殷，爲周柱下史	關令尹，道德經。	乘青牛去				著書道德經上下。
10. 關令尹	周大夫	著關尹子九篇	常服精華			與老子遊流沙	
11. 涓子	齊人	著天人經四十八篇受伯陽九仙法。	餌朮		釣荷澤得鯉魚腹有符	隱於宕山。	
12. 呂尚	冀州人	遺玉鈐六篇，作陰謀百餘篇	尸解，服澤芝、地髓。	生而內智預見存亡			有難而不葬。因知其爲尸解。
13. 嘯父	冀州人，少在市補履。	梁母得其作火法	列數十火昇				西邑多奉祀之。
14. 師門		嘯父徒，夏甲龍師	食桃李葩	能使火	孔甲不能順其意，殺而埋之野，一旦風雨迎之山木皆焚，孔甲祠而禱之。還而道死。		孔甲遭報。

姓　名	身世職業里籍	受授傳承	修練與登仙方式	異　能	神　遇	居、遊、去所	結　局
15. 務光	夏時人，好琴。		服蒲韮根			投浮梁山，後遊尚父山	避湯而自匿
16. 仇生	殷湯木正		常食松脂			在尸鄉北山作石室	三十年而更壯，皆知奇人，周武王幸其室而祀之
17. 彭祖	殷大夫也，顓頊之孫		常食桂芝，善導引行氣。		歷陽有彭祖仙室，前世禱請風雨，莫不輒應，常有兩虎在祠左右矜後云昇天而去。	入琊瑯山	歷夏至殷末、八百有餘歲
18. 邛疏	周封史也，		能行氣練形，石髓而服之。			入太室山中	太室山中尚有臥石床枕。
19. 介子推	晉人				悅趙成子與遊，且有黃雀在門上，重耳異之，與出，介山伯子常晨呼，入山與伯子遊		東海邊爲王俗賣扇，莫知所在。
20. 馬丹	晉耿之人，文侯大夫				獻公滅耿，靈公欲仕之，逼不以禮，有迅發之，丹入迴風中去		北方人祠之。
21. 平常生	穀城鄉				數死回生，人以爲不然，大水五日止水	缺門山	復爲華陰卒。
22. 陸通	楚狂接輿		好養生，食橐盧木實及蕪菁子			遊諸名山在蜀娥媚山上。	歷世見之。歷數百年去。
23. 葛由	羌人，周成王時好刻木羊賣之。				一旦騎羊入西蜀，蜀中王侯貴人追之，上綏山，皆得仙道		山下立祠數十處。
24. 江妃二女					出遊江漢之湄，遇鄭交甫。		不知其神女也
25. 范蠡	徐人也，事周師太公望		好服桂飲水。				後人世世識見之云。

姓　名	身世職業里籍	受授傳承	修練與登仙方式	異　能	神　遇	居、遊、去所	結　局
26. 琴高	趙人，宋康王舍人。		行涓彭之術		入涿水，取龍子，果乘赤鯉來，出坐祠中		復入水去
27. 寇先	宋人，以釣魚爲業鄉侯。		好種荔枝，食其葩實。		宋景公問其道，不告，殺之，數十年鼓琴宋城門。	居睢水百年	宋人家家奉祀焉。
28. 王子喬	周靈王太子晉。				遊伊洛之間，道士邱浮公，接以上嵩高山乘白鶴見家人。		立祠緱氏山及嵩高山。
29. 幼伯子	周蘇氏客			冬暑衣反，琴貌歲易，數十年更壯。			世誡蘇氏子孫得福
30. 安期生	瑯邪阜鄉人賣藥於東海邊。						時人言千歲翁，始皇請見，求下得至立祠阜鄉亭海邊
31. 桂父	象林人		常服桂及葵，以龜腦合之，千丸十斤桂。	累世見時白時黃時赤			南海人見而尊事之。累世見之。
32. 瑕邱仲	甯人也，賣藥於甯數世		尸解		地動舍壞，仲屋臨水敗，仲死，人取尸棄水中收其藥賣，仲從而取回		後爲餘胡王驛使，復來甯北。北方謂之謫仙
33. 酒客	梁市上酒家人。			預言救民	有過主人逐之，主人而貧，梁市多以女妻之		莫知其終焉。
34. 任光	上蔡人也善餌丹賣				賣丹於都市里間積八十九年	柏梯山	晉人常服其丹。
35. 蕭史	秦穆公時人伐薪施人			得穆公女，夫婦皆隨孔雀去。有鳳女祠			秦人作鳳女祠。
36. 祝雞翁	洛人，尸居山下養雞。			可呼雞來相伴		於吳山昇，白鶴孔雀在其旁	
37. 朱仲	會稽人，販珠。						不知所之云。

姓　名	身世職業里籍	受授傳承	修練與登仙方式	異　能	神　遇	居、遊、去所	結　局
38. 修羊公	魏人，爲長吏，好道。		在華陰山中，不食，取黃精食之	臥石石陷，化白羊而去。			不知所在。
39. 稷邱君	泰山下道士				誡武帝勿上泰山，帝弗聽，而有折足指禍		岱宗石室中，上下懸絕，其中金床玉几。
40. 崔文子	太山人	世好黃老	作黃散赤丸		疫氣救民，活者萬計	去蜀賣黃散	故世寶崔文散。
41. 老萊子	楚人		俎芰爲食				楚王至門迎之遂去。
42. 赤須子	豐人，秦穆公主魚吏	豐旱，臣下師之，從受業	好食松實，天門冬，石脂			吳山下後莫知所之。	傳世間，莫知所之。
43. 東方朔	平原厭次人爲書師數十年						時人或謂聖人，智者疑其爲星精
44. 鉤翼夫人姓趙	齊人		好清靜	尸解	因貴氣而召，有姿見寵於武帝。		右鉤手，有神祠
45. 犢子	鄴人		餌松子、芙苓		時老醜，時壯好，都陽女悅之共牽犢而走		見潘山下賣桃。
46. 騎龍鳴	渾亭人				騎龍示水患，鄉人不信，果如其言。		得龍子而養之，自言馮伯昌孫。
47. 主柱		邑令章君明餌沙，得神沙飛雪。			與道士上宕山，言有沙，聽取服食令能飛。		
48. 園客	濟陰人				種五色香草，致蛾女爲妻，得異蠶		濟陰人世祠
49. 鹿皮先生	淄川人爲府小吏木工		食芝草，飲神泉				百餘年後賣藥於市
50 昌容	常山道人自稱殷王子		食蓬藟根仙				致紫草賣染家，得錢以遺孤寡。奉祠
51. 谿父	南郡鄘人	有仙人買瓜，教之鍊瓜子與附子芝實共藏對分食之。		能飛走昇山入水		居絕山頂	呼父老道生平事。
52. 山圖	隴西人	山中道人教，自言五嶽使。	地黃當歸羌活獨活苦參散				莫知所之。

姓　名	身世職業里籍	受授傳承	修練與登仙方式	異　能	神　遇	居、遊、去所	結　局
53. 谷春	櫟陽人，成帝時為郎。		尸解			去太白山	立祠山上。時止宿其祠
54. 陰生	長安中渭橋下乞兒。						以謠諺作結。
55. 毛女	華陰人	師道士谷春。	食松葉				世世見之
56. 子英	舒鄉人		赤鯉迎，俱昇天		得赤鯉		立子英祠云
57. 服閭	沛人				往來祠中遇三仙人，為往方丈山擔瓜		坐取廟中物見罰，後數年貌更好。
58. 文賓	太邱鄉人	教所取之嫗令服菊花地膚，桑上寄生桑子					復百餘年見云
59. 商邱子胥	高邑人	教人食朮，菖蒲根飲水。					將復有匡術。
60. 子主	楚語細音不知何所人				甯先生使者，責未祠		立祠。
61. 陶安公	六安鑄冶師				朱雀預言龍迎		赤龍迎眾共視之。
62. 赤斧	巴戎人，為碧雞祠主簿	作水銀、鍊丹、消石	煉丹與硝石		手掌有赤斧		賣禹餘糧於蒼梧、湘江間累世傳見之
63. 呼子先	漢中卜師				夜有仙人持二矛狗，得騎之，龍也。	上華陰山	常在山上大呼言子先酒家母在此。
64. 負局先生	語似燕代間人				負磨鏡局，與藥病者	止吳山絕崖頭	立祠十餘處。
65. 朱璜	廣陵人	就道士阮邱，與七藥，老君黃庭經				與阮邱俱入浮陽山玉女祠。	末故在焉。
66. 黃阮邱	睢山道士	朱璜之師符延年益命之道。		日行四百里	地動山崩道絕，預戒下人	同上。	世共奉之。
67. 女丸	陳酒婦		養性文按之術	作美酒，神人飲，以素書五卷為質，得觀與人共行。	遇仙人過其家		莫知所之。
68. 陵陽子明	銍鄉人	白龍教以服食法	五石脂沸水而服		釣得白龍，後得白魚魚腹中有服食法		冡有黃鶴

姓　名	身世職業里籍	受授傳承	修練與登仙方式	異　能	神　遇	居、遊、去所	結　局
69. 邛子	蜀人				入山遇仙境，得藥與龍。		護其宗，蜀人立祠
70. 木羽	鉅鹿南和平鄉人。						神報母澤而得仙。
71. 元俗	河間人賣藥				河間王以六世餘殃得常放乳鹿麟母得報		後人常見於山下。

　　由上表可大略看出，本書的敘述重點，大多以修練方式與神遇為主要內容，這兩大內容也就是本書神仙思想的特色。修練乃由「人」昇「仙」的重要途徑之一，除了謫仙之外，由凡人轉變為「神仙」必須有修練的過程。因此本書敘述內容情境的轉變，往往藉著修練方式的敘述，主角透過修練而有異能，所以某些特殊能力的擁有，乃是「凡」轉「神」的階段性敘述。而仙傳對修練方式的敘述通常是非常平面的敷陳服食方法，而非敘述修練過程的種種情節，以此可以判斷作者並無意藉本書闡述如何修仙，而是在證實神仙可得的道理，透過服食、餌丹、行氣可以脫凡胎得仙道，以及指出神仙與凡人的差別。修練過程既非作者著作的意圖所在，其敘述筆法即以平面靜態的描述為主，所使用的敘述語言類型則為標誌性語言，在文中的功能為標示作用，產生「平凡」與「神妙」的引渡效果。

　　「神遇」為仙傳的敘述特色之一，也是敘述的重心，其功用是直接畫分兩界的界線，直揭彼岸的神祕面紗，其目的在產生明顯的區隔作用，其用字屬詞必須明確，敘述精確度的要求自然高。因此在語言類型的擇用上，唯有功能性的語言能達此要求，證諸本書各篇各段的文字，可說是符合如此的使用原則。

　　神遇的大量敘述，同時也反映《列仙傳》時期的神仙思想，仍停留於他力成仙的階段，早期的神仙思想只強調神仙的超越性，神仙雖然可得，但神仙與人之間的距離相當遙遠，凡人求仙之道，多以祈禳、祭祀為之，此源自原始巫術的降神之俗，「聖」、「俗」之間的溝通必由儀式，以巫為靈媒。神仙既為超越的存在，凡人求仙為超「凡」入「仙」的願望，依世俗的通過儀式以達目的是為常理，但神仙故事中，則已少了溝通兩界的媒介，而以「神遇」取代，凡人得透過「神遇」而得神人的幫助因而進入成仙之道，是藉外力以成仙。

　　神遇是本書敘事重點單元中分佈密集的一項敘事重點，就篇幅來看也是佔全則仙傳敘事中的大部分，就敘事的意義而言，神遇情節的鋪陳，是仙傳此一特殊題材的特色。就思想意義而言，《列仙傳》所反映的是漢代他力成仙的神仙思想。由凡人轉化爲神仙，在理論上，只要經過正確的修練方式，雖然人人可成，但是仙傳的寫作乃作爲神仙思想的宣傳，著作者以實例解決仙人是否眞有的疑惑，實際上是對懷疑仙道者的回應，因此仙傳雖然以史傳的筆法爲仙人作傳，仍必須面對懷疑者的問題，如果不死可求，何以大部分的人仍然難免一死？如果仙人眞有，何以求仙者總是無功而返？

　　神遇情節眾多，爲證明仙人眞有，以及成仙之道的玄妙不可測，神仙眞有是有具體的事實可以驗證的，於是將仙人的姓名里籍詳實交待，但成仙的關鍵在於機緣，一個人由凡入仙的機緣有跡可尋卻無理可講，神遇情節就是這無理可講的一部分。這一無理可講的部分事實上就是宗教性格的表現，任何宗教首重的是躬行實踐中的體悟，理論的闡述只是方便之計，而不是宗教的究竟，仙傳的功能不在傳遞仙道的究竟面，而是修練過程的實然面，爲反映當時他力成仙的仙道思想，而以直述大量的神遇情節的方式表現。

貳、敘述筆法

　　《列仙傳》的筆法運用最具有史傳的記傳特色，在無論是對資料的交待或判斷上面，基本上都採取忠於資料的敘述態度，並不在言詞上替資料作論述藉以強調神仙思想，而是藉著資料的呈現，表現神仙實有的著作立場，所以魯迅言「乃是當作眞實事情作的」。〔註 6〕這種以實證作爲仙人實有的態度使得在筆法的安排上非常注重實證的運用，這也加重了本書史筆的風格。不過神仙畢竟是異於常人的存有，敘述這種奇妙的存有自然會產生奇幻的敘述筆法，這種用以傳神仙之奇的筆法是仙傳有別於史傳的最大特徵。

一、史筆風格

　　《列仙傳》爲目前所見最早集結的仙傳，其史筆的風格也較濃厚，就書名而言《列仙傳》之「列」固然有「序列」的意味，同時也具有正史「列傳」的傳承作用，在體例與筆法上模仿正史筆法，就仙傳的早期發展上極其自然。另一方面這種模仿正史的筆法也產生了宗教宣傳的積極意義，替「神仙可學、

〔註 6〕見魯迅〈中國小說史的歷史變遷〉一文，載於《中國小說史略‧附錄》，頁 414
　　　～454，北京：人民出版社，西元 1979 年。

仙人可證」提出了實證。同時爲了將「神仙」此一超越存在予以形象化，虛筆的運用技巧亦爲敘述的特色之一，於此擬就《列仙傳》的實筆與虛筆抽離出來，探討其作用，第二層就實筆與虛筆之間的過渡橋樑作歸納分析，顯露作者藉以「傳奇」的技巧，第三層於篇末的安排探討作者的處理動機。

此書作者網羅神仙傳說予以序列述記其傳記之時，應當有些資料來自古典文獻，因而在遣詞上取較明確的用字，於身世里籍的交待亦較爲詳盡，篇末的語末助詞也用肯定的「也」「焉」等字。在身世、里籍、生平行狀的記載上承襲史傳的作法，以明確的字詞交待，是紀實的部分；至於採自傳聞的神仙傳說，身世里籍行狀的交待並不強調，篇末的結尾助詞也較常見以模糊的字句處理如「云」、「去」、「不知所在」、「莫知所之」等，茲將本書篇末尾詞依次分類如下：

  （1）「焉」：赤松子、寧封子、黃帝、偓佺、涓子、邛疏、寇先、王子喬、
    桂父、瑕邱仲、酒客、崔文子、鉤翼夫人、園客、谷旭、子主、赤
    斧、朱璜、邗子。
  （2）「也」：容成公、幼伯子、任光、東方朔、商邱子胥。
  （3）「矣」：服閭。
  （4）「而已」：蕭史。
  （5）「云」：赤將子輿、呂尚、葛由、安期生、祝雞翁、朱仲、稷邱君、
    犢子、谿父、毛女、子英、文賓、陶安公、呼子先、女丸、陵陽子
    明、范蠡、主柱。
  （6）「去」：馬師皇、彭祖、陸通、琴高。
  （7）「不知所在（終）」：介子推、江妃二女、修羊公、赤須子、山圖。
  （8）「其他」：方回、老子、關令尹、嘯父、師門、務光、仇生、馬丹、
平常生、羨門、老萊子、騎龍鳴、鹿皮公、昌容、陰生、負局先生、黃阮邱、
木羽、元俗、劉安。

「焉」，《說文解字》云「亦是也」，可知「焉」作爲語末助詞爲肯定之語氣，「也」在於虛字的運用上，亦爲肯定的判斷語氣，兩者在肯定的程度上，以「也」的用法較強，而「焉」字的肯定程度較弱。「焉」字，共十九則，「也」字五則，其比數爲四比一，加上篇末助詞用「矣」、「而已」兩則共爲二十六則，超過全部數量的百分之三十五。由上列統計比較得知同樣是肯定的語氣，有所保留的「焉」字說明瞭作者的態度。就此而論，《列仙傳》的作者雖有意

於史傳之外，記載神仙世界，然其紀實的態度卻仍隱藏於字裡行間。所以由篇末的虛字用詞肯定語氣程度上的差別運用現象，可知作者在處理資料上具有負責的態度，這種態度正是《列仙傳》史筆作風的表現之一。

其次在上面列舉中「云」字的運用也是偏多的，在篇末以報導的筆法將資料的傳說性質表現出來的作法，作者以報導人的姿態呈現其客觀的態度，傳說雖然代表著內容的可信度降低，但是明示傳說的作法，就作者而言仍是紀實的作風。傳說的內容不一定可驗證，然「傳說」流傳於當時卻是有耆舊可徵詢的歷史眞實。

「去」字筆法的運用，就總體而言雖是少數，卻極富代表性，「去」字在文中所象徵的是「此界」與「彼界」的橋樑，如〈馬師皇〉一則之結尾「龍負而去」，所去之處爲何，在字面上不可知，但龍非人間之物，乃一靈物則爲一般大眾所認可，因此「龍負而去」所去之處可視爲超越人間之境。〈彭祖〉一則，以「昇仙而去」作結，明白顯示所去之處爲仙界。〈陸通〉一則以「歷數百年去」作終，在語義上較爲含糊，然配合上文「世世見之」的敘述，可以論定陸通在此已超越了人類的生死界線，所去之處極有可能是仙界，就算陸通只得長生之道，歷數百年之後而去，絕非人間某處，若此中之「去」指的是「大去」仍是彼界。〈琴高〉一則以「復入水去」結尾，水中本非人類能長久停留之所，而琴高以「入水」爲歸所，自然是非常之事，所去之處當爲彼界。

「去」字，《說文》的解釋爲「人相違也」，段玉裁解「違」作「離」〔註7〕，即離開，因而引申爲「往」，不管離或往，就現象而言是空間的轉換，這種空間的轉換是因人而起，由人的行動而來的，在現象界中空間的轉換基於人的行動而達成；超越的說「此界」與「彼界」的轉化以「去」字連結，亦即暗示由「此界」超越至「彼界」仍牽繫於人的行動。

「莫之所終」的筆調仍基於寫實的態度，對於不知所以的神仙歸向作誠實的交待，應是種取信的手法。但這種寫實的手法，卻產生了抽離的作用，將讀者的視界抽離現世，而注意「不之所終」的渾沌狀態，想像到撲朔迷離的彼界，故具有鮮明的標示作用。

至於「結局」部分由諺語、詩云、風俗民情、遺跡的記述作結的例則，其句尾的單獨抽離，不具任何意義，歸併於第三層次作處理。

〔註7〕　許愼撰段玉裁注《說文解字注》頁215，台北：藝文印書館，民國59年。

綜合以上所述，在形式的運用上，傳記人物的出場首先介紹生平里籍實為寫實的筆法，其作用顯然為說明記載主角為真實人物，對於記載人物的種種事宜，究竟是真實亦或虛幻，作者顯然不明示其論斷。然就其筆法的安排尋繹思考，可還原作者處理資料的據實態度，因而可言本書的筆法其史筆風格較濃厚。

二、傳「奇」技巧

《列仙傳》的產生應為史傳關於神仙的記載仍未能滿足一般民眾的需求而作，其敘述的筆法富具史筆，然則以史筆為仙人作傳，能否盡傳仙界全貌？此一疑問應產生自記載的內容問題及作者的主觀意識上，而非來自作者處理資料的態度上。第二層次的傳「奇」技巧探討正為說明作者以「史筆」與傳「奇」的配合運用達到「盡敘仙貌」的要求。

從《列仙傳》的筆法運用上看，雖然較具史筆的寫實態度，然其畢竟為仙傳，所述為超凡入神的仙人，故有其作為仙傳表現奇異事蹟的各種技巧，這些技巧的運用原則一方面不違其史筆風格以證仙人之有，同時也要將神仙異於常人的奇妙特色表現出來，讓讀者產生企慕之情，達到仙傳宣教的目的。

在仙傳的敘述重點單元分析表上，可以大略的看出仙傳記載內容的要件，而《列仙傳》的重點單元分佈趨勢除了姓名里籍等例行報導外，敘述內容偏向「修練與登仙方式」與「神遇」兩大重點。「修練」為由人到仙的漸進過程，就理性世界而言「修練」帶點神祕色彩，但不完全為不可理解；「神遇」則充滿神祕色彩，只能感知卻不可思議。作者的敘述方式則在此「可理解」與「不可思議」之間變化運用，下即以實際例則作分析：

> 馬師皇者，黃帝時馬醫也。知馬形生死之□。診治之輒愈。後有龍下、向之垂耳張口。皇曰，此龍有病，知我能治。乃鍼其脣下口中，以甘草湯飲之而愈後數數有疾，龍出其波，告而求治之。一旦龍負皇而去。（按：□為原文疑有缺字。）（卷上）

此則敘述馬師皇的筆法，開頭三句都是平面的敘述，作者以報導者的姿態行文而下，至「診治之輒愈」一句，乍看仍是平面敘述，實則筆鋒稍有轉變。診之輒愈的字面意義指出主角的醫術精湛，背後隱藏著其精湛程度為神奇之事，自「後有龍下」至終，為其神遇過程。就全篇的敘述內容而言，其情境是兩極化的，平凡的馬醫有神奇的遭遇，接連平凡與神奇的是主角精湛的技能，此精湛技能為「可理解」與「不可思議」的過渡因子，但此過渡因子以

隱藏的方式讓敘述情境由平常漸近入神異，當然這是本書的敘述手法之一。

此外作者也採用違俗之筆以較顯明的佈局轉換敘述情境，如〈赤將子輿〉一則：

> 赤將子輿者，黃帝時人。不食五穀而噉百草花。至堯帝時，爲木工，能隨風雨上下，時時於市中賣繳。亦謂繳父云。（卷上）

此中「不食五穀而噉百草花」爲一種違俗的異食現象，此一違俗的敘述能產生異樣感，全文的情境由此入奇，在理則上因主角的違俗異食一事已在讀者心中產生暗示作用，連帶的「歷黃帝至堯」的長壽，代表時間限制的突破，能「隨風雨上下」所擁有的異能，與「時時於市中賣繳」的角色變換等神奇的敘述，均能順勢而出，可說本文的奇幻世界全繫於違俗之筆的帶入。在意義上與違俗相近而更具標示作用的，是修練方式的直接舖陳：

> 涓子者，齊人也。好餌朮，接食其精，至三百年，乃見於齊。著《天人經》四十八篇。後釣於荷澤，得鯉魚，腹中有符，隱於宕山，能致風雨，受伯陽九仙法。淮南山（王）安少得其文，不能解其旨也。其〈琴心〉三篇，有條理焉。（卷上）

「修練」乃由「人」昇「仙」的途徑之一，是求仙的標幟，修練爲一種漸近方式，隨著修練而有的神能、神遇的敘述模式，是仙傳中最常見的手法，承上文所言修練方法的敘述，純爲知識性的報導，就敘述方法而言爲實筆，然因修練具有標示作用，因此具有入奇的引介作用。

除了漸近的方式，以各種筆法轉換敘述情境之外，作者也有不靠引介，直轉筆鋒的處理方法，如〈谿父〉一則：

> 谿父者，南郡鄘人也。居山間，有仙人常止其家，從買瓜，教之鍊瓜子與桂附子芷實，共藏而對分食之，二十餘年能飛走昇山入水。後百餘年，居絕山頂，呼谿下父老與道平生事云。（卷下）

於此直接以「有仙人常止其家」將讀者帶入主角的神妙世界，這種方法有各種不同的類型，如「谿父」以「仙人」的提點，或「子主」之自言爲仙人使者、「昌容」之自稱殷王子、「平常生」之「數死復生」、「黃帝」之「能劾百神」等直入奇異之境的寫法。

總合而言，《列仙傳》在傳達神仙思想的神奇世界時，或在作者筆調的運用上，以漸近的方式表達仙人的神異；在結構的安排上，則以神仙本身特有的神異特性，作爲仙傳由實入奇的敘述中心。前者的運用使仙傳的敘述以進

入模糊隱約的情境為揭示神異的前奏，這種模糊隱約的情境本身是一種渲染，對讀者的閱讀心理而言具有引導作用，自然而然就進入神異的情境中。後者則以鮮明的標示結構，將神仙的特性直接表現，基本上運用的是信心原則，即神仙思想在社會流傳已久，對於仙人的種種現象只需揭示，以神仙世界本身的奇異作直接的表達。

三、篇末的處理

篇末具有綜合全文意旨的任務，著者在篇末的處理上表現其對神仙事蹟的態度，與《列仙傳》宣傳神仙真有的理念相配合，因此在處理的手法上，以各種資料作為事實的強調。著者在篇末的處理上仍保留報導的特色，或強調仙人渡世後的神奇事蹟，或記錄仙人所留下的風土遺跡，透過勝跡表現出世人嚮往或追懷神仙的心態，這種處理方法具有情緒感染的作用，具有宣傳的效果。

篇尾為全文的收束之處，而《列仙傳》的篇末處理手法，常以透露資料來源的筆調，作全文的終結，其類型歸納如下：

（一）傳說的運用

此類以一「云」或「謂」字引句作結，或以「云」字總結全文，如此是根據傳說的資料予與交待。如「彭祖」之「云後仙去」；「呂尚」，「唯有玉鈐六篇在棺中去」；「商邱子胥」，「謂將復有匿術矣」。類此表明傳說資料運用的筆法，具有於事實可證驗的註解性格，實為史筆之風。

（二）歸處的交待

此一類型有三種不同的方式，其一以其所遊之處作敘述的最後重點，這種作法可強調神仙世界的自由與逍遙境界；其二以仙道得成作結，或明白指其昇仙，或有仙去之意，「劉安」之「俗傳安之臨仙去，餘藥器在庭中，雞犬舐之，皆得飛升。」屬前者，「馬師皇」之「一旦，龍負皇而去。」屬後者；其三以「莫之所終」作終，此可視為據實報導的交待方式，然具有突顯神祕色彩的功能。

（三）遺蹟的記載

此類有三種形態，其一以諺語或詩作結如「陰生」「江妃二女」以流傳於民間的詩諺作輔證；其二以地方風俗為輔，如祠廟信仰（谷春）、服食藥物（桂父）；其三以勝蹟之所在如「黃帝」、「櫻邱君」。

（四）著 作

篇末著明著作的手法與史傳的「記人」方式的安排，並無不同，可視為

史傳遺風。

（五）敘事的終結

此種筆法為敘事文的普通作法，但在本書的運用情況在比例上並非很高，僅有〈木羽〉之「子孫得其福力也」等八篇。

（六）復見、世世見

類此「歷世見」、「復見」筆法，有兩種含義，「歷世見」通常表現仙人的不死，復見除了含有前意外，也常配合「尸解」的情節，有為「尸解」作註的功能。前者之運用如「鹿皮公」、「陸通」；後者如「平常生」。

以上的分類並非絕對單一，例如在標示運用傳說資料的同時，內容記載的可能是其他五項。因此這種分類，在體例上是混雜了形式與內容，不過其共通點在於功能意義，分別具有證驗的功能，或傳奇的作用，故而作此分類以闡述《列仙傳》敘事筆法的紀實風格。

篇末是全篇的結束，也是全篇的重點所在，所以篇末的運用最能看出作者的意旨，從以上的分析可以看出在篇末的處理上，仍是以一貫的史筆作法，將所有的事實資料作為作者強調神仙真有的理念。這也是《列仙傳》在形式上的寫作特色，以一種報導人的態度將其所見的資料完全呈現在讀者面前，雖然在文字上沒有為仙道宣傳的用意，但是透過資料的裁剪與敘述重點的安排來闡述神仙思想的可信可學。

第二節　《神仙傳》的敘事結構與筆法特色

《神仙傳》為研究葛洪神仙思想的重要輔助資料，關於葛洪的神仙思想理論，詳見於其《抱朴子》一書中，此書的研究已有不少成果〔註8〕。若說此書為葛洪神仙思想的理論，則《神仙傳》為其思想的實證，這點，在前引的「自序」有明白論述，作者著作的目的不僅在證實「仙人可學、神道不誣」，而進一步的以成仙者的實例印證其神仙理論之是。因此在敘述的安排上，自有其符合此一要求的設計，在筆法的運用規章上也別出心裁，故於此須就敘述重點，與敘述筆法的運用上加以解析，藉以了解作者如何以「仙人」傳記集結的方式，強調其神仙理論，方能掌握本書之功能、意義。

〔註8〕　《抱朴子》的專書研究，有李師豐楙所著《不死的探求・抱朴子》；藍秀隆《抱朴子研究》，胡孚琛《魏晉神仙道教》等。

壹、敘述重點單元的分析

　　敘述重點單元的分佈趨勢，直接反映本書的內容重點，故先將敘事內容形式化，較能具體有效地達到將書中複雜內容簡化的功能。此一簡化的目的，在於抽取敘述要素，以利於全面的觀察，是在探討本書思想內容之前所必經的階段。

　　《神仙傳》在篇幅上較《列仙傳》長，而敘述的技巧也不止於平面的事件報導，而是具有強烈的故事性、完整的情節發展。但是在結構上仍是以仙傳的特色作安排，大致仍按照仙人成仙的程序敘述仙人事蹟，所以結構分析上所呈現的敘述重點單元仍與《列仙傳》同。不過重點分佈的趨勢則因作者的道派特色而有顯著的變化，受授傳承內容的增加以及神仙異能敘述的精詳，是本書敘述重點單元分佈的特色。

《神仙傳》重點單元分析表

姓　　名	里籍身世職業	授受傳承	修練與登仙方式	異　能	神　遇	居、遊、去所	結　局
1. 廣成子	古之仙人	黃帝問道，難之。退而問治身，答以清靜守一。	行老子清淨守一之道			居崆峒山石室	以理論作結
2. 盧敖、若士	若古之仙人盧燕人也			舉臂束身遂入雲端	盧學少有成有自滿之意，見若士所而有井蛙之歎。	遊乎北海	以感悟作結
3. 老子，名重耳字伯陽	楚國苦縣曲仁里	授關尹喜道德經及長生之事			母感大流星而生		以論贊作結
4. 彭祖	顓頊玄孫殷大夫	授朵女以養生之道柔女以教殷王黃山君修彭祖之術道論其言作彭祖經	善於輔導之術服水桂、雲母粉麋角散			不知所之	交待《彭祖經》之成書
5. 魏伯陽	吳人、宋高門之子性好道術					與弟子仙去。	論述《周易參同契》的價值所在
6. 華子期	淮南人也	師角里先生、授靈隱寶方伊洛飛龜秩白禹正機、平衡。蛻得仙	合服所授蟬蛻得仙	服後日行三百里，舉千斤			得仙去

姓名	里籍 身世職業	授受傳承	修練與 登仙方式	異能	神遇	居、遊、去所	結局
7. 白石先生	養羊、牧豬置錢買藥好事神、讀幽經及太素傳	中黃丈人弟子所行主以交接之道金玉之藥為之，煮白石為糧，食脯、飲酒、食穀		日行三四百里		白石山	不肯修昇天之道，但取不死而已
8. 皇初平	丹溪人也牧羊	教兄服松脂、茯苓		化羊為白石	道士見其良謹，引入金華山修道。	金華山	以為好道便可得道後改名赤松子，兄改為魯班。
9. 王遠	東海人，舉孝廉郎，除中散大夫	度蔡經，以為骨相當仙。		通五經，明天文圖讖，逆知天下盛衰之期，九州吉凶觀之掌握	桓帝逼載詣京，書門板說方來事。降蔡家召麻姑麻姑顯變化之能	常在崑崙山，往來羅浮、括蒼等山。	陳尉家世世錄存王君手書
10. 伯山甫	雍州人		精思服食	能數人家先世功過，知方來吉凶。	與藥外甥女，服之色如桃花，武帝使者見少女笞老翁，言翁乃	華山	入華山去
11. 馬鳴生	臨淄人，少為縣吏	受神人太陽神丹經三卷，服半劑為地仙，後白日昇天。	合所受之藥服之，白日昇天		捕賊為賊所傷，遇神人救之，圖報，棄職為負笈，求長生之道	經歷九州	白日昇天而去
12. 李八百	蜀人	知漢唐公房有志不遇明師，欲授往試。試過授丹經一卷			以病試唐公房	入雲臺山作藥。	歷世見。唐公房服藥仙去。
13. 李阿	蜀人，常乞於市，所得散窮者。			人若問事，占阿顏色。敗刀成刀，壞腳全腳，顯能於人。		宿青城山，人言為崑崙所召	崑崙山召去
14. 河上公		授文帝素書二卷		坐昇折帝			以論述作結
15. 劉根	京兆長安人漢成帝舉孝廉，明五經			可變化衣冠使人不覺，能召鬼，報府君之無禮。	於華陰山遇韓眾，駕白鹿，從者十餘人，言其有仙骨賜神方五	入嵩高山練藥後入雞頭山。	入雞頭山仙去。

姓　名	里籍 身世職業	授受傳承	修練與 登仙方式	異　能	神　遇	居、遊、去所	結　局
16. 李仲甫	豐邑里人	少學道於 王君	服水丹兼 行遁甲	有張生學 道不成。欲 殺仲甫，顯 能以拒。能 步訣隱 形，變化為 鳥。		入西岳山	入西岳山 不復還
17. 李意期	本蜀人，漢 為齊人。		食脯及棗 栗	與符使人 速行，能撮 土以為宮 室，知未來 吉凶，預知 劉之伐吳 必敗。		入瑯琊山	入瑯琊 山，不復 還。
18. 王興	陽城人，凡 人不知書。		聞九疑山 神人教武 帝服石菖 蒲，採食不 息遂長生。			居壺谷中	世世見之 不知所之。
19. 趙瞿	上黨人		松子，松柏 脂	能負重不 疲	得病泣山 中，遇神賜 藥，病癒 歸，得長 壽，二女戲 面上一及 長三人不 知所之。		入山不知 所之。
20. 王遙	鄱陽人			以八天布 耙治病畫 地獄以制 鬼，敕妖。		見於馬蹄山	地仙。
21. 李常在	蜀郡人	請弟子曾 孔二家小 兒教以杖 解					兒欲見不 予見，世世 見，故名常 在。
22. 劉安	漢高帝孫	作內書二 十二、中篇 八，言神仙 黃白事，論 變化之道。	白日昇天		八公詣 門，顯變化 之能，授丹 經三十六 卷		為散仙人
23. 陰長生	新野人，漢 皇后之親	專務道術 尋得馬鳴 生，授太清 神丹寫丹 經置嵩 高、太華、 蜀綏等山。	白日昇天				在民間處 一百七十 年，色如女 子。

姓　名	里籍 身世職業	授受傳承	修練與 登仙方式	異　能	神　遇	居、遊、去所	結　局
24. 張道陵	沛國人，太學生，通五經	得黃帝九鼎丹法，著作道書二十四篇東海小童授正一明威之道。	白日沖天		柱下史駢龍駕虎授道		已成地仙。
25. 泰山老父			服朮、飲水、枕神枕、絕穀。		垂死遇有道者教長生之法。	入岱山	每十五年時還鄉，三百餘年，乃不復還。
26. 巫炎	北海人，漢駙馬都尉		服餌水銀，白日昇天				武帝行其法，不能盡用之，然得壽最長於先帝。
27. 劉憑	沛人，有軍功封壽光金鄉侯。	學道於稷丘子	服石桂英及中嶽石硫黃，長禁氣。			入太白山中	數十年復歸鄉里，顏色更少。
28. 欒巴	蜀郡成都人			平坐入壁、化虎、制鬼。			莫知去處。
29. 左慈	廬江人，明五經通星氣		合九轉仙丹仙去	明六甲能制鬼神，坐致行廚。多變化以顯能。		精思於天柱山入雷山合丹	合九轉丹仙去。
30. 壺公	市藥	召軍符、召鬼神治病玉府符皆爲所出。		收鬼、役神	費長房偶見入壺，遂結緣，然試不過乃爲地上主。		
31. 薊子訓	齊人，仕州郡舉孝廉，除駙馬都尉		尸解	起死回生返老還童可分身			尸解。
32. 李少君		得安期生神丹爐火之方	尸解				尸解而去。
33. 孔元方	許昌人	授馮遇素書二卷，言要道不可輕傳。	常服松脂、松實茯苓等藥			入西嶽	五十餘年，暫還鄉里，鄉人猶識。
34. 王烈	邯鄲		常服黃精及鉛	行步如飛		入太行山得石髓服之	莫知所之。

姓　名	里籍 身世職業	授受傳承	修練與 登仙方式	異　能	神　遇	居、遊、去所	結　局
35. 焦先	河東人 伐薪施人		常食白石	火燒其屋，坐其中庵爐，徐徐而起，衣不焦，雪亦不能加凍其身			不知所適。
36. 孫登	市中乞得錢物，轉予貧下。		受困尸解	太傅楊駿使迎，問訊不答。預知其禍也。			
37. 呂恭		授仙人祕方，傳方於子孫。			於山中採藥遇仙人，隨仙人去		入山中子孫世世不復老死。
38. 沈建	丹陽人，世為長吏，好道。		導引服食	輕舉飛行而去。	遠行婢奴、羊驢寄人經年不食，歸，賜藥，食如常。		或去或還如此三百餘年，乃絕跡，不知所之。
39. 董奉	侯官人		唻脯棗，尸解	起死回生，如飛鳥騰空、能役虎。			在人間三百餘年，乃去，顏狀如三十
40. 太玄女	得王子之術		白日昇天而去	水不能濡，雪不能侵，可移宮室，指山山摧，指樹樹折		入華山學道	忽白日昇天而去。
41. 西河少女	伯山府外甥	精思服食		入人家即知其先世已來善惡功過，又知將來吉凶。		入華山	入華山而去。
42 程偉妻	漢期門郎妻		夫索方尸解而去	能變化			尸解而去。
43. 麻姑				撒米成真珠			昇天而去。
44. 樊夫人	劉綱妻		平坐昇天	有道術能召鬼神，禁制變化。			同昇天而去。
45. 嚴清	會稽人				常於山中作炭，忽有異人與書一卷。	入霍山	入霍山仙去。

姓　名	里籍身世職業	授受傳承	修練與登仙方式	異　能	神　遇	居、遊、去所	結　局
46. 帛和	遼東人	事董奉受行氣服朮法，事王君受大道訣視壁三年得道。				入林慮山	地仙。
47. 東陵聖母	廣陵海陵人	師劉綱		能變化隱行			夫嫉飛獄而去，遠近祠之。
48. 葛玄		從左元放受九丹金液仙經。	服朮、絕穀、尸解而去。	能變化，救鬼、收精，水、火不懼。有符可倒水流，使人行水上。			
49. 鳳綱	漁陽人		服藥			入地肺山	入地肺山仙去。
50. 衛叔卿	中山人	授子神素書，五色雲母。	服雲母得仙		乘雲車駕白鹿從天而下集孝武皇帝殿前		合藥仙去，留其方與子世多得之者。
51. 墨子	宋人，大夫	神人受素書，朱英丸方、道靈教誡、五行變化凡二五篇			遇神人授書	入周狄山周遊五嶽不止一處	知其好道又有仙骨得地仙。
52. 孫博	河東人		服仙丹	能使身成火，致火可復，使人舞於水。		入林慮山服丹	服神丹而去。
53. 天門子姓王名剛			服珠醴得仙			入玄洲山	
54. 玉子姓章名震	南郡人，少好眾經	師長桑子，務魁爲主，而精五行之意	合丹，白日昇天	能起飄風、作雲霧變化分形。		入崆峒合藥	白日昇天而去。
55. 沈羲	吳郡人	學道蜀中			與妻逢白鹿、青龍、白虎車載之昇天		以其有功於民，上天庭賜食廷壽
56. 陳安世	京兆人性慈仁		白日昇天		二仙試叔本，本怠，二仙見安世誠，授二丸，安世道成授叔本		後亦仙去

姓　名	里籍 身世職業	授受傳承	修練與 登仙方式	異　能	神　遇	居、遊、去所	結　局
57. 劉政	沛人		治墨子五行記，兼服朱英丸	能幻化，興雲起霧隱三軍之眾成林。			不知所在。
58. 茅君	幽州人	學道於齊					脫離人世亦有祿位
59. 孔安國	魯國人	寶惜道要不肯輕傳事漁父授服餌方。	行氣服丹鉛				入山仙去。
60. 尹軌	太原人博學五經，尤明天文。		常服黃精華	言天下吉凶無不中制虎，製鉛銀金等		至太和山仙去	
61. 介象	會稽人	神女授還丹經，吳王從象學隱身術。	尸解	善禁氣之術，種種變化。			弟子見在竹藍山中顏色轉少
62. 蘇仙公	桂陽人，自牧牛		聳　身　入雲，紫雲捧足，群鶴翔。	所牧牛徘徊側近百里外買魚速回			三百甲子一來歸。
63. 成仙公	桂陽臨武烏里人。		尸解	解鳥獸語，噴酒救火。			託形仙去。
64. 郭璞	河東人		尸解	善測人鬼之情			為水仙伯。
65. 尹思	安定人			見月異象而言天下亂。			後果如其言
66. 沈文泰	九嶷人	得紅泉神丹、去土符延年益命之道。傳李文淵	昇仙			欲之崑崙、留安息二十餘年。	去三尸法出於此。
67. 涉正	巴東人		服食、食石腦小丹，行氣，絕房室。	莫見開其目，及開音如霹靂，光如閃電。			莫見其所。
68. 皇化			還年卻老息胎內視之道，煉丹登仙。	避五兵卻狼虎，安全營生護家門。			後復煉丹，乃登仙去。
69. 北極子 姓陰名恒			愛神為寶。死入生出因生求生。服仙丹				後服神丹仙去。

姓　名	里籍身世職業	授受傳承	修練與登仙方式	異　能	神　遇	居、遊、去所	結　局
70. 柳融			服雲霜丹	含粉成雞等無中生有之能。			服還丹昇天。
71. 李修		著道源四十篇。	陰柔之道，服丹昇天。				服雲霜丹得仙。
72. 葛越			乘龍而去	能千里因姓名治病善氣禁之道，禁狼虎百虫，使水倒流			不復還。
73. 陳永伯	南陽人	得淮南七星散服二十一日不知所在					仙去未必有仙官迎，但人不見耳。
72～1 董仲君	臨淮人		少行氣煉形，尸解而去。				尸解而去。
75. 王仲都	漢人道士	學道梁山，遇太白眞人授虹丹。		漢元召，試其術，果寒暑不加其身。			桓君山著新論稱其人。
76. 離明		事玉子，著七寶之術。	行五學之道，服丹得仙				多酒鬚髮皓白。
77. 劉京	漢文帝侍郎	從張君學，受餌雲母朱英方。		能知吉凶，爲人祭天益命。			得壽二百歲。
78. 清平吉	沛國人衛卒		尸解				百餘年復還鄉里。
79. 黃山君		修彭祖之術著彭祖經					地仙。
80. 靈壽光	扶風人		得朱英丸爲服之有效，尸解。				尸解。
81. 李根	許昌人			能變化入水火，坐致行廚、隱身。			八百餘歲，不得神丹大道之訣唯地仙
82. 黃敬	武陵人，仕州部從事。	學道霍山，紫陽受長生之道。	服氣斷穀，胎息內視，吞陰陽符。				守自然樂爲地仙

姓名	里籍身世職業	授受傳承	修練與登仙方式	異能	神遇	居、遊、去所	結局
83. 甘始	太原人		善服氣不飲食，服天門冬，行房中事，依容成玄素之法更演一卷	治病不用針灸湯藥		王屋山	入王屋山仙去。
84. 平仲節	河中人	受師宋君	存心鏡之道，具百神，行洞房事黃老君遣迎，乘龍駕雲白日昇天。			括蒼山學道今在蒼浪雲臺	
85. 宮嵩	琅琊人有文才	事干吉，吉付嵩太平經	服雲母			入紵綸山	入山仙去
86. 王眞	上黨人	以蒸丹小餌法授魏武。	行胎息之術，斷穀。			登女几山	登山仙去。
87. 陳長				以水治病			在紵山已六百餘歲，不飲食。
88. 班孟			服丹餌	能飛行終日，坐虛空中，移物、含墨噴字。		入大治山仙去	入山仙去。
89. 董子陽		司馬季子以導仙八方與之。	食桃，飲石泉。			隱博落山	少知長生之道。
90. 東郭延	山陽人		服雲散，數十人乘虎豹來迎。			謁崑崙	
91. 戴孟	漢明帝人	受裴君玉珮金璫經、石經金光符，太微黃書。				能周遊名山	
92. 魯女生	長樂人		餌胡麻、朮	走急鹿	采藥嵩高山，遇太上侍官，與五嶽眞形。	入華山	相試者逢女生華山令謝其鄉里故人。
93. 陳子皇		得餌朮要方食之得仙				仙去霍山。	妻病服朮自癒，身健。
94. 封衡	隴西人幼學道，勤訪眞訣。	遇魯女生授還丹訣，及五嶽眞形圖。	初服黃連、朮。			入元山	入山不見。

　　基於分析表所顯示的除了姓名、身世、里籍等基本資料的記載外，授受
傳承與異能爲《神仙傳》的敘述重點，加以修練方式仍爲重要部分，故由本
書的重點趨勢可印證作者的著作意圖。本書的敘述結構就內容而言，尚有一
部分爲上表所未能涵蓋的，即理論的闡述，而此一理論的闡述形式，或藉傳
中人口中論述，或作者以論讚或按語方式提出等，內容有述及「道」的闡釋、
或修仙之要等，將於後述及，故於此暫不處理。

　　承上所言，本書於授受傳承的交待，是所有單篇故事中的敘述重點之一，
此一現象，與作者本身重師承之理念相契合，可謂作者神仙理論的具體表現，
作者於《抱朴子・釋滯篇》言「欲求神仙，唯當得其至要……不值明師，不
經苦學，不可倉促而盡知也。」〔註9〕作者以其家學淵源，及身爲江南士族的
身分背景，重師承的修道思想，自然反映在著作上。但除了以上理由外，《神
仙傳》特別著墨於師承的記載，尚有分明道派之積極作用。

　　以作者所處時代，道教已由初期發展轉向各道派對話整合的階段，此時
道教型態與東漢末三國時期的型態有所不同，湯一介在其《魏晉南北朝時期
的道教》一書中指出：

　　　　漢末雖已建立了道教的組織，但當時或者是政教合一的張魯在
　　漢中，或者是組織農民起義的如張角在東方各州，實際上也是政治
　　組織，教會組織還沒獨立出來。在曹魏和西晉時，道教受到統治者
　　的限制不僅沒有發展，相對地大大削弱了，因而更加沒有嚴密的組
　　織了，到東晉，整頓和建立教會組織就成了道教的當務之急。〔註10〕

湯氏以二張實際上爲政治組織，教會組織還沒獨立出來的觀點，雖然忽略了
二張「政教合一」的理想特質，而偏重於「農民起義」的意識型態值得商榷，
但就現象而言，道教前期以集團性、群眾性的教團型態發展，經政治勢力的
刻意打壓，已逐漸沒落，但其宗旨與要義仍散播流傳，與各地民間宗教結合，
而產生各種不同的派別，或應不同階層信眾的不同需要，產生種種變化。站
在葛洪「葛氏道」或「金丹道」〔註11〕的道派立場，面對社會上素質參差不

─────────────

〔註 9〕見葛洪著，王明校《抱朴子・內篇・釋滯》，頁149，北京中華書局，1988年。
〔註10〕見湯一介《魏晉南北朝時期的道教》第六章，頁142。文中所提政治壓迫道教
　　　　發展一事見此書第五章〈三國西晉時期對道教的限制〉，頁133至140。東大
　　　　圖書公司，民國80年。
〔註11〕葛氏道一詞爲福井康順提出。見其〈葛氏道研究〉《東洋思想研究》第5期1960
　　　　年。

齊的各種不同道派，必有所區分，而區分的依據則以其師承受授爲標準，不失爲簡明有效的方法之一。〔註12〕

「異能」取代「神遇」而爲《神仙傳》的重點單元分佈的最高位，其背後的意義也是作者的神仙理論表現。在《神仙傳》的敘事模式中，異能往往與修練有因果關係，或者直接以異能的敘述，作爲全文進入神妙之境的筆法，也就是說異能的敘述具有標示作用。異能爲「神仙」的象徵，神仙之所以不同於凡人，除不死之外，就是異能的擁有了。〔註13〕「不死」並不容易爲人所察覺，而異能卻是顯而易見的，故而「神仙」欲爲人所知，必強調其異能，作者欲明神仙之眞有，也必須著墨於異能的描述。學仙須有明師既然是作者的理念之一，〔註14〕如何識得明師，就是學仙者的重要功課之一，就學仙者而言，異能的有無是其識明師的方法之一。這些自現、標示及識別等種種因素都緣自於作者的創作目的與神仙理念，其理念與形式的配合結果，即產生《神仙傳》對於異能的敘述偏多的情況。

葛洪的神仙思想，爲自力的神仙思想，〔註15〕認爲神仙是可學的，人經正確的修練方式可以成仙，有別於「遇仙」得神助而成仙的他力借助思想，因此在神遇的敘述情節上就顯得少。伴隨著修練而來的異能敘述，正是修練功效的證明，也是成仙的指標，所以異能的敘述是必要的環節，以「魯女生」爲例：

> 魯女生，長樂人，初餌胡麻及朮，絕穀八十餘年，益少壯，色
> 如桃花，日能行三百里，走及麞鹿，傳世見之⋯⋯。（卷十）

「八十而無老態」，言其不老，「日行三百里」、「走及麞鹿」是異能的擁有，「傳世見之」爲不死，這些都是緣自「餌朮避穀」的修練而生，是自行修練、自力成仙的努力。修練之後的異能敘述的安排，對修練者可以產生鼓舞作用，是其仙人可學理念的催化。

尋師爲入門修練之前的一大功課，如何知其人有道術，也是自觀察而來，

〔註12〕 在葛洪之前，杜炅已進行道教的整頓工作，將一般的巫覡之術從道教中清除，取其中適合道教教義的部分，洪於其《抱朴子》中對當時道士的虛誕之舉諸多指謫，可見當時教派紛亂，非後世可輕易推繹得知。

〔註13〕 見李師〈慧皎高僧傳的神異性格〉一文，刊於《中華學苑》26期，政大中研所，民國71年12月。

〔註14〕 見〈師授考——抱朴子內篇によせて〉，吉川忠夫，《東方學報》52期。

〔註15〕 關於葛洪的自力神仙思想，李師豐楙於其《不死的探求・抱朴子》一書中有所論述，本文將於第三章第二節作詳細說明。

其觀察的依據在於行為相貌。如「泰山老父」頭上白光高數尺的異相，〔註16〕固然引人注目，但這種外現的異相為少數，凡人識道術者，仍是以其異能為多，如劉安之於「淮南八公」〔註17〕、曹操之於左慈。〔註18〕就心理狀態而言，異能與予人的刺激強度遠比異相強烈，因異能為動態的變化，其影響範圍廣；而異相偏於靜態的呈現，刺激強度較低。作者大量的敘述異能，即異能可鮮明的強調神仙之必有。

神仙自現異能的描述，更是強調神仙特質的作風，其目的當然是具體的展現神仙雖為超越之存在，卻是真實的存在，既非空有傳說的，也非出於杜撰，因而經得起凡人的試探，並且給予試探者一些教訓，以明神仙不容懷疑之意，為其「神道不誣」信念的執行。

葛洪著《神仙傳》乃承《列仙傳》之續，除了長篇的仙道論之外，其基本架構與《列仙傳》並無太大的差異，但是在內容的安排上基於葛洪個人的仙道理念對於師受的重視以及自力成仙的思想，使得本書在受授傳承上有較詳細的交待，而神仙異能由於是識辨明師之要與神仙必有的雙重標識，所以在重點單元的分佈中取代神遇於《列仙傳》的地位，成為敘述的最大重點。

貳、筆　法

相對於《列仙傳》，《神仙傳》的筆法因篇幅的增加，使作者能詳盡發揮其金丹道立場，除了論讚方式外，也藉著傳中人物的對話表達。這種對話生動地傳達了學道者的想法，也具體地展現仙道思想，這樣立體化的表達方式有別於《列仙傳》的純報導筆調，在傳達仙人真有的功效上，更能發揮感染作用。透過仙人的口中，強調金丹服食的作用，以及成仙的位階等問題，如同仙人在眼前說話一般，使讀者不自覺的融入傳中的奇幻世界。同時也透過一些具體事件的描述來烘托人物特色，而且受當時文學風氣的影響，用詞遣字兼具形式之美，描述的筆法也較細緻補足了其自序所言《列仙傳》「殊甚簡略」的缺失。〔註19〕

一、論讚之筆

〔註16〕見《神仙傳》卷六，泰山老父。
〔註17〕見《神仙傳》卷四，劉安。
〔註18〕見《神仙傳》卷五，左慈。
〔註19〕雖然今本《神仙傳》卷十仍不免過於簡略，但整體而言已改善很多。

葛洪著《神仙傳》的動機與目的見於其〈自序〉中，此書爲其神仙理論的實踐。除了以神仙事跡證其理論外，作者更不時以按語闡述其理論：「抱朴子曰」、「洪曰」「葛稚川云」等都是形式上可清楚畫分作者議論之處，作者用這種方式論述其觀點如〈陰長生〉一文：

> 抱朴子曰：「洪聞諺書有之曰：『子不夜行，則安知道上有夜行人。今不得仙者，亦安知天下山林間，不有學道得仙者。陰君已服神藥，雖未即昇天，然方以類聚，同聲相應，便自與仙人相集，尋聞見。故知此近世諸仙人數耳。而俗民謂爲不然。以己所不聞，則謂無有，不亦悲哉。夫草澤間士，以隱逸得志，以經籍自娛，不耀文彩，不揚聲名，不修求進，不營聞達，人猶不能識之，況仙人？亦何急急令聞達朝闕之徒，知其所云爲哉。』」（卷五）

以經驗的有無論證仙人的有無，是簡單的推理方式，不過卻也是古人最習慣的論理法則。訴諸於經驗的思考模式爲古人習用，作者於此也是以經驗爲訴求，但以反用的方式，以特殊經驗之肯定，駁斥普通經驗的否定，申論其「仙人實有」的理念。

除了宣揚其神仙理論外，作者也以論贊方式，陳述自己對傳說的態度，如〈老子〉一則：

> 洪以爲老子若是天之精神，當無世不出，俯尊就卑，委逸就勞，背清澄而入臭濁，棄天官而受人爵也。夫有天地，則有道術。道術之士，何時暫乏。是以伏羲以來，至於三代，顯名道術，世世有之，何必常是一老子也。（卷一）

作者在此論述老子各種傳說的誤謬，而提出自己的看法，他在下文有更深一層的闡示：

> 按《史記》云……欲正定老子本末，故當以史書實錄爲主，并老經祕文以相參審。其他若俗說，多虛妄。（卷一）

在這一段引文中，史書實錄、與老經祕文，爲判斷的依據，是葛洪站在一個知識分子與深諳道教經典的道士立場上的理念。這種按語的運用方式，在本書時常出現，除了表現作者的立場外，也是資料引用的筆法之一，如：

> 洪按西昇中胎及復命苞及珠玉機金篇內經皆云，老子黃白色、美眉、廣顙長耳……。（卷一）

類此表明出處之記載，以爲憑信依據的作法，是交待其資料來源的筆法。資

料出處的交待，有助於說服讀者，認同神仙傳說的可信度。以道經記載爲信度的憑依，則是作者站在其所處立場的應然作風，其既身爲一道士，必自然以道書爲經典，書中所述爲常道、爲眞理，肯定道經所載爲信實之資料，作者不僅引道書作資料，同時也在神仙故事的敘述中，印證道書所言，以兩相爲證的作法闡述其神仙理論，此書〈王烈〉一則即爲此一手法的運用：

> 又按《神仙經》云，神山五百年輒開，其中石髓出，得而服之，壽與天相畢。烈前得者，必是也。（卷六）

這種互相闡揚的方式雖有循環論證之病，卻是素樸的推論法，一方面以經典作爲本則神仙傳說內容的依據；一方面又藉故事內容，印證仙經所述，形成互相證明的效果，此一方式雖經不起嚴格的理論批判，但就說服效果而言，對作者當時及稍後之人，應有相當程度的效應，至少在道教內部，神仙的存在是感應體悟可得，是發現而非證明的。

二、敘述之筆

《神仙傳》是三種仙傳集中文字最多、故事性最強、敘事最生動的，雖然仍承襲《列仙傳》的模擬正史人物列傳史筆作風，但基於其特殊題材，在敘述上虛筆、實筆的搭配要比史傳更自由，有時實筆有時虛筆，有時用瑣碎事來襯托仙人之事以拉近仙凡之間的隔閡，有時以象徵性的語言來烘托特別情境區隔仙界與人間，這種天人之間若即若離的關係營造，是作者強調仙界逍遙與仙道可學的表現手法，所以在筆法的探討上首先分析的即爲實筆、虛筆的運用。

篇末的筆法處理採用堅決肯定的語氣，是本書的筆法運用上的強勢作爲，也是神仙實有的強調。故而本書常在神仙去處給予明確的交待，最常見的就是入山而去的寫法如「嚴清」之「入霍山仙去」，「鳳綱」之「入地肺山中仙去」〔註20〕此一筆法一方面反映當時流行之「福地洞天」思想，一方面爲作者「三品仙」思想之實踐。〔註21〕福地洞天的思想，實際上是把仙界建立在人間，是神仙眞有，神仙可學的進一步擴展，「入山仙去」的筆法是直接的而具體的表現方式，墨子之「周游五嶽，不止一處」〔註22〕雖不明言「地仙」之格但實指地仙之逍遙，是未明指入山而去，但實爲入山仙去的例子。

「入山合丹」之筆，亦爲本書常見筆法，丹藥服食，亦爲本書所反映神

〔註20〕見《神仙傳》卷七嚴清，卷八鳳綱。
〔註21〕「三品仙」爲葛洪神仙思想特色之一，即「天仙」、「地仙」、「尸解仙」。
〔註22〕見《神仙傳》卷八，泰山老父。

仙思想之一大主題。「入山合丹」之筆，充分表露了道教對煉丹之術的隱秘傳統，《抱朴子・黃白篇》記載：

> 《神仙經》黃白之方二十五卷，千有餘首。黃者，金也。白者，銀也。古人秘重其道，不欲指斥，故隱之云爾。或題篇云庚辛，庚辛亦金也。然率多深微難知，其可分明者少許爾。世人多疑此事爲虛誕，與不信神仙者正同。（卷十六）

因煉丹的隱秘需要，入山即求其「隱」，隱爲一種隔絕作用，隔絕世俗是超越的基礎，初步的隔離是捨去的第一步。丹藥服食既爲成仙的決定性因素，煉丹則是獲得此重要因素的方法，煉丹其實已進入修仙的階段了，能不能超越凡俗，全繫於煉丹的成敗與否，而煉丹的成敗與否卻繫於物質的超越變化是否成功，象徵的也就是精神的超越。所以捨去「有限」人世的種種牽絆，才能專致於超越有限的工作。故而隱的要求爲利用外在環境的隔離，促成精神抽離，爲超越作準備。唯有在精神上有所超越，才能滿足於煉丹成功所需要的條件，於此，《抱朴子・明本篇》有詳細的說明：

> 山林之中非有道也，而爲道者必入山林，誠欲遠彼腥膻，而即此清淨也。夫入九室以精思，存眞一以招神者，既不喜誼譁而合污穢，而合金丹之火藥也，煉八石之飛精者，尤忌利口之愚人，凡俗之聞見，明靈爲之不降，仙藥爲之不成，非小禁也。止於人中，或有淺見毀之有司，加之罪福；或有親舊之往來，牽之以慶弔，其若幽隱一切，免於如此之臭鼠矣。（卷十）

上言精思、存眞一以招神，即是精神的超越，其目的在於與明靈、有司感應，而破壞此種感應的即是凡俗之未能隔離，故「入山合丹」之筆法，仍是作者金丹道統的反映。

就文筆的運用而言，本書的文字具有六朝文學的風格，屬詞典贍華美，縟麗鋪陳，於仙人衣著相貌的描述與仙班儀駕的摹寫，均具體而形象化。在無意間突顯六朝道教「存思守一」的修練特色，及「仙眞降誥」的神秘經驗，而對仙人容止儀彩多所著墨，此其有別於先前的《列仙傳》之以報導性筆法爲重，而轉以詳細的敍述筆法完整的故事情節爲重心，如〈魏伯陽〉一文：

> 魏伯陽者，吳人也。本高門之子，而性好道術。後與弟子三人，入山作神丹成。知弟子心懷未盡，乃試之曰：「丹雖成，然先且與犬

試之。若犬飛，然後人可服耳。若犬死，即不可服。」乃與犬食之，
犬即死。伯陽謂弟子曰：「作丹唯恐不成，今既成而犬食之死，恐是
未合神明之意，服之，恐復如犬，爲之奈何。」弟子曰：「先生當服
之否」伯陽曰：「吾肯違世路，委家入山，不得道，亦恥復還。死之
與生，吾當以服。」乃服，丹入口即死。弟子顧視相謂曰：「作丹以
求長生，服之即死，當奈此何。獨一弟子曰：「吾師非常人也，服此
而死，得無有意耶？」因乃取丹服之，亦死。餘二弟子相謂曰：「所
以得丹者，欲求長生也耳，今服之即死，焉用此爲。不服此藥自可
更得數十歲在世間也」。遂不服。乃共出山欲爲伯陽及死弟子求棺
木，二子去後，伯陽即起。將所服丹納死弟子及白犬口中，皆起。
弟子姓虞，遂皆仙去。道逢入山伐木人，乃作手書與鄉里人，寄謝
二弟子。乃始懊恨。伯陽作《參同契》，五行相類凡三卷。其說如解
釋《周易》，其實假借爻象，以論作丹之意。而世之儒者，不知神丹
之事，多作陰陽注之，殊失其旨矣。（卷一）

此則記載，情節完整，情節的發展與敘述時間是平行的，自起文至丹成爲開
始，整個試練行動爲中段，「伯陽即起」至「乃始懊恨」爲結束，以下爲作者
對魏伯陽著作的判定則爲議論之詞。類此以情節的敘述爲中心，是透過整件
事的過程強調金丹爲可信的成仙之法，透過人物的對話展現多種對金丹服食
的心態，事實上則隱喻不信金丹者即喪失登天之機要的道理。篇末論魏伯陽
著作的性質，仍爲闡明仙道，但是這樣的安排實際上是藉著《周易參同契》
的存在指明仙道之不誣，所以本則是具體描述與瑣碎事件搭配的最佳例證。

　　象徵性的筆法，多半用於對「仙界」的描寫，或對仙人形貌、仙班儀列
的敘述，如〈衛叔卿〉、〈沈羲〉。首先以〈衛叔卿〉爲例：

帝即遣使者與度世共之華山求尋其父，到山下欲上，輒火不能
上也。積數十日，度世謂使者曰：「豈不欲令吾與他人俱往乎。」乃
齋戒獨上，未到其嶺於絕巖之下，望見其父，與數人博戲於石上。
紫雲鬱鬱於其上，白玉爲床，又有數仙童，執幢節立其後……。（卷
八）

雖然衛叔卿之子欲上華山尋其父，在山下因火不能上而齋戒，在此火象徵仙
凡的區隔，火所具有的潔淨作用，象徵山上的神聖空間，而齋戒象徵的是由
凡入仙的過渡儀式，鬱鬱的紫雲顯示了華山已非人間輿圖上普通的空間而是

神仙世界，其後以仙童執節的具體描述點明，是虛筆與實筆的另一種搭配方式。

　　對於仙人的形貌與仙班儀列的描述，往往也用象徵性的語言表達。如〈沈羲〉一則：

　　　　……但見老君東向而坐，左右劾羲不得謝，但默坐而已，宮殿
　　　鬱鬱如雲氣，五色玄黃，不可名狀。侍者數百人，多女少男。庭中
　　　有珠玉之樹，眾芝叢生，龍虎成群，游戲其間，聞琅琅如銅鐵之聲，
　　　不如何等。四壁熠熠，有符書著之。老君身形，略長一丈，被髮文
　　　衣，身體有光耀……。（卷八）

沈羲進入仙界後，所見的景物均與人間不同，珠玉之樹、眾芝叢生、龍虎成群地嬉戲，這些不同於人間的景物，象徵的是稀有的、珍貴的、和諧的也是人間所希冀的。這種完全虛筆的描述顯現的是超越於人間的世界，表現的也是神仙思想的超越精神。當然諸如此類靜態的描述筆法詳細對仙界及仙人作描述，與「存思」之修練方式有關，仍然是作者當時的道教修練內涵的表現，而此類描述在文字的運用上，也展露了高度的文學技巧增進其文學地位。

　　對話的運用是《神仙傳》敘述的特色，運用對話對於氣氛的烘托最成功的當屬〈麻姑〉一則：

　　　　麻姑自云接待以來，已見東海三爲桑田，向到蓬萊水又淺於往
　　　者，會時略半也，豈將復還爲陵陸乎？方平笑曰：聖人皆言海中復
　　　揚塵也。（卷七）

人間世的悠悠歲月在言笑之間輕輕的帶過，是仙界逍遙閒適的象徵，這種對話的運用完全地烘托出仙人的閒情與仙界的無限自在，任世間變化萬千也不過是談笑之間而已。

　　就整體而言，《神仙傳》行文筆調，在在顯露作者的士人素養，是訓練有素的文人之筆，在內容與資料的運用上，則充分表明作者發明神道的傳教立場。以情節爲主的敘述方式，爲本書的主要形式之一，此一現象也是致使本書被視爲小說家之列的原因，《太平廣記》即將本書歸於小說類。就此而言，可知《神仙傳》在語言文字的運用上，文學位相當的高，故言其爲宗教文學。

　　從《神仙傳》的整個敘述形式上看，作者在敘述的安排上從結構的設計

到筆法的運用均爲其道派理論的闡揚而設計，最直接而明顯的是論讚及按語的運用，這種運用方式能夠讓作者充分的闡述其仙道理論，此外還有透過仙人口述的申訴理論方式。在敘述的技巧上以具體的行爲動作展現仙人的奇特異能，往往有精采而曲折的情節安排，這些蘊含著豐富想像力的情節成爲後世小說仿擬的題材。

第三節　《洞仙傳》的敘事結構與筆法

　　《洞仙傳》的成立時間較晚於《列仙傳》、《神仙傳》，但在敘述形式上卻最爲簡略。關於這個問題有兩種可能性，其一今本爲節本；其二作者作意如此。對於第一個問題，完本的《洞仙傳》既已不存，今本原雜廁於《雲笈七籤》卷一百一十及卷一百十一紀傳部，共二卷七十七人，與原本十卷的帙數差距甚鉅，可能《雲笈七籤》以節錄的方式收錄。〔註23〕若以今本《神仙傳》十卷而載九十四人事蹟作比較，站在後出轉精的角度思考，後出的《洞仙傳》若敘事更精詳，十卷只載七十七人之事，未必如嚴一萍所論「當不止七十七人」。然目前並無任何證據有助於此一問題的澄清，唯待有心之士作解。此問題目前雖不能解決，但關係到敘事重點與筆法分析上的推斷結果，因此在以下的推論，只得時時考量此問題，而作兩面解釋。

　　《洞仙傳》依據《眞誥》而集結其中部分仙眞傳記而成，在內容上承襲《眞誥》而有所調整，由其調整情況可以看出作爲集合式的《眞誥》與作爲仙專集的《洞仙傳》在敘述的重心上各有所異。

　　雖然《洞仙傳》的文字簡略，但在文字風格、表達形式上，除了承襲前此的仙傳外仍有其特色，值得進一步分析其筆法與敘述重點的性質，探討其與相關道派的關係。本節即以敘述結構的重點、表達形式、筆法探討爲解讀本書的第一步。

一、重點分佈

〔註23〕《雲笈七籤》爲《大宋天宮寶藏》主編者張君房，自其主修之四千五百餘卷之《道藏》經典中，撮其精要，選輯而成。全藏於眞宗時奉旨纂修，天禧三年進呈。復撮「雲笈七部之英」以成是書，於仁宗皇帝時呈供御覽。內容涵蓋三洞四輔十二部，或予節錄，或取全書，共一百二十二卷二十八部。後世不少亡佚之書，因收於此編，而可見概況，《洞仙傳》即爲一例。詳見陳國符：《道藏源流考》頁 134，台北：祥生出版社，民國 64 年。

雖然今本《洞仙傳》的敘述簡略，甚至有不及十字的傳文，但是整體的內容仍然在本研究所列的重點單元分析範圍中，只是在分佈趨勢上，呈現分散的情形。這種現象的產生當然可能是因今本非完本，所以所傳遞的訊息不集中於某些單項，不過若配合《洞仙傳》所代表的上清經派仙道特色及當時的仙道思想看，這種現象正符合六朝整合道教的思潮，因此重點結構的解讀仍是首要的。

《洞仙傳》重點單元分析表

姓　名	身世職業里籍	受授傳承	修練與登仙方式	異　能	神　遇	居、遊、去所	結　局
1. 元君		著經九卷	合服九鼎神丹				
2. 九元子		著庚辛經	鍊紫金合神丹				
3. 長桑公子		散髮行歌	巾金巾，入天門呼長精，吸玄泉，鳴天鼓，養丹田。				柱下史聞之曰：彼長桑公子所歌之詞得服五星守洞房道
4. 龔仲陽		受嵩山少童步六紀之法。					
5. 上黃先生			修步斗之道	得隱身之法			
6. 蒲先生							常乘白鹿，採芝草於茅山。
7. 茅濛漢人	咸陽南關人		修道後乘龍駕雲白日昇天			入華山	因改日
8. 常生子			常漱水成玉屑服之以昇天。				
9. 長存子			學道成				爲玄洲仙伯
10. 蔡瓊		師老子	太玄陽生符、還丹方，白日昇天	常以陽生符活死人但骸骨存者，以符投之即起			
11. 張穆子		授龔叔敬、王文卿、尹子房太極上元年經，皆得道					
12. 童子先生			修浴契鈴經得仙			於狄山學道	

姓　名	身世職業里籍	受授傳承	修練與登仙方式	異　能	神　遇	居、遊、去所	結　局
13. 九源丈人							爲方丈宮主，領天下水神及陰精水獸之類。
14. 谷希子		東方朔師之，受閬風、鍾山、蓬萊及神州眞形圖。	學道得仙				爲太上眞官
15. 王仲高	自言黃帝爲其父之長子	授淮南王長生之訣，師朱襄君。					因伍被言而見迎於淮王
16. 陽生			服金醴漿得道			住少室西金門山。	
17. 西門君惠		以開山圖授秦始皇而不能用		少好道，明讖緯。			
18. 玄都先生		授仙人黑玉天地鈐					行而得道
19. 黃列子			服神芝		遊獵九江射中五色神鹿，逐跡尋穴遇神芝。		服芝得風仙。
20. 公孫卿			服仙藥			學道東梁甫山	人立仙，日月之神並在宮中。
21. 蔡長孺	蜀郡人		夫妻共服十精丸	年九十生一男名度世，一百五十歲生一男名太極，年三百視如少童。			年三百視之如少童。
22. 延明子高			服蘘角得仙				
23. 崔野子			服尤度世				
24. 靈子眞			服桃膠得仙				
25. 宛丘先生		以方傳姜若春，服之三百年視之如童子，彭祖受其方三首。	服制命丸得道				至湯末已千餘歲
26. 馬榮				兩眼赤爛能明察洞視，治癲病常乘			

姓　名	身世職業里籍	受授傳承	修練與登仙方式	異　能	神　遇	居、遊、去所	結　局
				鹿車，不見人推引而自至，能分身。			
27. 任敦	博昌人		修步斗之道及洞玄五符。	能役鬼召神，隱身分形，虎狼不敢犯。		少在羅浮山學道，後居茅山南洞。	
28. 敬玄子			修行中部之道，存道守三一。				
29. 帛舉					入山採薪，見二仙人語，九劍酒服陰丹翻然虛昇。		治雲中，掌雲雨之任。
30. 徐道季		修行三皇文，太素五神道。			遇眞人謂學道之要。		
31. 趙叔期	不知何許人	遇卜者受胎精中記			卜者謂：欲入天門，修三關，存朱衣，正崑崙。	學道王屋山中	後得道。
32. 毛伯道後漢時人		授張兆期、謝志堅服茯苓之方。	服神丹			毛劉張謝四人學道王屋山中	
33. 莊伯微漢時人		崑崙山人授以金液方。	日入時，正西北向閉目握固，想崑崙山，積三十年。				
34. 劉道偉			仙神賜神丹		通過仙人試驗	少入嶓冢山	昇天。
35. 匡俗			服食得道		至仙境得玉牒	至覆笥山	得道。
36. 盧耽				可乘空歸家。	與賀會比術		由是飛去。
37. 范豺	巴西閬中人		修太平無爲之道	善占吉凶萬里外事皆如指掌。自盡空柩。			宋文帝召見答詔稱我。
38. 傅先生	爲長吏，好道。	仙人授以金液丹，服金液還丹。	精思七年		遇太極眞人予木鑽使鑽石盤，言盤		服之度世。

姓　名	身世職業里籍	受授傳承	修練與登仙方式	異　能	神　遇	居、遊、去所	結　局
					穿仙句得，晝夜鑽之四十七年石穿，仙人來迎。		
39. 石坦	渤海人			能分身同時詣十餘家，所言各異。		遊趙魏諸名山得道。	
40. 鄭思遠		師葛孝先受正一法文、三皇內文、五嶽眞形圖、太清金液經、洞玄五符。		役虎隨從，拔虎鬚以治齒痛。		入盧江馬跡山住。	
41. 郭志生	朱提郡人			自知亡期		騎白鹿山中行	作書與績。
42. 介琰	不知何許人	師白羊公受玄白之道		能變化隱形			不知所之耳。
43. 徐福	不知何許人						沈羲得道徐福迎
44. 車子侯	扶風人漢武時任侍中						語家人云補仙官
45. 蘇耽	桂陽人以孝著稱			千四百里外買魚羹俄頃便返。			自言受命應仙，鄉人為立祠。
46. 張巨君	不知何許人	傳許季山筮訣					自言為仙人
47. 馮伯達	豫章建昌人			御龍駕船		入盧山	尋入盧山不返
48. 韓越	南陵冠軍人					於大陽山石室中與仙人讀經	尸解
49. 郭璞	河東人		得尸解之道				為水仙伯
50. 戴孟	武威人漢武帝時殿中將	授裴君玉珮金璫經、石精金光符。					仙人常與之遊處
51. 郭文舉	河內軹人。	著金雄詩、金雌詩與讖緯相似。徐凱師事文舉受籙。				遁入臨安白土山	
52. 姚光	不知何許人		得神丹之道	分散形影，火不焦刀不傷之。		不知所之	後不知所之
53. 徐寧	吳郡鹽海人			能收束邪精		登石崎山	尸解
54. 丁令威	遼東人			能分身任所欲化為白鶴			諸丁譜載令威漢初學道

姓　名	身世職業里籍	受授傳承	修練與登仙方式	異　能	神　遇	居、遊、去所	結　局
							得仙矣
55. 王嘉	隴西安陽人		御六兀守三一				尸解
56. 寇謙之	不知何許人		得真人分以成丹白日昇天			入東嶽岱宗山	北方猶行其道者多焉
57. 董幼	海陵人			鞭水而行		往峨嵋	已得道不復留人間
58. 劉潷	不知何許人					久住武當山	尸解
59. 王質	東陽人				遇石室仙境		計已數百年
60. 于吉	瑯邪人	得太平青籙書		能占風色每有神驗、請雨。			世中猶有事于君道者
61. 昌季	不知何許人	仙人方	白日昇天				
62. 王子喬	河東人漢明帝尙書郎						人至而無車馬跡時人異之。
63. 杜契	京兆人	師介琰受黃白術		隱形遁跡。		後居茅山東	數入洞中得仙
64. 范幼沖	遼西人		太素胎化易形道				行之十年得道
65. 青谷先生	不知何許人	劉文饒授其杖解法	常修行九息服氣道			得入太華山	萬民悅而附之如父母
66. 夏馥	不知何許人	遇赤須先生傳要法桐佰真人授黃水雲漿法。	服朮、雲母。			入吳山	當時咸其高邁
67. 劉諷	穎川人	師季主	服日月精華				得道後歸鄉里託形杖去
68. 展上公	不知何許人					學道於伏龍地	爲九宮右司
69. 周太賓	不知何許人	教琴麋長生、孫登。				學道句曲山	後二人皆得道。
70. 郭四朝	周時燕人					得道來句曲山	
71. 張玄賓	定襄人	始師西河薊公授服朮行白元之事，後遇棼子明授遁變隱景之道。				於少室山遇樊	今來華陽內爲理禁伯主水雨官
72. 趙威伯	東郡人	受業於邯鄲張先生	挹日月之景，服九雲				入華陽內爲保命丞

姓　名	身世職業里籍	受授傳承	修練與登仙方式	異　能	神　遇	居、遊、去所	結　局
			明鏡之華。				
73. 樂長治	不知何許人漢桓中書郎	師中嶽李先生受步七元法	修步七元法				修之得道
74. 杜昺	吳國錢唐人			能見百姓三五世禍福、識精怪。			死後道民爲立碑
75. 扈謙	魏郡人			精易占			尸解遁去
76. 朱庫	不知何許人		久服石春辟穀符水				應得仙尸解去
77. 姜伯眞	不知何許人	仙人教之服石腦	服石腦			採藥猛山	亦得道

　　《洞仙傳》的重點趨勢分佈，最特殊的現象爲身世、里籍、職業的空缺，仙傳的性格，多承襲史傳的作風，身世、里籍、職業的交待正是信史的筆法，是歷來仙傳作者所以強調仙人實有、神道不誣確實可信的筆法，但本書於此大量空缺，甚至直書「不知何許人也。」如此奇特現象，出於兩種可能，若今本爲節錄，則《雲笈七籤》爲一道教叢書，就道教內部立場而論，神仙的存在不容置疑，故無須以史筆方式證其眞有而予以刪節；若今本非節錄，則略仙人身世之筆，出於原作者，其原因可能必須由作者撰本書的依據上推繹。本書的著作可能將是《眞誥》中的仙眞集結成傳，爲一整理性質的著作動機。既出於《眞誥》，而此書又由仙眞降誥所成，其中仙人的實存性不證自明，故不須以一貫的史筆態度，詳實的交待傳中主角的身世里籍以作憑信。在這個層面上不管那一種情形，這種現象都可視爲信心的投射，其基礎是在神仙信仰上。

　　若站在時代的角度思考此一問題，可以推測仙傳的發展至《洞仙傳》時期已有相當長的時間，其功能的發揮應當也有一定的程度，加上道教的發展成熟，仙人的實有並不像道教成立初期需要大力的強調，故而在仙傳的寫作重點上實有性的著墨輕，轉而在修練方式、經典傳承、所成位階的側重，這是合理的轉化。

　　在重點單元的「結局」一欄內，大量的仙官位階出現，乃道教「仙階」、「位業」觀念的反映。魏晉南北朝的品類觀念強烈，文學有品類，人物有品評，社會地位也有品級。道教原本無等級森嚴的神仙譜系，《太平經》中有「道

人、仙人、眞人、神人」之分，〔註24〕但所指的是修養的等級，而且是一般的、抽象的分別。〔註25〕葛洪的「三品仙」思想，雖將仙分爲三等，〔註26〕但是其意義也和陶弘景所構造的神仙譜系的等級不大相同。如在《神仙傳》〈劉根傳〉中，韓眾所言：

> 夫仙道有昇天蹻雲者，有遊行五岳者，有服食不死者，有尸解而仙者。凡修仙道要在服藥，藥有上下，仙有數品，不知房中之事及行氣導引並神藥者，亦不能仙也。藥之上者有九轉還丹、太乙金液，服之皆立登天，不積日月矣；其次有雲母、雄黃之屬，雖不即乘雲駕龍，亦可役使鬼神，變化長生；次乃草木諸藥，能治百病，補虛駐顏，斷穀益氣，不能使人不死也：上可數百歲，下即全其所稟而已，不足久賴也。（卷八）

此中上、中、下的分別乃依據所備功力不同而分，並沒有位階等級之差別，而陶弘景作《眞靈位業圖》就明白指出「搜訪人綱，究朝班之品序；研綜天經，測眞靈之位業。」〔註27〕其所謂「位業」，《道教義樞》卷一言：「位業者，登仙學道，階業不同，證果成眞，高卑有制」其注曰：「位是階序之務，業是德行之目」〔註28〕陶弘景以人間有綱紀，所以有「朝班之品序」；天上也應有「天經」當然會有「眞靈之階業」，這種分別不僅是修養的高低，更是權力的大小分別。《洞仙傳》的仙官並非全如陶弘景的《眞靈位業圖》所排列，但仙階觀念是一致的，如「九源丈人」：

> 九源丈人者，爲方丈宮主，領天下水神及陰精水獸蛟鯨之類。
> （卷一）

此爲仙階觀念成型後表現於仙傳的敘述特色，乃《洞仙傳》的敘述重點充分的反應當時道派的思想之處。

二、表達形式

〔註24〕見王明《太平經合校》，頁24。鼎文書局，民國68年。
〔註25〕見湯一介《魏晉南北朝時期的道教》，頁306。東大圖書公司，民國80年。
〔註26〕關於葛洪的三品仙思想，李師豐楙於〈神仙三品說的原始及其衍變〉一文中有精詳之論，刊於《漢學論文集》，頁171～224，文史哲出版，民國73年。三品仙的思想爲《神仙傳》中的重要觀念之一，將於第四章處理。
〔註27〕見陶弘景《洞玄靈寶眞靈位業圖序》，《正統道藏》「騰」字號，新文豐出版社。
〔註28〕《道教義樞》據陳國符《道藏源流考》言，作者爲梁道士孟安排。《道藏源流考》，頁2。

　　《洞仙傳》的敘述文體以散文爲主，散文的作用在於簡潔的記事，以事爲中心的報導態度，是本書作者所取的敘述角度。在散文之外尙有歌謠的運用，作者巧妙的運用歌謠，以補其記事簡略之不足，其運用情形如下：

　　　　長桑公子者，常散髮行歌，曰「巾金巾，入天門，呼長精，吸玄泉，鳴天鼓，養丹田。」柱下史聞之曰：「彼長桑公子所歌之詞，得服五星守洞房之道也。」（卷一）

利用歌謠帶出修練方式，此修練方式也是修練的理論，歌謠的優點在於易於記誦，易於記誦亦即易於流傳，以其歌修練之訣而示其爲仙眞，正所以補散文敘述之略。當然謠諺的實證的作用，本書的謠諺同樣具此功效：

　　　　茅濛字初成，咸陽南關人也。即東卿司命君盈之高祖。入華山修道，後乘雲駕龍，白日昇天。先是其邑歌曰「神仙得者茅初成，駕龍上昇入太清，時下玄洲戲赤城，繼世而往在我盈，帝若學之臘嘉平」。秦始皇聞之，因改曰。（卷一）

〈茅濛傳〉以歷史上的事件作全文結尾，這種訴諸於歷史眞實的作法，乃是本書傳承歷來仙傳的筆法之處。

　　此外有藉謠諺爲註解者，如〈公孫卿〉一則：

　　　　公孫卿者，學道於東梁甫山。一云滋液山。山宮中有合成仙藥，得服之，人立仙。日月之神並在宮中，合藥時頌曰：「玉女斷分劑，蟾蜍主和禱，一丸練人形，二丸容顏好。」（卷一）

此歌謠解釋文中所言仙藥乃來自月宮，及劑量效用。

　　除歌謠外遊仙詩的引用，更爲簡略的文字增色不少：

　　　　敬玄子修行中部之道，存道守三一。常歌曰：「遙望崑崙山，下有三頃田，借問田者誰？赤子字元先。上生烏靈木，雙闕夾兩邊。日月互相照，神路帶中間。採藥三微嶺，飲漱華池泉。遨遊十二樓，偃蹇步中原。意欲觀絳宮，正值子丹眠。金樓恁玉几，華蓋與相連。顧見雙使者，博著太行山。長谷何崢嶸，齊城接相鄰。縱我飛龍轡，忽臨無極淵。黃精生泉底，芝草拔岐川。我欲將黃精，流丹在眼前。徘徊飲流丹，羽翼奮迅鮮。意猶未策外，子喬提臂牽。所經信自險，所貴得神仙。」（卷一）

　　　　郭四朝者，燕人也。秦時得道，來句曲山南，所住處作塘遏澗水，令深基遮垣墙，今猶有可識處。四朝乘小船遊戲其中，每扣船

而歌。其一曰：「清池帶雲岫，長林鬱青蔥。玄鳥翔幽野，悟言出從容。鼓戢揚神波，稽首乘晨。未獲解脫期，逍遙丘林中」。其二曰：「浪神九垓外，研道遂全真。戢此靈鳳羽，藏我華龍鱗。高舉方寸物，萬吹皆垢塵。顧哀朝生輩，熟盡汝車輪。」其三曰：「遊空落飛飆，虛步無形方。圓景煥明霞，九鳳唱朝陽。揮翮扇天津，菴藹慶雲翔。遂造太微戶，挹此金梨漿。逍遙玄陔表，不存亦不亡。」其四曰：「駕欻舞神宵，披霞帶九日。高皇齊龍輪，遂造九華室。神虎洞瓊林，香風合成一。開闔幽冥戶，靈變玄機滅。」（卷二）

六朝遊仙詩之盛，〔註29〕作者於此引錄，當是時風所致。

本書尚引辭賦體於其中，如〈車子侯〉：

> 車子侯者，扶風人也。漢武帝愛其清淨，稍遷其位至侍中。一朝語家云：「我今補仙官，此春應去，至夏中當暫還，還少時復去。」如其言。武帝思之，乃作歌曰：「嘉幽蘭兮延秀，蓁妖嬈兮中溏，華斐斐兮麗景，風俳徊兮流芳。皇天兮無慧，至人逝兮仙鄉。天路遠兮無期，不覺涕下兮霑裳。」（卷一）

就以上的歌訣運用形式上看，《洞仙傳》所保存的仙傳，兼具民間口語文學與道教傳承的口訣，其採用韻文形式乃便於流傳之故，其語言風格與文人所作的詩歌稍有異趣，大體上而言較近於民間歌謠，如〈茅濛傳〉即標明邑中流傳的歌謠；丁令威中白鶴之言，也是採用歌謠體。據李師指出道教內部之密傳要訣常採用民間歌謠體，長桑公子行歌的「巾金巾」，徐道季遇真人所授的「巾天青」訣，均採用隱語。除因宗教性的密性傳外，實源於民間諧隱的語言習慣。

其中的詩歌似乎與扶箕詩有關，郭四朝遊於塘上，扣船所歌的四首，及扈謙飲酒而吟的二首，其敘述語氣多類仙真降誥之語氣。郭四朝在仙傳中所敘為周時燕人，秦時得道，不可作出六朝風格的五言詩。依《真誥》的編寫過程言，這些詩歌如果不是模仿仙歌所作，就是降真詩。〔註30〕

三、筆法簡略

〔註29〕對於六朝遊仙詩的發展，李師豐楙於〈六朝道教與遊仙詩的發展〉一文中有詳盡的論述。見《中華學苑》二十八期，政大中研所，民國72年。

〔註30〕詳參《六朝隋唐仙道類小說研究》，頁214。

　　《洞仙傳》的敘述筆法簡潔，以致成爲一略傳性質，一般仙傳所述的得仙之法，往往爲其所略，但取其得道成仙之事，如徐季道與趙叔期的記載：

　　　　君曰：當存五神於體，五神者謂兩手、兩足、頭是也：頭想恆青、兩手恆赤、兩足恆白者則仙去矣。昔徐季道在鵠鳴山中，亦時時出民間，忽見一人，著皮袴練褶，拄桃枝杖，逢季道，季道不覺之，數數非一，季道乃悟而拜謝之。因語季道曰：欲學道者當巾天青，詠大曆，呬雙白，呴二赤，此五神之事也。其語隱也，大曆乃三皇文是也。（《眞誥・甄命授》第一，卷五）

　　　　徐季道少位鵠鳴山，後遇眞人，謂曰：夫學道者當巾天青，詠大曆，跖雙白，呴二赤，此五神通之祕要也，大曆者三皇文也，道季修行得道。（《洞仙傳》卷一）

《眞誥》於得道的緣起、道法均有詳細的敘述，而《洞仙傳》則略其解說，及遇仙過程，甚述遇仙一事，而記其歌訣，本書前幾則幾乎全是此類以記事爲主的短文，故而造成重點單元分佈趨勢零散的現象，這種簡略的記事方式，往往只具有曉示之作用，明白的告訴讀者某人爲仙，或訴其得仙之法，或明其仙階。此一簡略之編撰手法，可見作者作傳之目的已不再說服讀者，仙人之眞有；而著重於記錄當時得仙者有誰、得仙方法及所得仙階。

　　《洞仙傳》的簡略手法，除了刪去其他仙傳所詳的單元外，也有如對莊伯微的記載般的將較詳的仙傳略述大要，求其簡潔：

　　　　君曰：昔在莊伯微，漢時人也。少時好長生道，常以日入時，正西北向，閉目握固，積二十一年。後服食入中山學道，猶存此法。當復十許年後，閉目，乃奄見崑崙，存之不止，遂見仙人授以金汋之分，遂以特道。猶是精感道應，使之然也，非此術之妙也。（《眞誥・甄命授》第一，卷五）

　　　　莊伯微者，少好道，不知求道之方，惟以日入時，正西北向，閉目握固，想崑崙山，積二十年後，見崑崙山人，授以金液方，合服得道。（《洞仙傳》，卷一）

比較以上兩則的敘述重點並無差異，前者所詳的爲修行的過程，後者省略了階段性的修行敘述，但是成仙的要件：好道、修行、遇仙、授方、得道並無所缺。可見《洞仙傳》的筆法雖簡略，卻不影響其仙傳的特質。

　　《洞仙傳》常見「不知何許人也」一詞，此一筆法可增加主角人物的神

祕色彩，其情況有兩種：一為《眞誥》原文明記其郡籍、職司，而《洞仙傳》卻改寫作「不知何許人也」其例如下：

　　　　明晨侍郎夏馥字子治，陳留人……（《眞誥·稽神樞》第二，卷十二）

　　　　夏馥者不知何許人也。（《洞仙傳》，卷二）

　　　　昔高辛時有仙人展上公者，於伏龍地植李彌滿其地。（《眞誥·稽神樞》第三，卷十三）

　　　　展上公者不如何許人也，學道於伏龍地，乃植李彌滿所住之山（《洞仙傳》卷二）

　　　　秦時有道士周太賓、及巴陵侯姜叔茂者來往句曲山下，又種五泉，並五辛菜，叔茂以秦孝王時封侯。今名此地為姜巴者是矣，以其因叔茂而名地也。（《眞誥·稽神樞》第三，卷十三）

　　　　周太賓、巴陵侯姜叔茂者，並不如何許人也。學道在句曲山，種五果五菜，貨之以市丹砂。今姜巴地韭薤，即其種耶？（《洞仙傳》卷二）

　　　　咸陽樂長治，東鄉司命君鄉里人也。為小君所舉用，漢桓帝中書郎。（《眞誥·稽神樞》第三，卷十三）

　　　　樂長治者不知何許人也，仕漢桓，至中書郎。（《洞仙傳》卷二）

前引四則，乃明知為何人，或可推知者，不知是有意故作飄渺不測之筆，或是無心之疏忽，作者以「不知何許人」之筆寫作。然也有確為不知其時地者，此為第二種情況，其例如下：

　　　　昔趙叔期，學道在王屋山中，時時出民間，聞有能卜者在市閭中，叔期往見之。（眞誥·甄命授第一，卷五）

　　　　趙叔期，不如何許人也，學道於王屋山中，遇卜者謂叔期曰……。（《洞仙傳》卷一）

　　　　若有姜伯眞者，學道在猛山中，行道採藥。（《眞誥·甄命授》第一，卷五）

　　　　姜伯眞者，不如何許人也，少好道，在猛山採藥。（《洞仙傳》卷二）

　　　　一旦遇有青谷先生降之於寢室，授其杖解法。（《眞誥·稽神樞》第二，卷十二）

> 青谷先生者，不如何許人也，常修行九息服氣之道；後合爐火
> 大丹，服之得道。(《洞仙傳》卷二) 〔註31〕

類此《眞誥》對於主角的籍貫未作交待之處，《洞仙傳》皆以「不知何許人」之筆帶過，當然可能是作者的寫作風格如此，藉以營造仙人神祕不可捉摸的氣氛。但是也可能是作者報導敘述人的語氣。雖然《洞仙傳》與《眞誥》的關係密切，但作者集傳的題材或有來自於傳說也不無可能，傳說報導者對於不確知之人物，以「不知何許人也」作交待極爲平常。這一點或可解釋《洞仙傳》之於寇謙之的傳文，也以「不知何許人也」帶過之因。寇謙之爲道教史上一代大師，也是史書明記的人物，其生平資料應無乏缺之虞，但寇謙之爲北朝名人，《洞仙》所敘多爲南朝之事，南北朝因政治的阻隔，訊息的往來不通暢，經口耳相傳而有所遺漏，「不知何許人也」的敘述語氣因而產生，於理可推。

雖然今本《洞仙傳》所呈現面貌非常簡略，在重點分佈上也沒有明顯的**趨勢**，在敘述筆法上也不脫前此的兩種仙傳集的表現形式，不過經過與《眞誥》的比對後仍可見出其爲仙傳集的特色，同時從道派特色的角度考察也能突顯其敘述上顯現的仙眞降誥特色以及仙官位階的思想。

〔註31〕關於此一筆法之分析，李師豐楙於其〈洞仙傳研究〉一文中，有詳盡的分析，本文收於《六朝隋唐仙道類小說研究》一書中。學生書局，民國 75 年。

第四章　仙傳的內容及其神仙思想

　　「長生不死」、「肉體成仙」為道教的基本信條，神仙為其追求的終極目標。戰國時的《山海經》多處提及不死國與不死藥的記載，史書上關於神仙思想的記錄，目前所見以《史記‧封禪書》為最早，其記載如下：

> 　　自威、宣、燕昭使人入海求蓬萊、方丈、瀛州。此三神山者，其傳在渤海中，去人不遠，患且至，則船風引而去。蓋嘗有至者，諸仙人及不死之藥皆在焉。其物禽獸盡白，而黃金銀為宮闕。未至，望之如雲，及到，三神山反居水下。臨之，風輒引去，終莫能至云。世主莫不甘心焉。（《封禪書》第六，卷二十八）

根據這則記載的內容，論者向以東齊臨海，海上水氣之瀰漫，海島若隱若現容易引人綺思遐想；加以陽光折射產生海市蜃樓之景，為神仙思想蘊釀的溫床為解。不過若以此為定論恐怕缺乏說服力，因海市蜃樓不為齊國僅有，鄰近大湖區之地亦常有海市蜃樓之景〔註1〕，即使沙漠地區也常見，事實上與此相差不多時，地處內陸的楚國，也有神仙思想的流傳。《韓非子‧說林上》即有一段「獻不死藥」的記載：

> 　　有獻不死之藥於荊王者，謁者操之以入，中射之士問曰：「可食乎？」，曰：「可。」因奪而食之。王大怒，使人殺中射之士。中射之士使人說王曰：「臣問謁者，曰可食，臣故食之，是臣無罪而罪

〔註1〕　鄭土有引自黃本驥編集《湖南方物志》述及見洞庭蜃樓一事，其文如下：康熙六年，洞庭蜃樓現，有車馬、城郭、樓臺之狀，八年復見，順流至城陵磯。二十二年復見。見鄭著《中國的神仙與神仙信仰》，頁4，陝西人民教育出版社，1991年。

在謁者也。且客獻不死之藥，臣食之而王殺臣，是死藥也，是客欺
王也。夫殺無罪之臣而明人之欺王也，不如釋臣。」王乃不殺。（卷
七）

以上的兩則記載均提及「不死之藥」，前一則更明白指陳「仙人」、「神
山」之詞，可見神仙思想在戰國時期，已經流行於燕、齊、楚等地，而神仙
思想的起源為何？日人大淵忍爾於其〈初期の僊說について〉文中根據《史
記・封禪書》的敍述，論神仙思想之產生與祭祀及騶衍學說的關係，爾後的
日本學界對於神仙思想的起源，基本上都是以大淵的論說為基礎；〔註2〕國
內的研究自聞一多於〈神仙考〉一文作若干解說後，學者均以其說為藍本，
雖略有增補，但多不違其說。聞氏以種族的來源，論述神仙思想的源頭，自
然可取〔註3〕，若以其說作結論，卻有過於簡略之嫌。「仙傳」作為神仙傳
記的集結，其所載均為神仙事蹟，透過這些大量神仙事蹟的內容，可以具體
展現較早期神仙思想的樣貌，同時也能對神仙思想的來源作細部的推演。

在進入仙傳內容分析之前，對於「神仙」一詞的解釋，乃考察神仙思想
的前題。「神」，許慎《說文》：

天神引出萬物者也，從示，申聲。〔註4〕

「示」下曰：

天垂象見吉凶，所以示人也。從二、三垂，日月星也，觀乎天
文以察時變，示神事也。〔註5〕

仙，《說文》曰：

仚，人在山上貌，從人山。又作僊。

僊，長生僊去，從人。〔註6〕

《釋名・釋長幼》：

老而不死曰仙。仙，入山也，故制其字，人旁作山也。（卷三）

《說文》對「神」的釋義為一超越的生成者、主宰者，出於天生；「仙」之義
為長生之人，乃人為而得。「神」、與「仙」結合成「神仙」不僅長生不死，

〔註2〕 詳見大淵忍爾〈初期の僊說について〉一文，登於《東方宗教》卷一，第二
期，1952年。

〔註3〕 見聞一多〈神仙考〉收於《神話與詩》一書。藍燈文化，民國64年。

〔註4〕 許慎撰，段玉裁《說文解字注》，頁3。

〔註5〕 同上書，頁2。

〔註6〕 同上書，頁387。

且擁有特殊的能力，富有神奇的魔力，同時也兼具懲惡賞善的能力，故而「神仙」一詞，實質上，並非只具仙的特色而與神無關，這點在仙傳的內容中，可以清楚的看出。因此本章首先將仙傳的內容歸為若干結構點，以呈現其神仙思想之特性，再就各個時期的仙傳作結構點比較，根據時間不同的仙道轉變，尋繹道教初起與發展後對神仙思想的轉變。最後探討各個時期神仙思想與各道派的關係。

第一節　仙傳內容的結構點

仙傳作為神仙此一超越存在的記錄者，在形式上由幾個固定的結構過程所組成，這幾個固定的結構所呈現的內容，也有可分為幾種不同的結構點。仙傳的結構點事實上反應著整個神仙思想的內涵，唯有透過結構點的分析，才能一窺神仙思想所呈現的生命意義；結構點的分析尚可以看出仙傳如何以幾個固定的結構，形成其敘述模式藉以表達其探求不死的宗旨與理想樂園的建構。

根據仙傳集的內容，可以將仙傳的結構點分為仙境遊歷、神仙異能、修仙過程、隱遁思想、仙人識別、師徒試練、報、濟世、神奇際遇、仙人形貌、仙道論、逼不以禮、異事、仙凡姻緣、帝王與神仙、除邪、較術、仙人行止、謳歌神仙，等十九個。一篇仙人的傳記通常多包含數個以上，每一個結構點也都隱藏著古人對生命的思考與企求。

一、仙境遊歷

仙境的遊歷，是以凡人進入仙界的方式，傳遞神仙思想中所反映的追求樂園心理，在仙傳中透過仙界遊歷的過程，將人間對於真、善、美的追求與想望，一一表現出來。仙境遊歷的作用，最明顯可見的是透過遊歷者本身的感官視覺，引領讀者進入神仙樂土，感染神仙世界和諧無爭、安定富足，而心生嚮往之情。所以仙界遊歷的結構點中，美感的傳達是敘述的主要宗旨，仙界所有的一切景物不僅是樂土的標誌，更是美感呈現，由視覺、聽覺上的美感到精神安定富足上的和諧美，都透過遊歷者的所見所聞傳送給讀者，這種傳遞實際上呈現了隱藏在人心深處的理想世界的藍圖。

仙境為一有別於現實空間的彼界，仙境的一景一物無不具足美感，並且擁有許多象徵彼界的標誌，植物如神芝，動物如龍虎，器物如金玉等：

> 紫雲鬱鬱於其上，白玉爲床，又有數仙童執幢節立其後（《神仙傳‧衛叔卿》，卷二）

> 宮殿鬱鬱如雲氣，五色玄黃，不可名狀。侍者數百人，多女少男。庭中有珠玉之樹，眾芝叢生，龍虎成群，遊戲其間。聞琅琅如銅鐵之聲，不知何等。四壁熠熠有符書著之。老君身形略長一丈，被髮文衣，身體有光耀。須臾，數玉女持金案玉杯來。（《神仙傳‧沈義》，卷三）

> 長房依言，果不覺已入，入後不復是壺，唯見仙宮世界，樓觀、重門閣道。宮左右侍者數十人。（《神仙傳‧壺公》，卷九）

以濃重的雲氣隔絕現實世界，是進入仙境常用的筆法，雲氣遮蔽作用象徵著脫離現實歷歷分明的願望，在生活中現實是不容忽視的，就因不容忽視往往令人窒息，像是無形的羅網限制著人的行爲與思想。而一旦脫離現實之後，擺脫鮮明的事實真象，想像的空間就擴大了，凡是美好的、稀奇的、想望的都可以獲得滿足。

仙界的建構是人心審美活動的運作，以和諧爲精神指標，因此遊歷仙界者常見仙人奕棋。博奕是古人休閒活動之一，這種休閒活動的特色在於心靈構思的運用，純粹以高層次的思維運作區分勝負，其先決條件需有輕鬆悠閒的心境方能以抽象思維佈置棋局，整體的感覺是靜態的、和諧的。這種和諧是凡人所想望的，這種和諧的想望也表現在其他景物的描寫中，「龍虎成群，遊戲其間」的畫面更是和諧精神的極致發揮。龍之於人乃是神物的象徵，予人的感覺因神祕而有距離感，因距離而產生畏懼；虎則爲兇猛的野獸，其生活習性以單一家庭爲主，決不成群聚居，但在仙界這些令人畏懼的、極具攻擊性的野獸，均能和平共處。透過大量的猛獸嬉戲歡娛的場面，象徵仙界的和平與安定，也是人界心靈的最高企求。

不虞匱乏的物資也是仙界物品的特色之一，不乏即無限的延伸，物資的不虞匱乏，並不僅只是人類欲望的無限擴大，更深層的因素在於生活條件的穩定需求，費長房進入壺公的壺中世界即反映了這種需求：

> 公後詣長房於樓上曰，我有少酒，相就飲之，酒在樓下，長房使人取之，不能舉盎，至數十人，莫能得上，乃白公，公乃下，以一指提上，與房共飲之。酒器如拳許大，飲之至暮不竭。（《神仙傳‧壺公》，卷九）

類此以有限的酒器象徵現實環境的認知，飲之不竭是對物資穩定的要求，壺公明言「有酒少許」並沒有將物資以無限作訴求，「飲之至暮不竭」正是滿足而有餘的表現，這種對物資的要求「滿足而有餘」的需要，尚可在神仙異能中看出，〈左慈〉一則即精彩敘述神仙從容地以其異能的供應滿營士卒酒與肉脯的情節：

> 表使視之，有酒一斗，器盛脯一束，而十人共舉不勝。慈乃
> 自出取之，以刀削脯投地，請百人奉酒及脯，以賜兵士。酒三杯，
> 脯一片，食之如常脯味。凡萬餘人，皆周足而器中酒如故，脯亦不
> 盡。（《神仙傳‧左慈》，卷八）

仙人能無限的滿足人的基本需要，還是滿足無限需要的差別，是判定神仙思想為人類欲望無限擴張與否的關鍵，在上引的兩則敘述中即可證明，仙人的超越在於突破有限，但突破有限的目的不為無限地發展欲望，而是尋求一個穩定，本質上是安全感的需求。求仙實為回歸和諧平衡的狀態，唯有在和諧平衡的狀態下，才沒有紛爭、沒有得失、不會失序，自由逍遙於是成為可能。

正因求仙是基於生命需求，因此仙傳的仙界遊歷，與仙鄉傳說最大的不同在於結局的安排〔註7〕，仙鄉傳說純粹是一種寄託，因此遊歷者回歸現實後，只負責傳播訊息的工作，將這種理想傳播於人間，並不能再回仙鄉，但是仙界遊歷者回歸後除了傳播神仙世界真有的信念外，更積極的從事修仙活動，用現實生命實踐神仙理想，積極的由此界走向彼界，讓現實成為理想實現的條件。

二、神仙異能

神仙異能的擁有是區別凡人與神仙的標誌之一，神仙擁有異能的種類，事實上就是古人生活上的種種困境，異能則專為解決這些困境而生的。因此仙傳的結構點中，神仙異能是數量最高的。神仙的異能可以大致歸納為：坐致風雨、立起雲霧、畫地成河、撮土成山、崩高山、塞深淵、收束虎豹、召致魚龍、分形異貌、坐在立亡、隱蔽六軍、白日為冥、乘雲步水、越海凌波、入火不灼、入水不濡、刃射不中、冬凍不寒、夏曝不汗、能變化成物、防災

〔註7〕仙鄉研究見王孝廉〈試論中國仙鄉傳說的一些問題〉，《神話與小說》，頁58至89。時報文化公司出版，民國75年。

度厄、預知未來。這些神仙異能中坐致風雨、立起雲霧、畫地成河、撮土成山、崩高山、塞深淵、收束虎豹、召致魚龍等是法術變化；分形異貌、坐在立亡、隱蔽六軍、白日爲冥，變化成物爲幻術變化；乘雲步水、越海凌波、入火不灼、入水不濡、刃射不中、冬凍不寒、夏曝不汗是神通變化；防災度厄、預知未來則是術數之學。

神仙異能的強調和社會上所存在的神通術有關，據《史記‧大宛列傳》載：

> 初漢使至安息，……漢使還，而後發使隨漢使來觀漢廣大，以大鳥卵及黎軒善眩人獻於漢。……於是大觳抵，出奇戲諸怪物，多聚觀者，……及加其眩者之工，而觳抵奇戲歲增變，甚盛益興，自此始。（列傳第六十三，卷一百二十三）

所謂的善眩人，司馬貞《史記索隱》引韋昭云：「變幻惑人也。」魏略云：「黎靬多奇幻，口中吹火，自縛自解。」可見西方善幻術者於武帝時已入中國，漢武帝時期正是神仙思想盛行之時，西方傳入的幻術的流行與神仙變化結合，是神仙道術大量出現神仙異能結構點的原因。同時李師亦指出佛教東傳後，佛經中所述之神通術，亦爲道教所吸收融合，將神通當作遊戲自在的仙異能事。〔註8〕

將所有的神仙異能歸納分類可知神仙異能擁有的不外是應付天災人禍的能力，大自然供給人類生活的空間及維生的物資；同樣的大自然也足以破壞人類生活空間，奪取生活物資危害人類生命。求生存是生命的本能，古人爲生存而群居，因利害而紛爭，甚而危害生命，爲了克服生命過程中的種種不利因素，而企求於能力的加強，這種超乎凡人的能力，最初完全爲神所擁有，但人文意識擴張之後，即把這種寄望於神的能力，轉移到仙人身上，這點可以由神仙傳說的發展上看出端倪。早期的仙說著重於不死及仙界的描述，可由《史記‧封禪書》的記錄看出，至《列仙傳》時期，仙人的異能已多所描述，但仍較素樸，如「隨風雨上下」、「隨煙氣上下」、「化羊爲石」等。反觀《神仙傳》中，神通的大量擴張現象，可證隨著時代的改變，仙人不僅突破生死之限，也擁有神的部分能力。《洞仙傳》的仙階更是仙人具有神職的明證。自然與人的關係密切，自古即然，即使是科技發達的今日，人類因自然災害所造成的損失，仍無法完全杜絕，古人窺探自然，支配自然的殷切之心就更

〔註8〕詳見李師《不死的探求》，頁740、741。時報文化公司出版，民國76年。

爲迫切了，制天的思想於《荀子‧天論》既已見之〔註9〕，荀子的努力仍以依順自然，利用自然作結，但是這一理想與需求，一直爲古人所懷抱，並將希望寄託在由凡入仙之後：

> 已入道，當食甘旨，服輕麗，通陰陽，處官秩耳，骨節堅強，顏色和澤，老而不衰，延年久視，長在世間，寒溫風濕不能傷，鬼神精怪莫敢犯，五兵百蟲不可近，嗔喜毀譽不爲累，乃爲可貴。（《神仙傳‧彭祖》卷一）

支配自然的心願，也不過是確保生命的安全，免於生命受外在的侵犯而喪失，並不是爲了滿足無止境的支配欲望，也不是向自然要求獲得主宰權，求仙者想擁有的不過是自我生命的保障，對於一切阻礙生存的外在因素，都有剋治的能力，而神能的擁有爲此而生，乃基於免於恐懼的需求。

三、修仙過程

仙傳的功用除了證明神仙可信外，最重要的是傳播神仙思想，神仙思想起於不死的追求，是必須以生命作實踐。修仙過程即是實踐的記錄，這種記錄也是仙傳不同於其他傳記的重要區別。修仙過程按其程序可細分爲：修練方式、修練經過、修練結果。修練方式依時代、道派的不同，而有各種不同的風貌，如《列仙傳》的修練方式多以服食爲主，並且服食的項目，以植物爲多；《神仙傳》的修練方式呈現多樣化的局面，但是以金丹服食爲尚；《洞仙傳》的修練方式又有回歸簡樸的趨勢，往往決定於修仙者求仙的意志，有志者能感動神仙，給予適當的指導，成仙極爲迅速。

（一）服　食

服食成仙是修仙方法中最基本的項目，也是修仙者勇於以生命實踐仙道理論的最具體表現，其中具有相當程度的科學精神，也促進我國醫藥、化學、生理保健知識發展的重要因素，早期神仙傳說以不死之藥的取得爲訴求重點，是丹藥服食的開端。除了丹藥服食尚有植物的服食、氣的服食，而各種服食的產生都基於一種巫術的思考方式，根據交感巫術的接觸律，服食具有生命力的植物種子能夠獲得其生命力，服食不朽的礦物，則能同其不朽；根

〔註9〕《荀子‧天論篇》言：大天而思之孰與物畜而制之，從天而頌之，孰與制天命而用之。（卷十一）戰國荀況著，王天海校釋《荀子校釋》下冊，頁694，上海古籍出版社，2005年。

據相似律，在同類相生的原則下，導引服氣即爲將構成人體生命最重要的氣長存於體內，只要氣不散亡，人也就不死，這是在氣化論的基礎下而成的服食法。當然除了巫術思考的擬科學成分外，古人經長期積累下來的經驗，對植物、礦物的藥性作用的了解，取其有助人體健康的種類作爲養生延命的藥物，是服食的應用科學層面。

在考慮修仙者的客觀條件同時，也不能忽略修仙的神秘部分，在這些修練者服食的植物之中，有幾項是和祭祀有關的神樹，如松、柏、槐、栗等。《論語·八佾篇》有三代社樹的記載：

> 夏后氏以松，殷人以柏，周人以栗。（卷三）

班固《白虎通》引《尚書》逸文：

> 大社爲松，東社爲柏，西社爲栗，北社爲槐。（〈社稷〉，卷三）

這種祭祀社稷祈求豐收繁殖的社樹，轉化爲「生命樹」〔註10〕，服食生命樹的果實以延年長生，爲交感巫術的思考模式。即使社樹不會轉化爲「生命樹」，社樹爲神樹，以巫術的思考原則，服神樹之子或脂，仍具神異效果，特別是樹子本就有生生能力，服神樹之子即接收其神祕的生生能力，所以有延長生命的力量。類此思考模式的發揮同樣表現在礦物及丹藥的服食上。〔註11〕

服氣的修練方法則建立在氣化論的基礎上，〔註12〕漢初劉安方術集團撰集《淮南子·天文訓》對宇宙構成的元素與架構的討論，已呈現氣化論：

> 太始生虛霩，虛霩生宇宙，宇宙生元氣，元氣生涯垠，清陽薄
> 靡而爲天，重濁凝滯而爲地。（卷三）

董仲舒更認爲天通過「氣」來主宰萬物，其《春秋繁露·五行相生》第五十九言：

> 天地之氣，合而爲一，分爲陰陽，判爲四時，列爲五行。（卷
> 十三）

而至《太平經》中，宇宙的一切都是氣構成：

〔註10〕見趙有聲、劉明華、張立偉之《生死、享樂、自由》，頁22。雲龍出版社，民國77年。

〔註11〕早期方士作黃金之目的在於「金成可食，食之不死」這種心態，仍是藉物質的不朽以轉化肉體的不久的思考模式。

〔註12〕徐復觀先生於其《兩漢思想史》中以「唯氣論」概括漢儒的學術方向，其「唯氣論」即今之「氣化論」以氣貫通天人。見此書卷2，頁612。台北：學生書局，民國82年。

一氣爲天，一氣爲地，一氣爲人，餘氣散備萬物。(夷狄自伏

法)

人既由氣構成，所以必須養氣，才可長生，氣如果衰竭了生命亦將枯萎，服
氣則是爲了「以氣養氣」在氣化的理論支持下，服氣修仙即爲保守元氣。

　　服食是修仙最常見的修練方式，服食的對象植物是一大宗，在仙傳中提
及的服食植物有水桂、朮、松脂、松子、茯苓、棗栗、天門冬、胡麻、黃連、
蓬蘽根、俎芰、橐盧木實、芝草等。這種服食植物以延年益壽的方式，一方
面因這些植物本身具有藥性作用，可強身益氣，當然也有可能如小南一郎所
述傳承自「度荒年法」〔註13〕。飢荒之年糧食不足，以各種植物替代爲食的
現象，演變爲神仙事蹟中服食植物的修練方式，就傳說學的發展原理而言是
可能的。不過此說忽略了神仙修練爲眞實存在不僅只是傳說這一事實。〔註14〕
吸收社會現象而轉變爲傳說故事，在傳說的產生與演變上，是合理的推論，
但是修仙方式的流傳雖然有傳說的一面，可是有更具體的實驗性的一面，修
仙者的服食辟穀是事實，並不是編造出來的故事。一般研究神仙思想的學者，
常以神仙的不可證驗，而認定求仙行爲是「迷信」，將修仙者視爲迷信者而忽
略了修仙者的理性存在，因此討論神仙思想只能以民族的夢作解，現實生活
的曲折反映爲結。其實如果跳脫迷信的批判角度，整個神仙思想披示的不僅
是民族的夢，而且其中隱藏有很多民族的智慧。

　　以服食植物爲修練成仙的方式，應追溯至採集時期的植物辨識與運用及
巫術心理。採集是文化發展中一個漫長的階段，神農遍嚐百草的神話可視爲
採集文化的縮影，〔註15〕雖然以目前的文獻資料而言，除了神農的傳說之外，

〔註13〕張華《博物志》卷七中載及左元放度荒年法:「擇大豆粗細調勻，種之必生者，
　　　　熟接之，令有光，使軟，氣徹豆心，先不食一日，以冷水頓服三升，服訖，
　　　　其魚肉菜果，酒醬鹹酢甘苦一物，一不復經口，渴即飲水，愼不可暖飲，初
　　　　小困，十數日後，體力更建壯，不復思食，大較法服之三升爲劑，亦當隨人，
　　　　先食，多少增益之，歲豐欲還食者，煮葵子及脂酥肥肉羹，漸漸飲之，須豆
　　　　下乃可食，豆未下盡而食實物，易塞則殺人矣，此未試，於理或可爾。」頁
　　　　42～43，中華書局，西元1985年。
〔註14〕神仙的存在雖無法證明，但是修仙求仙者的修行活動，卻是存在的事實，《史
　　　　記·留侯世家》即述張良辟穀一事。張良的辟穀用意可能爲了平息呂后的猜
　　　　忌之心，故示隱遁之姿，但基於張良遇圯上老人的神秘經驗，其辟穀修仙之
　　　　舉當不意外。
〔註15〕神農的神話歷史學家將之歸爲進入農業文化的象徵，在農業文化之前採集文
　　　　化對於植物的辨識與了解，是進入農業文化的基礎，神農遍嚐百草即是辨識

無法具體說明古人識辨植物的情況，但是原始部落的事蹟仍可引為借鏡，一位生物學家對菲律賓群島的俾格米矮人作了以下的描述：

> 尼格利托矮人完全是其環境中的固有部分，而且更重要的是，他們始終不斷地研究著自己周圍的環境。我曾多次的看見一個尼格托利人，當他不能確認一種特殊的植物時，就品嚐其果實，嗅其葉子，折斷並察驗其枝莖，捉摸它的產地。只有在做出這一切之後，他才說出自己是否知道這種植物。〔註16〕

識辨植物的能力幾乎是各個原始部落中的基本素養，當生活與周遭的環境關係密切之時，對環境的了解是存活必備的要件，人類學者在進行田野工作時，都必然發現土著的日常生活，需要十分熟悉當地的植物，這種掌握植物的知識，才能使他們完善的利用他們周遭的自然財富。史密斯‧寶溫的記錄充分的說明瞭這點：

> 我發覺在我住的這個地方，每一種野生的或培植的植物都有自己的名稱和用途，而且這裡的每一個男人、女人和兒童都毫不含糊地認識數百種植物。〔註17〕

當文明的進展漸漸的抽離人對環境的依賴時，許多與生活關係不大的知識自然會被淡忘，對於植物的知識也是如此，如果生活與自然的關係密切，那麼這些知識將被保留，或者重新發現。修仙者服食植物的方式，不可能是憑空創造的，當是在客觀上對植物的性質與作用有確實的掌握，其知識的來源有些可能是自古即有而被冷落的民族經驗，有些則是離群索居的修練生活與終日與大自然為伍後的再發現。

（二）神　遇

神奇際遇是修練經過中，富有特色的一項結構點，修仙求道者往往因為神奇際遇的刺激，而有求道修仙的念頭；或者修行者經過一段時間的潛修，因神奇的際遇有所突破，或直接得道。就時間上考察仙傳集的結構點分佈情形，《列仙傳》與《洞仙傳》的神奇際遇的結構點較多，但形態不同，《神仙傳》的神遇結構點在比例上較少，不過在形態上與《洞仙傳》較相近。

神奇際遇是構成仙傳敘述的重點單元中，最富宗教神祕體驗色彩的，仙

植物的工作，故視為採集文化的側寫。

〔註16〕見李維‧史陀《野性的思維》，頁6。聯經出版社，民國81年。

〔註17〕同上，頁9。

道修練中「存思守一」法即強調其功效的發揮後即能見神，見神成為修仙者成仙的指標，表現在仙傳的敘述上是得神人的幫助在修練的關鍵上得以突破，其背後仍表現出交感巫術中接觸律的思想模式，在與神人接觸後可得仙。同時遇仙結構點也表現仙道思想強調「機緣」的問題，機緣和神遇同樣神祕難解，不過機緣的揭示透露同類相召的思考原則，凡人和仙人並非同類，但是有成仙機緣的凡人在先天上比一般人接近仙人，而修習仙道的凡人則因後天的努力也比一般人接近仙人，容易和仙人感應而有神奇際遇。

神遇是促使仙人步上仙道途徑的結構點，為《列仙傳》神遇結構點的主要形態，如〈谿父〉所述：

> 居山間，有仙人常止其家，從買瓜，教之鍊瓜子與桂附子芷實，共藏而分食之，二十餘年，能走昇山入水。（卷下）

傳中主人翁本為山間常人，因仙人買瓜而教以成仙之道，其得仙完全是偶然的情況，這種例子尚有服閭於祠中遇仙人賭瓜，令其擔瓜而得仙人調教成仙。這種平常小民的特殊際遇純為偶然的情況，一般視為具有「仙緣」，但在本書中，尚未明白揭示仙緣的觀念。類此情況而稍有差異的即是得仙人援助，心有所悟而追隨從學，因而得仙的結構點，這類結構點「機緣」的暗示性較前述更為強烈，如山圖所述：

> ……好乘馬，馬蹋之，折腳。山中道人，教令服地黃當歸羌活苦參散，服之一歲而不嗜食。病愈身輕。追道士問之，自言五藏使之名山採藥，能隨吾使汝不死。（卷下）

好道修仙已有時日而遇神指點的結構點，為《神仙傳》與《洞仙傳》遇仙內容的模式，如〈呂恭〉所敘的：

> 呂恭，字文敬。少好服食，將一奴一婢，於太行山中採藥，忽見三人在谷中，問恭曰：「子好長生乎。乃勤苦難險如是耶」。恭曰：「實好長生，而不遇良方，故採服此藥，冀有微益耳。」一人曰：「我姓呂字文起。」次一人曰：「我姓孫字文陽。」次一人曰：「我姓王字文上。」三人皆太清太和府仙人也。時來採藥，當以成新學者。去既與我同姓，又得字之半支，此是公命當應長生也，若能隨我採藥，語公不死之方，恭即拜曰：「有幸得遇仙人，但恐暗塞多罪，不足受耳，若見采收，是更生之願也。」（卷二）

在遇仙之前既已有強烈的成仙意願，是具有仙緣的先決條件，勤苦追尋則是

感動仙人，引起仙人的注意的關鍵，姓字與仙人巧合，是仙緣的直接顯示，
與仙結緣後表現高度的追隨意願，方能得授祕方。在此機緣的召致不但需有
不可強求的偶然，更需加以修行者的精誠。

　　遇仙是由凡人進入仙道的神祕體驗，牽涉到機緣問題，修行者在修練的
過程中，往往有其修行的神祕體驗，這種神祕的體驗很難具體陳述其情況，
但是對修行者而言，這種神祕體驗對其心理有相當大的衝擊，往往促進其修
練進程，或許是在修練方式上有所突破，可能是在悟道的境界上有所啟發，
所以表現在仙傳上的神奇際遇，總強調其提助修練者得道成仙的功能。

（三）試　練

　　試練是在修練過程中另一項精采的結構點，試練可分為師父對弟子的試
探，與仙人對求仙者的試探，試探的目的在於考驗弟子的信仰堅定程度，仙
傳所記的是宗教追尋者的證道事跡，宗教的先決條件在於信念，任何宗教的
終極目標，在信徒的眼中，絕對是終極真實。對求仙者而言，神仙可成的信
念，也當是不容猶疑的真理。試練與度化往往是相連的，在通過試練之後，
則可得仙人或師父的度化，在修練過程中對成仙與否有決定性的影響。

　　試練為《神仙傳》修練過程中所強調的一大內容，不過並不表示神仙思
想發展到東晉時才有試練觀念，在《史記・留侯世家》已可見圯上老人對張
良的考驗，當然這一段記載充滿了神祕色彩，不過保留其神秘部分，仍可以
依歷史發展解釋某些關節，張良雖有歷代相韓的家世背景，但其本身對於相
王之備尚未具足，圯上老人授書時言「讀此則為王者師矣」，可知其視此書功
效之大，後良乃知其書為《太公兵法》（《史記》卷五十五），於此可知圯上老
人所以要考驗張良，在於確認此人是否值得傳授寶貴的專業知識。

　　寶貴知識為我國歷史傳統，無論是早期貴族才有受教育的機會或後世的
尊師重道思想，都基於珍視知識的立場，所以修真保命的知識對修道者而言，
當然是絕對寶貝的，在傳授時特別慎重的心態是可以理解的，加以此乃事關
玄機祕要，不得有些許疏忽，考驗之道就更加嚴格了。仙人考驗凡人與師父
考驗弟子的型態基本上都基於先進者對後進者的磨練，但其中仍有些許不
同，仙人所重的在於去俗之心，如壺公對費長房的要求：

　　　　房詣公，恍惚不知何所，公乃留房於群虎中，虎牙張口，欲噬
　　　房，房不懼。明日，又內於石室中，頭上有一方石，廣數丈，以茅
　　　繩懸之。又諸蛇來嚙繩，繩即欲斷，而長房自若。公撫之曰，子可

教矣。又令長房啗屎兼蛆，長寸許，異常臭惡，房難之。公乃歎謝

遣之曰，子不得仙道也。賜子爲地下主者，可得壽數百歲。（卷九）

費長房一心求仙不死，面臨生命危機的壓力時反有助於生死的領悟使其勘破生死，但對於世俗好惡之分不能放下，而忽略「道在屎溺」的道理，使其不能成仙道，而僅得長生不死。於此隱約顯示了仙人對生命的體驗，肉體長生的獲得在領悟生死之後，可以有突破性的發展，要達到仙道的逍遙自在，則需斷除世俗的分別相，而體會道的眞義。

相對於仙人對凡人的試練，師父對弟子的試練就顯得嚴格而繁複，師父對弟子的要求，除了對道的信念堅定外，更要求弟子的絕對信任，魏伯陽即以自身的生死試其弟子的信任程度：

……與弟子三人入山作神丹。丹成知弟子心懷未盡，乃試之
曰：「丹雖成，然先宜以犬試之，若犬飛，然後可服耳，若犬死即不
可服。」乃與犬食之，犬即死。伯陽謂弟子曰：「作丹唯恐不成，今
既成而犬食之死，恐是未合神明之意，服之恐復如犬，爲之奈何。」
弟子曰：「先生當服之否？」伯陽曰：「吾背違世路，委家入山，不
得道亦恥復還，死之與生，吾當服之。」乃服，丹入口即死。弟子
顧視相謂曰：「作丹以求長生，服之即死，當奈此何？」獨一弟子曰：
「吾師非常人也，服此而死，得無有意耶？」因乃取丹服之，亦死。
餘二弟子相謂曰：「所以得丹者，欲求其長生耳，今服之既死，焉用
此爲，不服此藥，自可更得數十歲在世間也。」遂不服。乃共出山，
欲爲伯陽及死弟子求棺木，二子去後伯陽即起。將所服丹納入死弟
子及白犬口中，皆起……遂皆仙去。（卷二）

作丹是爲了突破生死定則，丹藥的作用在於助人脫離死亡，生理上的突破可借助丹藥，但是在獲得生理上的助力之前，必須在心理上先突破生死大關，這種心理上的突破，唯有靠信念的支持，必須修道者自我克服，旁人無從佑助，唯有堅定的信念才能克服種種修行困境，是爲師者在經歷修練過程中所領悟到的，此則試練的意義，除了闡述對引導者信任度的重要外，更進一層的表示丹道成仙不容置疑的立場。

相較之下，張陵對弟子的試練，則更爲嚴格，張陵七試趙昇，是試徒的結構點中最爲複雜的過程，首先以「到門不爲道，使人辱罵四十餘日，露宿不去乃納之」試其求道之心是否堅決，第二試以美女的挑逗，試其心性是否

正直，第三試則以金錢試其義，第四以險境試其道心是否端正，第五以誣辱試其能否忍辱，第六以惡相試其仁，第七以不測之境，試其對道的信念是否堅定。這種嚴苛的要求，出現於師父對弟子的擇選，令人覺得匪夷所思，即使仙人對求道者，亦不過試其道心之誠，宅心之仁，爲何修道者對道的傳授嚴過於仙人？此因試者身分的不同，仙人之試於凡人其因緣條件已先具備，亦即凡人所以遇仙，已有某些神秘意義存在，仙人所考慮的只是此人可不可教。一個修道者與其弟子的關係，雖有某些機緣促成，但客觀因素仍佔大部分，對於道要的當不當授，機緣是否成熟，修道者的掌握，不如仙人明確，因此必先驗其機緣之有無，而機緣的檢視，就以層層試練作驗證了。故而七試趙昇之後，張陵自身投向不測之淵，當趙昇與王長隨後而下之後，笑曰「吾知汝來」，這裡說明瞭爲師者經過長期的觀察，對於弟子的心性與修行情況，大致心裡有數，所不確定的是授與道要的時機是否成熟。

　　試練也是一種通過儀禮的反映，學仙是由凡入聖的一個過程，在這個過程中一個凡人如何具備超凡入聖的資格，就看其能不能通過考驗。在考驗的過程中，受試者往往對生命有所反省，有所領悟，經過這一番的反省領悟，有助於其對神聖世界的體認，試練者以此方式催化被試者的心靈體驗，通過試驗則對修練的進程，有突破性的發展，所以試驗者往往以引導者、啓發者的姿態出現，或直接由實際的爲師者施行試練。

　　張陵試趙昇的故事除了試驗弟子的向道之心外，還具有師門傳承者的挑選性質，因此其試的內容除了信仰與信任外，尚包括了忍辱、心性、禮防、廉潔、仁義等世俗的道德價值，此亦符合張陵創教主的身分，張陵的道派是教團組織，除個人的道心堅定之外，管理教團處理組織事務的重任，必須具備相當的處世條件，才能光大教派，俗世道德與終極價值的融合，對教團的領導者而言是不可或缺的，所以張陵對弟子的要求必須嚴苛一些。

四、濟　世

　　神仙的事蹟中以濟世行爲是神仙信仰的社會救濟表現，也充分表現道教的法術特色，是所有結構點中最能彰顯道教教義的一種，研究宗教的學者都以道教富於濃厚的現實性格爲其特性，認爲道教作爲中國土生土長的宗教最能代表中國人重現實的精神特質。濟世結構點所表現出來的精神以疾病的治療、災患的解除、去邪除妖、公平正義的維護爲主。

　　道教的發展與巫術信仰密不可分，古代巫、醫不分，疾病的治療是巫師的工作，神仙思想既以不死爲訴求，當然具有疾病的治療能力，爲大眾所仰賴與崇拜，同時疾病的治療能力也是大眾所求於神仙且認爲神仙當有的能力，此爲早期以降神治病的巫術習俗之遺風。

　　災患對於人命的侵害往往是大規模的，對人心所產生的恐懼與壓力也是最巨大的，災禍的禳除原本就透過祭祀等宗教儀式進行，植福去災更是道教教儀的重心，神仙作爲道教信仰崇拜的對象，對於這種大規模危害凡民的因素具有剋治能力也是信眾所希望的。

　　去邪除妖的濟世方式，同樣是由巫術信仰而來的萬物有靈思想的延伸，當然神仙所代表的是道教的宗教立場，在宗教學的理論中，多神教可以容許其他宗教的神祇存在，但不能容忍其他宗教的神凌駕在自己的神之上，在神仙去邪除妖的結構點中也反映了這個理則，去邪除妖的結構點反應的就是道教對於民間淫祠血食的清整。

　　公平正義的維護表現在神仙執「報」的事蹟上，「報」其實是一種對於秩序要求的表現，人希望行事有準則，凡事依符合大眾公益的原則而作，這樣大部分人的權益有保障，神仙執「報」以濟世所維護的即爲此一公眾利益，對於奉行者予以嘉賞，對於違背者給予處罰。

（一）疾病的治療

　　濟世的結構點基本上以神仙拯救疾病、災荒等內容爲主，濟世結構點反映道教的宗教特性。道教的現實性格，爲其神仙思想之外有別於其他宗教的一大特色，除了追求進入無死無憂的神仙世界外，在現實人間實現太平理想，人如果能不死，而人間又能和平無爭，則人間已是天堂，並不一定非舉形昇仙不可，葛洪崇尚地仙，就是這種精神的表現，而濟世結構點，則是具體實踐。神仙既有超常的能力，發揮其能力幫助凡民，克服危害他們生命的因素最常見的方式爲疾病的治療：

　　　　負局先生者，不知何許人也，語似燕代間人。常負磨鏡局，徇吳市中，衒磨鏡，一錢，因磨之，輒問主人，得無有疾苦者，輒出紫丸藥以與之。得者莫不愈。如此數十年。後大疫病，家至戶到與藥，活者萬計，不取一錢。吳人乃知其眞人也。後止吳山絕崖頭，懸藥下與人。將欲去時語下人曰：「吾還蓬萊山，爲汝曹下神水崖頭。」一旦，有水白色，流從石間來下，服之多愈疾，立祠十餘處。（《列

仙傳‧負局先生》，卷下）

疾病對人生命的威脅，在醫學不發達的時代相當大，修仙首先尌治的就是死亡的威脅，仙人救助凡人免於死亡的想法，應是轉自巫術信仰的疾病觀念，將疾病認爲是鬼怪作祟的思想自古即有，祈神去病的作法是古人對抗疾病的方式，因此古代巫醫不分，至神仙思想發展後，吸收巫師方士的特性，而有治疾濟世的結構點，負局先生的形象，就留存有巫的痕跡。負局先生以磨鏡行醫爲民治疾，其磨鏡顯然即具有巫術功能。〔註18〕

（二）除邪卻妖與去除災患

除邪是神仙濟世的另一項目，同時也是濟世結構點中最富於神祕性，而又最精彩的內容，神仙之能除邪降怪的基礎，建立在神仙擁有役使鬼神的能力上。《神仙傳》中除邪卻鬼的結構點也是敘述精彩的片段之一，其邪祟有精怪與巫鬼之分，精怪作禍者爲：

> 其有邪魅作禍者，遙畫地作獄，因召呼之，皆見其形，入在獄中，或狐狸鼉蛇之類。乃斬而燔燒之，病者即愈。（《神仙傳》卷三〈王遙〉）

王遙的巫師性格更爲明晰，讓精怪現形而後斬殺，病者即癒的情節乃基於知名而破的巫術原理。精怪除了作祟使人致病外，尚且詐爲天官受民血食：

> 盧山廟有神，能於帳中共外人語，飲酒空中投杯。人往乞福，能使江湖之中分風舉帆，行各相逢。巴至郡，往廟中，便失神所在。巴曰：「廟鬼詐爲天官，損百姓日久，罪當治之。」以事付功曹，巴自行捕逐，若不時討，恐其後遊行天下，所在血食，枉病良民，責以重禱。乃下所在，推問山川社稷，求鬼蹤跡。此鬼於是走至齊郡，化爲書生，善談五經。太守即以女妻之。巴知其所在，上表請解郡守往捕。其鬼不出，巴是謂太守：「賢婿非人也，是老鬼，詐爲廟神，今走至此，故來取之。」太守召之不出，巴曰：「出之甚易，請太守筆硯奏案。」巴乃作符，符成長嘯空中，忽有人將符去，亦不見人形，一坐皆驚。符至，書生向婦泣曰：「去必死矣。」須臾，書生自齎符來。至庭見巴，不敢前。巴叱曰：「老鬼，何不復爾形。」應聲即變爲一貍，叩首乞活。巴敕殺之，皆見空中刀下，貍頭墮地。太

〔註18〕鏡的巫術作用及道教對鏡的運用，可參李師豐楙《不死之探求》，頁 423～432。時報文化公司，民國 76 年。

> 守女巳生一兒，復化爲狸，亦殺之。巴去還豫章，郡多鬼，又多獨
>
> 足鬼，爲百姓病，巴到後更無比患。(《神仙傳・欒巴》，卷五)

　　精怪擾亂生民，或使人生病，或要求以血食，在物資貧乏的時代，確實
使民生不堪負荷，精怪每以廟爲據點，事實上反映的是道教面對當時民間淫
祠之風的清整問題，道教起自於民間，吸收民間信仰的精華，同時成爲嚴謹
的宗教組織，在面臨民間信仰的弊端時，需以有效的因應之道，提供道徒遵
行，排除淫祠血食。這些神仙除邪結構點的意義，旨在人間建立一個足以安
民養民的太平世界。綜觀濟世結構點的內容，神仙或療民之疾、或警示大災、
或教民度災之方、或救大疫、或爲民祈雨，都是以其超能力予人福祉，人民
立祠以尋求庇護仰賴之，完全的表現人的依賴心理，濟世結構點實爲滿足尋
求保護與歸屬感的需求。

(三) 公平正義的維護

　　「報」是濟世結構點的另一項表現，報的中心觀念是反應或還報，而此
一觀念是中國社會關係中的重要基礎。中國人相信行動的交互性，在人與人
之間，人與超自然之間，應當有一種確定的因果關係存在。[註 19]神仙的濟
世行動即表現在「報」的執行上，懲罰爲惡者，嘉賞爲善者，沈羲即爲此例：

> 沈羲者，吳郡人，學道於蜀中，但能消災治病，救濟百姓，不
>
> 知服藥物。功德感天，天神識之……騎人曰：「羲有功於氏，心不忘
>
> 道，自少小以來，履行無過，壽命不長，年壽將盡。黃老今請仙官
>
> 來下迎之。」(《神仙傳・沈羲》，卷三)

此中沈羲有功於民，行爲無過，卻年壽不長，善無善終，仙人來迎進入仙界，
得飲不死之酒，乃善報由仙人執行。

　　不過仙傳中報的表現並不全是仙人爲民執「報」，也有爲自身執報的，如
孔甲因殺師門而道死一例，師門爲仙人當然不可能眞被殺死，以焚山木示其
怒，孔甲雖爲之立祠禱祝，仍死於道中(《列仙傳・師門》)或本身爲受報者
如馬師皇醫龍有恩，而終得龍負昇仙。

　　神仙負有執行「報」的權能，實際上反映的也是人心對公平正義的需求，
公理爲人間秩序的維護者，善惡有報才合乎理則，但世事未必能依這一套秩
序要求發展，公理的不張對人心而言是種失序的狀態，失序對人心的影響是

[註 19] 見《中國思想與制度論集》〈報——中國社會關係的一個基礎〉，楊聯陞著、
　　　段昌國譯，頁 350。聯經出版社，民國 74 年。

安定感的動搖，不安的狀態唯有仰靠強大的力量才能重整秩序，神仙因為超越的存在，以其神力執行公理，當然可以達到恢復秩序的願望，仙傳中「報」的表現是民族心靈的共同願望。

五、仙人的識辨

仙人辨識的結構點是仙傳強調仙人真有的技巧，透過各類表面看起來與一般常人無異的仙人身分揭示，表達仙人真有，世人常言不見其真，是因世人辨識不出，如果仔細的觀察，在凡人之中可以發現有些具特異現象的人，這些人是和光同塵的仙人，這種不明白告訴讀者仙人何在，而告訴讀者仙人為何的方式，可以把讀者拉入敘述的情境中，在情境的感染下容易接受傳中所傳遞的訊息。

「仙傳」為記載由人修練成仙的傳記，其作用在於舉例證明以宣傳仙道思想，因為仙人與凡人的差別，有時甚為模糊，一個平凡的賣藥郎中可能是仙人，鄰家的老公公也可能是仙人，路旁病困的乞兒更可能是仙，若能從這些平凡人中識辨其仙人身分，往往能獲得其修仙之要，故而此一識辨的能力相當重要，「仙傳」也多著墨於此。

仙人的身分可由特殊的形貌、異象、異事、死而復見、歷世見、試術等現象識辨其為不同於凡人的神仙，從時間的角度上考量，這種種現象是神仙思想的不同發展階段所累積下來的不同風貌：

（一）仙人形貌

成書最早的仙傳《列仙傳》在神人的形貌上著墨甚多，且與古仙的描述大體相符，如對偓佺的描述：

> 偓佺者，槐山采藥父也，形體生毛，長數寸，兩目更方，能飛
> 行逐走馬。（卷上）

也有如「務光」耳長七寸的特殊長相的，或者如「桂父」臉色可有紅、黃、黑、白等變化的；也有如「稷邱君」的「髮白再黑，齒落更生」的相貌變化，在仙人形貌的敘述上最為詳盡的當屬《神仙傳》中對老子形貌的描述：

> 老子黃白色、美肩、淺額、長耳、大目、疏齒、方口、厚脣、
> 額有三五達理、日角月懸、鼻純骨、雙柱、耳有三漏門、足蹈二五、
> 手把十文。

仙人形貌的異相描述一方面為了識辨仙凡，另一方面可能和「存想」的

修練方法有關，存想冥思神仙，在沒有圖像的情況下，藉由文字的描述想像，
一樣可以達到存想見神的目的。

（二）異　象

仙人除有異於常人的形貌，可資以辨識仙凡外，而仙人周遭的異象也具
有識別的作用如介子推、巫炎：

> 介子推者，姓王名光，晉人也。隱而無名。悅趙成子與遊。
> 旦有黃雀在門上，晉公子重耳異之。與出，居外十餘年，勞苦不辭。
> （《列仙傳》卷上）

> 泰山老父者，莫知姓字，漢武帝東巡狩，見老翁鉏於道旁，頭
> 上白光高數尺，怪而問之。（《神仙傳・泰山老父》卷五）

> 巫炎字子都，北海人也，漢駙馬都尉，武帝出見子都於渭橋，
> 其頭上鬱鬱紫氣高丈餘，帝召問之。（《神仙傳・巫炎》，卷八）

由仙人周遭的異相辨識仙人，往往是顯貴者的識辨方式，顯貴者與仙人之間
的連繫相當微妙，仙人對於顯貴者往往較於對凡人之姿態高，而顯貴者之於
仙人，也常見前倨後恭的情況，相應於顯貴者的前倨後恭，仙人之於顯貴者
也採高姿態，不欲輕易顯示其身分，故而顯貴者發現仙人，往往必須靠仙人
周遭的異象去識辨仙人。

（三）異　事

異事也是識仙的方法之一，仙人的行事舉止異於常人，往往令人望生奇
異的感覺，如幼伯子：

> 幼伯子者，周蘇氏客也。冬常著單衣，盛暑著襦褲，形貌歲異，
> 後數十年更壯。（《列仙傳》卷上）

所行之事與俗相異，並不一定會讓人懷疑，但是有心求仙者會因此而注意，
於此表現出修練成仙的隱密性質，如一心求仙的漢武帝，對於種種異事極為
敏感，其臣屬也極其注意：

> 漢武遣使者行河東，忽見城西有一女子，笞一老翁，俛首跪受
> 杖。使者怪問之。女曰：「此翁乃妾子也，昔吾舅氏伯山甫以神藥教
> 妾，妾教子服之不肯。今遂衰老，行不及妾，故杖之。」（《神仙傳・
> 伯山甫》，卷二）

除了行事怪異引人注目外，異物的持有也是仙人的標識之一，如朱仲：

> 朱仲者，會稽人也。常於會稽市上販珠。高后時，下書募三寸
> 珠。仲讀購書笑曰：「直值汝矣」齎三寸珠，詣闕上書，珠好過度，
> 即賜五百金，魯元公主復私與七百金，從仲求珠。仲獻四寸珠。(《列
> 仙傳》卷上)

異事的形態尚有於生死大事表現出來，如谷春一事：

> 谷春者，櫟陽人也。成帝時為郎，病死而屍不冷。家發喪行服，
> 猶不敢下釘，三年，更著冠幘坐縣門上。(《列仙傳》卷下)

谷春為典型的「尸解」成仙型，但是就現實世界的現象而言，為異事。平日
舉止的異於常人，也可作辨識神仙的參考：

> 焦先者，字孝然……日日入山，伐薪以施人。先自村頭一家起，
> 周而復始，負薪以置人門外，人見之，鋪席與坐，為設食，先便坐，
> 亦不與人語，負薪來，如不見人，便私置門間，便去。連年如此。
> 及魏受禪，居河之湄，結草為庵，獨止其中，不設床席，以草褥襯
> 坐。其身垢污濁如泥潦，或數日一行，行不由徑，不與女人交游。(《神
> 仙傳》卷六)

　　異事的發現，一方面賴有心者的細心觀察，然而神仙之道，並不僅於自
得逍遙即可，仙道的傳承是仙人的責任，仙傳既以神仙思想的宣傳為目的，
當然在隱密的原則下，必須將道法傳於世間，因此仙人也有自顯身分，以讓
世人知曉的事跡，其常見的方式為復見、歷世見、自現及應凡人試術的要求，
展現神能。

甲、歷世見

　　首先看「歷世見」的仙人，所要表現的就是神仙乃跨越時間限制的存在，
呈現生命無限延伸的現象，隨著世代更替，人間來來往往有多少生命消失，
不變的只有得仙者，不管世局如何更換，神仙都以從容的姿態出現如以下數
例：

> ……遂負石自沈于蓼水，已而自匿，後四百餘歲，至武丁時復
> 見。武丁欲以為相，不從，武丁逼不以禮。遂投浮梁山，後遊尚父
> 山。(《《列仙傳》·務光》卷上)

> 平常生者，不知何所人也。數死復生，時人以為不然，後大水出，
> 所害非一，而平輒在缺門山頭大呼言，平常生在此。復云水雨五日必
> 止。止則上山求祠之，但見平衣皮革帶。後數十年復為華陰門卒。(《列

仙傳》卷上）

即使是被當權者所逼，而不得不隱匿，但是仙人以其不死向當權者的威勢抗衡，最後證明，唯有生命的擁有，才是最後的勝利者，隱者型的仙人，之所以有復見的安排，旨在顯示生命的真正價值。平常生之名即有長久之意，其復生常人以爲不然，經過災荒的考驗，而確定其爲神仙，復見於人間從事小吏的工作，正表現神仙境界的不入而不自得，類此型態尚如陸通之「世世見之」及《神仙傳》之李常在。

乙、自　現

自現的表達方式顯得直接而明顯，其自現的意圖除了讓世人明瞭神仙之不誣外，也常爲了要求祠祀，其例如下：

> 琴高者，趙人也……二百餘年後，辭入涿水中取龍子，與諸弟子期曰：「皆潔齋待於水傍設祠」。果乘赤鯉來，出坐祠中，旦有萬人觀之，留一月餘，復入水去。（《列仙傳》卷上）

> 王子喬者，周靈王太子晉也……三十餘年後，求之緱山上，見桓良曰：「告我家，七月七日，待我於緱氏山巔。」至時，果乘白鶴駐山頭。望之不得到，舉手謝時人，數日而去，亦立祠於緱氏山下及嵩高首焉。（《列仙傳》卷上）

此中要求祠祀之問題，實指出祠廟信仰與神仙思想的關係，神仙思想當然也吸收祠廟信仰，同時祠廟信仰亦藉仙傳的傳播而擴大其影響力，神仙故事中神仙要求祠祀，與民眾的立祠祭祀的關係往往是互動的，同時這種神仙自現的結構點，也表現出人世間衣錦還鄉的心態，修仙者的成功一方面希望讓親故知道，另一方面也可以藉其昇仙而對鄉里有所助益，這也是自現之仙往往立祠的重要因素。

丙、試　術

試術是仙人辨識最直接有效的方式，但是這種方式通常是在位者對神仙的驗證，在位者是人間權威的代表，在位者求仙也往往比凡人更要心切，但是對於虛實難辨的神仙方術，在位者不得不小心謹愼，試術的結構點僅見於《神仙傳》，這也明顯的表現葛洪的立場，葛洪當時所面臨的問題，就在於道教對民間信仰及道教本身派別的清整工作，透過試術這一結構點表現道派的篩選整頓觀念。

帝王爲人間的最高權威，仙人之所以會應帝王之召展現神術，表面上是

現實層上的君命難違，事實上是藉此折服君王，透過君王的折服象徵神仙爲終極權威，且看〈劉憑〉之例：

> 漢孝武帝聞之，詔徵而試之曰：「殿下有怪，輒有數十人，絳衣披髮，持燭相隨，走馬可劾否？」憑曰：「此小鬼耳」至夜，帝僞令人作之，憑於殿上以符擲之，皆面搶地，以火焠，口無氣。帝大驚曰：「此非鬼也，朕以相試耳。」

帝王試術的結構點，其結果雖然都能達成折服帝王的效果，但是帝王權威感受威脅後的反應，往往又引起敘述的高潮，常民挑戰帝王權威的代價通常是必須以生命作賭注，所謂「成者爲王，敗者爲寇」；神仙挑戰帝王權威通常是全面的勝利，如果帝王有所反擊，往往只是更加挫折罷了，〈左慈〉一則爲此一類型的大成：

> ……曹公聞而召之，閉一石室中，使人守視，斷穀期年，乃出顏色如故，曹公自謂曰：「生民無不食稻，而慈乃如是必左道也。」欲殺之。慈已知求乞骸骨。……既而失慈矣。尋問之還其所居，曹公遂益欲殺之，試其能免死否，乃劾收慈……後有人見之，便斬以獻公，公大喜。及至視之，乃一束茅，驗其尸，於亡處所。……刺史劉表於以慈爲惑眾，擬收害之，表出耀兵，慈意如欲見其術，乃徐徐去。……表乃大驚，無復害慈意。（《神仙傳》，卷八）

帝王試術的結構點，顯露了一個更根本的問題，即在位者對於宗教的態度。宗教對人的影響，足以讓人以生命去實踐，因此對統治者而言宗教的力量是一大威脅，所以統治者對宗教始終抱持著審慎的應對態度，當有所顧慮時，以政治力量刻意打壓在所難免，左慈於當時無論是在魏或在荊州甚至到了東吳都被追殺，實際上反映的就是當時當政者對道教的限制政策。

六、其 他

在神仙思想當中隱遁思想是非常重要的部分，不過《列仙傳》中表現隱遁思想的唯有務光、介子推、老萊子三則，其實修練成仙，棄家別子入山修道，幾乎是仙人修練的固定模式，《列仙傳》所述的三人爲著名的隱者，他們所代表的是隱者成仙的部分，並非特別強調。

仙凡姻緣也是仙傳的重點之一，但是這種結構點僅見於《列仙傳》，「江妃二女」乃著名的詩經江漢篇的傳說，爲仙凡相悅類型，其餘二則爲「犢子」

與「園客」其詳如下：

> 犢子者，鄴人也……常過酤酒陽都家。陽都女者，市中酒家
> 女，眉生而連，耳細而長，眾以爲異，皆言此天人也。會犢子牽一
> 黃犢來過，都女悅之，遂留相奉侍。都女隨犢子出取桃李，一宿而
> 返，皆連兜而甘美。（卷下）

> 園客者濟陰人也……邑人多以女妻之，客終不取。常種五色香
> 草，積數十年，食其實。一旦有五色蛾止其香樹末，客收而薦之以
> 布，生桑蠶焉。至蠶時，有好女夜至，自稱客妻……訖則俱去，莫
> 知所在。（卷上）

以上二例呈現了同類相召的思想，奇特之人與奇異之人相配，強調姻緣少，
而強調奇幻的意味重，仙凡情緣在六朝的仙道思想中實爲一大重點，但是《神
仙傳》與《洞仙傳》此二仙傳集並沒有任何相關記載，可能的原因是道派不
同。

　　若將仙傳所有的結構點所表現的內容予以歸納分析，可以看出儘管不同時
期的仙傳所代表的是不同的神仙思想形貌，但是神仙思想的主旨不死與樂園的
追求是不曾改變的，樂園的追求表現在仙境的遊歷上是對彼岸嚮往的宗教情
懷，藉由仙人的社會救濟與公平正義的維護形象則表現於現世實踐樂園的務實
精神；不死的探求藉由仙人形貌與神仙異能顯示的是超越有限的精神指標，而
服食修練等實際的修仙過程又是實踐精神的表現，所以整個仙傳所呈現的底層
意義爲理想的追求與生命的實踐。

第二節　《列仙傳》的神仙思想特色

　　《列仙傳》爲目前較早的神仙傳記集，所收錄的也是漢以前的神仙傳說
及仙人傳記，故而其中所反映的神仙思想較爲古樸，其仙人在外貌上、性格
上，和凡人有較大的差距，其神性較重。若據余英時先生的論點，把早期神
仙思想視爲超俗性較高，後漢的神仙思想則往塵俗下降看，[註20] 本書正值

[註20] 見余英時所著〈LIFE AND IMMORTALTY IN HAN CHINA〉一文，其以世俗
　　　關係的切斷與否，論神仙思想的超越、或世俗。若以神仙思想的隱逸觀念及
　　　行爲言，余先生此論確實中的，但是神仙思想的萌發，不單只有隱逸一端緒，
　　　其中尚有由死亡的理解、祭祀等思想，因此神仙思想本身既是世俗又超越的。
　　　刊於 1964 Harvard Journal of Asiatic Studies Vo125.

其轉折之際，也就包含這兩種神仙思想的性質。

就神仙思想的內容表現上看，《列仙傳》的神仙思想較爲樸素，在仙道的修練過程上以簡單的服食爲主，也有仙藥的服食但以遇仙所得的仙藥爲主，而神仙信仰多與祠廟信仰結合，神仙形象多含有巫者的樣貌。

一、祠廟信仰

神仙思想雖不獨齊國特產，然神仙思想的發展與散播，與齊方士有密切關係則不容否認，齊地的神仙思想發達也是歷史上的事實。齊地何以神仙思想發達？一般論者以爲拜齊地濱海之賜，山東爲黃河入海處，黃河乃中華文化的孕育所，黃河源自崑崙，於齊入海，因而西方的崑崙高不可測，東方的大海渺茫不可知，對初民而言都具有神祕感，對其不可知也產生畏懼感，因而想像在其人間不可達之地，可能有超越於人的神仙存在，因而萌生東方蓬萊仙島、西方崑崙神山兩系統的神仙思想。〔註21〕

將文化起源的思考結合地理環境引起人心崇敬畏懼之心，作爲神仙思想產生的原因當然可行，不過卻不會是唯一的原因。古人不會等到確定了黃河的起源與盡頭後，才將生命的不死追求寄於蘊育文化的黃河兩端。而是追求不死的思想發展的實踐階段，將希望寄託於黃河的兩端，何以黃河的發源與盡頭可以承擔這麼大的寄託？除了其地理上高不可測、廣不可知的神祕外，應該有人文條件的配合。

神話研究的學者，將神話視爲原始初民對自然界不解事物之現象的解釋，把初民當作是人類的兒童期，其心靈活動比擬於人類兒童心靈活動，以進化論的角度看此說法的確如是，文明是進化的。但人類對生命的思索與體驗，是否也適合進化論卻值得再思考，因此追求不死的思想應當自人認識死亡之後即有，求生既是生命的本能，那麼不死的思考就是此種本能的積極活動，祈求生命的延長心理當是神仙思想的根源，祈眉壽即爲生命延長而進行的積極行爲。祈眉壽本爲生命的延長，不過生命的延長只能暫緩死亡的來臨，終究必須面臨死亡，生命既可藉祈求以延長，則藉祈求以得生命無限延長的思想也就隨順而生。聞一多於其〈神仙考〉文中即指出齊國與鄰近地區的人提出了難老的要求，其證據如下：

〔註21〕見服部克彥〈古代中國における山東と神仙思想〉，《龍谷大學》論集第三十九號，頁74。1970年。

以旂眉壽，霝命難老。(〈齊缶盤〉)

周旂眉壽，霝命難老。(〈齊叔夷鎛〉)

用旂眉壽，其萬年，霝冬，難老。〈〈叟季良父壺〉〉

永錫難老。(〈魯頌泮水〉)

用旂壽老毋死。(〈齊索鎛〉)〔註22〕

畏死是人類共通心理，齊國祈不死的習俗是懼死心理的積極表現，基於解除死亡的恐懼，尋求脫離死亡的方式，由靈魂不死的信仰發展至藉由超越能力的幫助，而有海外仙山的構想，是將生命的困境寄託於現實之外的彼岸，彼岸若完全不可及，就不能滿足解除困境心理的安頓作用，彼岸若近在眼前，輕易可得，又陷於困境本身，唯有若即若離、可望不可及的建構，才能達到紓解困境的安撫作用，因而發展出海上有仙山，其中仙人有不死之藥的思想。不過神仙思想不可能只停留在不死的追求階段，因為生命中除了有死亡困境外，現實生活的種種問題，同樣是必須解決的。神仙既有神藥能助人渡過生死大關，那麼其他生活上的困難，也可以請求仙人解決。反過來說人類的祭祀祈求，不僅止於死亡的解脫，所以神仙思想的發展和祠廟信仰因產生互動關係，而有某種程度的結合。

漢人為祭祀諸種鬼神，無論是政府還是民間，往往興建各種祭祀場所，做為鬼神居止，人民奉祀之所，一般即稱為「祠」或「廟」，〔註23〕宮川尚志為將道教與民間祝奉神明活動區分，而稱民間巫祝信奉神明稱之為祠廟信仰。〔註24〕祠或廟一般是指為祀神目的建築物，天子的宗廟、士大夫的家廟宗祠，都是同族人為祭祀祖先而營造的建築物，是維持鄉村與都市居民因地緣及血緣的結合而產生的宗教信仰的宗教建築物，所以祠廟信仰混合著自然崇拜與靈魂崇拜。〔註25〕

齊地的祠廟信仰，一方面由於傳統的祈祭之風盛而蓬勃，加以神仙思想的興起與當地祠廟信仰結合而更加壯大，載於《漢書‧地理志》的祠廟如下：

腄縣，有之眔山祠。

黃縣有萊山松林萊君祠。

〔註22〕《神話與詩》，頁153至154。藍燈文化，民國64年。

〔註23〕見林富士《漢代巫者》，頁190。稻香出版社，民國77年。

〔註24〕見宮川尚志《中國宗教史研究》宗教篇第七章〈民間之巫祝道與祠廟之信仰〉，頁191。同朋社，1983年。

〔註25〕同上，頁196。

　　　　　臨朐縣，有海水祠。（東萊郡）

　　　　　曲成縣，有參山萬里沙祠。

　　　　　萊縣，有百支萊祠。

　　　　　不夜縣，有成山日祠。

　　　　　不其縣，有太一、僊人祠九所，及明堂，武帝所起。

　　　　　瑯邪縣，有四時祠。

　　　　　長廣縣，有萊山萊王祠。

　　　　　奉高縣，有明堂，武帝元封二年造。

　　　　　博縣，有泰山廟。

　　　　　臨朐縣，有逢山祠。

　　　　　即墨縣，有天室山祠。

　　　　　下膂縣，有三石山祠。

　　　　　挺縣，有萊山萊王祠。（《漢書·地理志》第八上，卷二十八上）

這些官方統計的祠廟，有屬於自然崇拜性質的海水祠、萬里沙祠、日祠，這三種祠廟雖然祭祀對象屬自然界，卻和齊地的經濟民生有密切關連，鹽為齊國的經濟產物，鹽因日照海水蒸散結晶而來，需要大片的沙地作鹽田，齊人設海水、日、沙等祠是中國人謝恩的傳統思想表現，同時也求鹽田的豐收。

　　一再重複出現的萊祠、仙人祠顯然是神仙思想下的產物，蓬山、萊山等地名更是蓬萊仙山思想的具體表現，就山東地理而言，位西方萊郡的百支萊祠，至東方長廣縣萊山萊王祠連成一神仙思想與祠廟信仰的結合線，可知神仙思想不但吸收祠廟信仰，同時也藉神仙思想的散佈而將祠廟信仰擴散，《列仙傳》中的神仙多立有祠廟，即反映此現象。

　　根據《漢書·郊祀志》成帝時匡衡、張譚奏書記載：

　　　　　長安廚官縣官給祠郡國候神方士使者所祠，凡六百八十三所。

（〈郊祀志下〉卷二十五下）

哀帝時記云：

　　　　　哀帝即位，寢疾，博徵方術士，京師諸縣皆有侍祠使者，盡復
　　　　　前世所常興諸神祠官，凡八百餘所，一歲三萬七千祠云。（〈郊祀志
　　　　　下〉卷二十五下）

王莽末年：

　　　　　自天地六宗以下至諸鬼神，凡千七百所。（〈郊祀志下〉卷二十

五下）

至《後漢書‧祭祀志》所記載，祠廟的數量則更可觀：

> 光武建武二年時，凡千五百一十四神。（志第七）

以上為史書所載的官方祭祀祠廟，至於民間所祀不為官方所立的淫祠則更為可觀。由祠廟的數量可以看出漢代祠廟信仰的興盛，《列仙傳》成於東漢末，關於祠廟信仰的記錄頗多，其立祠原因可歸為三類，即出於畏懼、感恩、以其為仙。

出於畏懼是祭祀鬼神的原因之一，《列仙傳》中出於畏懼而祠的只有師門一例：

> 師門者……孔甲不能順其意，殺而埋之外野，一旦，風雨迎之，
>
> 訖則山木皆焚，孔甲祠而禱之，還道而死。（卷上）

孔甲無道迫害仙人，引起仙人的報復，實因懼怕而立祠祈禱，乃是基於懼禍求福的心理。

懼禍之外，感恩是替仙人立祠的另一個原因，本書中基於民眾感恩而立的祠者有彭祖、平常生、園客、容昌、負局先生、黃阮邱、邛子等，其佑民的方式有三種即卻災、開創行業、行醫。彭祖與平常生屬於第一類，彭祖石室禱請風雨均得應求，對於民眾而言是莫大的恩惠，平常生於山頭高呼，助鄉人逃過水患對民眾而言乃有救命之恩；園客為蠶桑業者帶來新技術，谷春替染織業發明新配方，都是有功於該行業的發展；負局先生四處行醫活人無數，黃阮邱為民卻大疫之害，也是對民眾有救命之恩，邛子護佑宗族，基本上可歸屬於賜福宗族。儘管助民的方式不同，眾人感恩之心是一致的，立祠祭祀的報恩方式也相同，當然除了報恩之外祈求神仙繼續卻禍降福的心願也不可少。

在《列仙傳》敘述中有仙人本身就足以立祠的意味，如王子喬、葛由、蕭史、安期生、鉤翼夫人、子英等，另一種仙人自求祠祀的現象，則替仙人本身足以立祠的思想作最明確的揭示，且看〈琴高〉一則：

> 琴高者，趙人也……典諸弟子期曰：「皆潔齋待於水傍，設祠。」
>
> 果乘鯉魚來，出坐祠中，旦有萬人觀之，留一月餘，復入水去。（卷
>
> 上）

何以仙人足以立祠？在〈馬丹〉一則中隱約可以得到答案：

> 馬丹者，晉耿之人也……靈父欲仕之，迫不以禮。有迅風發屋，

丹迴風中而去。北方人尊而祠之。（卷上）

立祠廟祭祀仙人是基於尊敬的心理，仙人之所以值得尊敬，在於仙人以其神能幫助人們解決他們生活上的困境，於此又披露了神仙思想的核心——理想世界的追求。

二、巫術信仰

周策縱於其〈中國古代的巫醫與祭祀、歷史、樂舞及詩的關係〉特別說明巫地位的重要：在古代之所以重要，固然是由於與神權有關連，其實也正因與人生關係密切。那時與生命最關要緊的，莫過於生死疾病、經濟生產，以至於戰爭。巫可以預告及轉變這些天災及人禍。在人禍方面，戰爭是一大威脅，便牽涉到武力問題。天災與生死方面，最重要的是個體健康與生命延續有關者，這就牽涉到生育、醫藥衛生，以及經濟生產的問題。巫在古代對這生死、天災、人禍各方面都有最密切的關係，所以在古代中國文明發展史上，地位十分重要。〔註26〕此正可解釋《列仙傳》中神仙具有濃厚的巫師性格現象。

《列仙傳》所反映的是古代的神仙世界，上卷的神仙以先秦時代的人物，以及古籍上傳說中的人物爲主，神仙的形態也較多先天的意味，就身分看多爲行業的創始者或能手，如窯業、醫術、木工、音樂、炊事、造酒、養雞、畜牧、狩獵。下卷爲漢代神仙居多，仙人職業除了與上卷相同有賣酒、養蠶、染織、乞食、賣草履、冶金、卜卦、磨鏡外，較多賣藥、採藥、鍊丹等與仙藥的服食有關的敘述。

由《列仙傳》中的神仙身分與行爲上看，神仙與巫之間有著密切的關係，或者可以說某些神仙根本就是巫。據《尚書》的記載，遠古時人的世界和鬼神的世界是相通的，任何人都能和鬼神交通無礙，自顓頊命重黎「絕地天通」之後，人與神的世界隔絕爲二，但人神之間的關係實在密不可分，於是有專司神人交通的媒介者出現，此種神人之間的媒介即觀射父所說的「巫覡」，《國語·楚語》載其言：

古者神民不雜。民之精爽不攜貳者，而又能齊肅衷正，其智能上下比義，其聖能光遠宣朗，其明能光照之者，其聰能聽徹之，如

〔註26〕詳見周策縱〈古代的巫醫與祭祀、歷史、樂舞及詩的關係〉，見《清華學報》新十二卷一、二期，頁1～60。

是則神明降之，在男曰覡，在女曰巫。(〈楚語下〉第十八)

從觀射父對巫的描述，可知巫的地位相當的高，而成為巫者的條件也相當嚴苛，這種條件同樣出現在仙傳所敘的仙人身上，其例如下：

黃帝者，號軒轅。能劾百神，朝而使之。弱而能言，聖而預知，知物之紀，自以為雲師。(《列仙傳》卷上)

呂尚者，冀州人也。生而內智，預見存亡。避紂之亂，隱於遼東四十年。西適周，匿於南山，釣於磻溪，三年不得魚。比閭皆曰：「可已矣。」尚曰：「非爾所及也。」(卷上)

黃帝為傳說時代的人物，流傳於世間的傳說形態也呈現多樣而複雜的面貌，但是不可否認的其領導者的身分在各式各樣的傳說中不會更改，因此可確定黃帝為古代的領導者，古代政教不分的情況為人類學者所支持，黃帝之巫王性格，也在其各種傳說中表現出來，而《列仙傳》云其自為雲師，其巫師職能更為顯明。呂尚的生而內智，預見存亡，完全符合觀射父所言「其智能上下比義，其聖能光遠宣朗」的條件，其巫者的性格鮮明。〔註27〕

觀射父為楚人，楚巫風盛行，因此楚巫的地位或許相對的提高許多，根據觀射父的描述也許未必能說明其他各地的情形，但這並不影響神仙與巫之間的關係論證，因為楚地也是神仙思想盛行的地區，戰國時期楚大夫之於巫有如此高的評價，那麼神仙具巫的性格是非常自然的現象，身為知識分子的大夫對於巫尚如此肯定，一般民眾因對巫的崇敬而予以神仙化，故而神仙的形象具巫的色彩。

神仙思想的兩大重點在於超越及可得，既認知神仙為超越的存在，又強調人可得而仙，那麼作為人神之間媒介的巫（包含覡）當比凡人更容易得仙。

神仙與巫的關係還可從其身分職業看出，巫為知識與技藝的創造者，天文曆法、音樂舞蹈、詩歌繪畫、醫術、卜筮等技藝和知識，都是由巫覡之創發傳承而有精進。〔註28〕東漢應劭《風俗通義》更以職業釋巫：

巫氏，凡氏於事，巫、卜、匠、陶也。〔註29〕

〔註27〕陳夢家指出：古代（主要指商代）之王雖為政治領袖，然亦同時為一巫者，而為群巫之長。詳見其〈商代的神話與巫術〉，《燕京學報》第二十期，頁535，民國25年。

〔註28〕參見徐旭生，《中國古史的傳說時代》，頁84至85。北京科學出版社，1960年。

〔註29〕見王利器，《風俗通義校注》〈姓氏〉，頁506。明文出版社，民國71年。

《列仙傳》的仙人中，赤松子爲黃帝的雨師，雨師職掌祈雨之事，爲巫之職能。甯封子爲黃帝陶正，赤將子輿爲堯時木匠，仇生爲殷湯木正，赤子爲碧雞祠主簿，呼子先爲漢中卜師，這些職業都是應劭所言巫的職能，故而這些神仙之後顯現了神仙思想的產生，與巫術信仰的密切關係，有些神仙根本是由巫脫昇而來的。

巫的職能爲主掌降神、視鬼、占卜、祭祀、祝移、解土、疫疾、戰爭、求雨、止雨、止水、詛咒、巫蠱、媚道等事〔註30〕，其中視鬼、占卜、祭祀、疫疾、戰爭、求雨、止水、止雨諸事，同樣是仙傳中的神仙擁有的異能，赤斧爲碧雞祠主簿更直接顯露其巫祝的身分，〈平常生〉一則即顯現神仙與巫相同的功能：

> 後大水出，所害非一，而平輒在缺門山頭大呼言平常生在此。
> 復云水五日必止。（《列仙傳》卷上）

平常生止水的方式和蒙古薩滿教對雷神的尅治傳說有異曲同功之妙，在該傳說中英雄麥爾庫特只要在大雷雨時喊出：「我是麥爾庫特」雷就不會擊打其族人。因此麥爾庫特人每逢大雷雨時，便穿白衣乘白馬，高喊「我是麥爾庫特」。〔註31〕

視鬼爲神仙擁有的基本神能，雖然此術在理論上是否可行，自漢代以下已有人提出質疑，故《抱朴子》云：

> 神仙集中有召神劾鬼之法，又使人見鬼之術，俗人聞之，皆謂此虛文。或云天下無鬼神，或云有之亦不可劾召，或云見鬼者在男曰覡，在女曰巫，當須自然，非學而可得。按《漢書》及《太史公記》皆云：齊人少翁，武帝以爲文成將軍，武帝所幸李夫人死，少翁能令武帝見之如生人狀，又令武帝見灶神，此史籍之明文也。夫方術既令鬼見其形，又令本不見鬼者見鬼，推此而言，其餘亦何所不有也。（〈內篇・論仙〉卷二）

葛洪所指的視鬼之道，當含自見其鬼、令鬼現形、令原本無法見鬼者具有見鬼的能力，三種不同的情形而言，而史書對漢代巫者之視鬼的描述較樸實，如《史記》載曰：

> 武安侯〔田蚡〕病，專呼服謝罪，使巫視之曰：「見魏其、灌

〔註30〕林富士《漢代巫者》，頁53至82。
〔註31〕見烏丙安《神秘的薩滿世界》，頁31。上海：三聯書店，1989年。

夫共守，欲殺之，竟死。」（《史記‧魏其武安侯列傳》卷一○四）

　　漢代巫者從事視鬼的職能雖較爲質樸，但確與神仙的異能重疊，神仙之於鬼神有較強的指揮能力，正是神仙思想不同於巫術信仰之所在，也是神仙道教有別於巫術的地方，但這種差別並不影響神仙思想對民間巫術信仰的吸收，在道教發展的初期被稱爲巫鬼道、米巫，即顯現道教與民間巫術的密切關係。

　　《列仙傳》中反映的神仙思想與巫術信仰的關係顯然是仙傳集中最濃厚的，其雲師、雨師、卜者、醫者的身分，爲古巫之業，行業創造者或守護者的形象，也和古巫於社會上的職能重疊，所以可說其中的神仙多具巫之性格。

　　從《列仙傳》中的神仙思想與祠廟信仰的密切關係上看，此一現象正好有助於吾人理解《太平廣記》將神仙別爲神與仙二類的分類法，神仙的概念的確不能完全等同於神，但是神仙和神的關係也不是能夠截然畫分的。神仙思想因人力圖由人走向神的實踐而產生的，仙一出現的面貌，就已掌有不死之藥，居於神山之上，其先天的性格強烈，其後續發展結合民間神靈信仰極爲自然，所以《列仙傳》出現於卷一的神仙具有很強烈的先天性。這種強烈的先天性格是人欲求脫離定限走向神的無限，卻對其可能性尚無十足信心的表現，在《列仙傳》的敘述重點中，神遇的大量敘述，也是這不確定心理的反映，對人自身的超脫力量仍感懷疑，因此想借助超越力量的幫助以達到不死的目的。也基於同樣的心理，使神仙思想與巫術信仰結下不解之緣。

　　《列仙傳》中的神仙包含了黃帝、堯舜、夏、殷、周、秦、漢各個時代，齊、晉、梁、洛、楚、越、巴蜀各地，修仙的方式也呈現多樣化的現象，仙人的身分更是遍及各階層，有帝王（黃帝）、宮女（毛女）、商人（朱仲）、魚吏（赤須子）、大夫（馬丹）、卜師（呼子先）、陶正（甯封子）、木正（仇生）、門卒（平常生）、馬醫（馬師皇）、養雞人（祝雞翁）、補履者（嘯父）、牧豕（商丘子胥）、乞兒（陰生）、漁人（寇先）、鑄冶師（陶安公）、賣藥者（玄俗）、磨鏡者（負局先生）、和少數民族的羌人（葛由）、巴戎人（赤斧）。

　　形形色色的神仙出身背景，最能顯示《列仙傳》所代表初期神仙道教的面貌，由神仙與巫者的關係說明道教與民間巫術信仰的結合，其修練方式的多樣化表現道教吸收其他方術的技能情況，而從本書敘述重點的重技術而輕理論的現象，亦可看出道教早期神仙思想的建構情況，巴蜀及少數民族成仙者的收入，正可爲道教初期於蜀地設治自立，及與少數民族宗教信仰交流的

歷史作印證。〔註32〕

　　道教的發展與其他宗教最大的不同在於其創教期的不明確，基督教、佛教、伊斯蘭教都有一個明顯的創教時期，而道教的創教活動較分散而緩慢。〔註33〕早期的道派並非經由同一途徑，在同一地區同一時期形成的，其誕生的情況相當複雜，符籙派的祈禳、禁咒等方式即自民間巫術吸汲而來，但巫術並不等同於道教。巫者可以為神仙，神仙卻不全是巫者，巫所使用的巫術亦為神仙所使用，只是巫的祈禳禁咒等術，藉的是神靈之力，而神仙則自己擁有這些超能力。故而神仙思想發展成熟後的神仙道教與民間巫術信仰有根本上的不同，但是在初期的發展階段兩者之間有許多界限不明的現象，《列仙傳》因為是最早的仙傳集，其中的神仙思想雖已成熟，但仍不時可見民間信仰的痕跡。

第三節　《神仙傳》的神仙思想特色

　　《神仙傳》除了神仙傳說外，有很濃重的宗教記錄色彩，是葛洪以前道教史的縮寫，同時也反映了許多社會現象，因此內山知也說《神仙傳》為社會複雜生活的反映。〔註34〕作者繼承《列仙傳》的傳統記錄仙人事跡，並且加入修仙理論，故而本書的內容博雜，一方面包含魏晉的仙道思想，同時也注入作者本身的神仙理論。本書的神仙思想特色可視為文人性格的突顯、丹藥的崇尚、三品仙的觀念及地仙思想發達。

一、文人意識之反映

　　《神仙傳》為葛洪為其神仙理論作實證而作的仙傳集，內含大量的修仙理論，表現葛洪丹鼎派的神仙思想，同時神仙思想發展至葛洪所處的東晉時代，已由成熟轉向精緻階段，葛洪神仙理論的建立，即為精緻化作先驅，故而其由發展初期的吸收民間巫術，轉而清整道教內部與民間巫術畫分界限，

〔註32〕《晉書·載記》〈李特〉云：漢末張魯居漢中，以鬼道教百姓，賨人敬信巫覡，多往奉之。漢中巴蜀一帶，很早就好老子及仙道，敬重鬼妖，巫風甚熾。《晉書》，頁3022，台北，台北：鼎文書局。《華陽國志》載：「巴漢夷民多便之，其供道限五斗米，故世謂之米道。」晉常璩撰，劉琳校注《華陽國志》卷2，頁65，台北：新文豐出版社，民國77年。

〔註33〕見任繼愈主編《中國道教史》，頁7。新華書屋，1990年。

〔註34〕見內山〈仙傳の開展〉一文。《大東文化大學紀要》二二期，1957年。

加以葛洪爲江南士族苗裔的家世背景，《神仙傳》中的神仙思想有很濃厚的文人氣息與士人色彩。

《神仙傳》的文人性格，可由成仙者的身分看出，知識分子身分的突顯是本書所列仙人的特色之一，根據傳中的記戴，成仙人物中的知識分子或下層官吏者凡有二十二人：

1. 魏伯陽，本高門之子，而性好道術。（卷二）

2. 沈建，世爲長史。建獨好道，不肯仕宦。（卷二）

3. 馬鳴生，少爲縣吏。（卷二）

4. 王遠，博學五經，尤明天文圖讖之要。（卷三）

5. 劉根，少時明五經。後棄世學道。（卷三）

6. 淮南王，篤好儒學，兼占候方術。（卷四）

7. 張道陵，本太學生，博採五經。晚乃嘆曰此無益年命，遂學長生之道〈卷四〉

8. 陰長生，少生富貴之門，而不好榮位。（卷五）

9. 劉綱，上虞縣令。

10. 薊子訓，少仕州郡。（卷五）

11. 葛玄，備覽五經。又好談論。（卷五）

12. 左慈，少明五經，兼通星緯。（卷五）

13. 墨子，外治經典，內修道術。（卷八）

14. 劉政，高才博物，學無不覽。以爲世之榮貴，乃須臾耳，不如學道。（卷八）

15. 孫博，有清才能屬文，著書百許篇誦經數十萬言，晚乃好道。（卷八）

16. 玉子，少好學眾經。乃歎人生世間，日失一日，去生轉遠，去死轉近……獨有神仙度世，可無窮也耳。（卷八）

17. 尹軌，博學五經，尤明天文理氣，識河洛讖緯，無不精微，晚乃學道。（卷九）

18. 介象，學通五經，博覽首家之言，能屬文，後學道入泉山。（卷九）

19. 成仙公，爲小吏，少言大度不附人。（卷九）

20. 黃敬，少讀誦經書，仕州爲部從事。（卷十）

21. 宮嵩，有文才，著書百餘卷。〈卷十〉

22. 劉京，孝文帝侍郎。（卷十）

知識分子成仙者於《列仙傳》中並不是沒有，但不強調與神仙無關之才學，至《神仙傳》不但知識分子成仙的比例增高，每以數言敘其才學，爲強調其身分的筆法，這種作法一方面是作者身分的認同，另一面則是作者有意提昇仙道追求者的社會地位。士人於東晉雖飽受政治勢力的壓迫，但其社會地位仍然很高，相對的神仙道教發展自民間，往往被視爲方技術士，其社會地位尚不高，然道教南移至江南，其形態逐漸由民間轉向士大夫階層發展，在葛洪之前已有不少知識分子入道，而葛洪則有意突顯此一現象，故多敘成仙者之才學。

《神仙傳》對仙人的士人背景多有著墨，固然有其提升道教社會地位的用意，同時也是社會現象的反映，魏晉士族的奉道風氣興盛，爲道教史的一大重點。除此之外作者如此下筆，將儒道對比而顯露生命的意義，宣揚長生不死乃生命的終極目標的企圖明顯。由此可看出當時知識分子的價值取向，因時局的動盪與社會的不安，由儒家的出世精神，轉向神仙道教的出世隱退思想。因此往往一個博學多能的才智之士，否定其博學多聞的知識，放棄官場仕宦的聲名利祿，認爲無益年命最後以學道爲生命的依歸。

學仙者師徒之間，也表現文人氣息，師生之間的關係爲儒家倫理的一大重心，弟子對爲師者奉事不違的尊師精神，在《神仙傳》中一再被強調，至於弟子對爲師者如何奉侍，雖然本書少有具體描述，然應近於儒家弟子之禮，以下幾則傳文可供證明：

> 鳴生不教其度世之法，但日夕與之高談當世之洽，農田之業，如此十餘長生不懈。同時共事鳴生者十二人皆悉歸去。唯長生執禮彌堅。（〈陰長生〉卷四）

> 師則父也，自投不測之崖，吾何以自安，乃俱投而下。（〈張道陵〉卷四）

> 乃執弟子之禮，朝夕拜事之，爲之灑掃。（〈陳安世〉卷八）

禮爲儒家所重，陰長生的執禮彌堅，以及張陵弟子以師爲父的觀念，在在的表現儒家的師生倫理。除了弟子的執禮尊師所表現的倫理精神不同於《列仙傳》凡人對仙人有所求而生的崇敬心理，可視爲《神仙傳》呈現的文人意識外，傳道者對生徒的選擇條件，也透顯著文人的價值觀：

　　天不妄授，道必歸賢。(〈陰長生〉卷四)

　　先生早喪所怙，鄉中以仁孝聞。(〈蘇仙公〉卷九)

　　道士見其良謹，便將至金華山石室。(〈皇初平〉　卷二)

原則上神仙思想強調的是學道的堅定信念「唯好道便可得之」。以上引文卻傳遞不同的信息，學道者因仁孝、賢德、良謹而得仙人的指點，所反映的完全是儒家傳統的價值觀。葛洪外道內儒的思想體系爲《神仙傳》出現強烈的文人意識之原因，故而小南一郎認爲《神仙傳》反應的是知識分子的神仙思想。〔註35〕

二、丹藥爲尚

　　丹藥服食的強調是葛洪神仙理論的一大特點，在《神仙傳》中丹藥爲修仙之要的觀念一再的由仙人的口中或其著作中出現，作爲道教神仙理論的建構者，葛洪所面臨的是如何面對非道教信仰者對修練成仙可能性的強烈質疑，以及信奉神仙可得卻無法印證的學道者心中的懷疑。儘管葛洪相信神仙眞有、神仙可得並把種種仙人事跡視爲眞實，但是人的生老病死定則卻非常無情的擺在眼前，那些得了道的仙人再多和芸芸眾生比起來，眞如鳳毛麟角般的稀少。

　　人的生理依造物的定則有一定的使用年限，修仙者的努力則是要突破這定則而舉形昇仙，在理論上萬物由道再生，道無限，人體道而與道同即歸於無限，但是實踐上是有困難的。在葛洪之前各種服食導引的昇仙之道已發展完備，顯然效果相當有限，葛洪對於這個問題的解決，轉而從神仙思想的最源頭尋找，神仙思想的流傳，一開始就扣住神人的不死之藥發展，這種不死之藥之所以使人不死乃在於其出自神人所有，是神秘的、不可思議的、不平常的。唯有這種神祕不可思議的非常之藥才能改變人的平凡之軀，使人不死。

　　中國煉丹術的發展在前道教時期已有長遠的歷史，戰國晚期還在尋求海上的不死藥或上泰山封禪，到漢初已有方士以人工製造黃金的構想，淮南王劉安的方士集團，漢武帝所眷寵的方士均爲煉丹的先驅，而且已有煉金的祕籍流傳，劉向於《漢書》的記載中即有過煉丹的嚐試。〔註36〕

〔註35〕見小南一郎著《中國の神話と物語り》，頁185。岩波書店，西元1984年。

〔註36〕見李師《不死的探求》，頁291。關於煉丹的其他問題詳見此書〈金丹與仙藥〉部分。時報文化出版社，民國76年。

基於葛洪堅信神仙可學，又因為他本身的性格富有實驗的精神，加上家學師承，神丹可成、仙人可得的思想成為其神仙理論的重要部分，其一生也積極投入煉丹實驗工作，當然在《神仙傳》中也注入這種思想，〈彭祖〉一則即明言金丹為仙道之至大：

> 彭祖曰：「欲舉形登天，上補仙官，當用金丹，此九召太一，所以白日昇天也。此道至大，非君王所能為。其次當愛養精神服草藥可以長生，但不能役使鬼神，乘虛飛行，身不知交接之道，縱服藥亦無益。」（卷一）

金丹為道之大者，舉形昇仙的關鍵，卻是非君王所能為，君王乃「普天之下莫非王土，率土之濱莫非王臣，域中四大王居其一」的人間最高統治者何以不能為金丹之道，《神仙傳》中並沒有提出解釋，然可由煉丹的禁忌看出《抱朴子》〈對俗篇〉明白的指出「仙道遲成，多所禁忌」，〈金丹篇〉對禁忌有所說明：

> 第一禁，勿令俗人之不信道者，謗訕評毀之，必不成也。鄭君言所以爾者，合此大藥當祭，祭則太乙元君、老君、玄女皆來鑒省。作藥若不絕跡幽僻之地，令俗閒愚人得經過聞見之，則諸神便責作藥者之不遵承經戒，致令惡人有謗毀之言，則不復佑助人，而邪氣得進，藥不成也。（卷四）

煉丹的技術原本就精奧，在人力的完全控制之下並不一定成功，仍需靠神的佑助，故而必須非常謹慎小心，神仙思想發展於此，雖然修仙者的自力意識覺醒，不再將希望完全放在神仙的不死之藥上，但是丹成與否的關鍵，仍在神靈是否佑助。對於神明的奉事之心不可有絲毫的差池，這不是素來驕奢的帝王所能做到的，即使是一心信奉神仙之道的淮南王，在昇天之後仍不改習性，因而得罪仙官（見劉安傳），可見煉丹的複雜性不唯所費不貲，尚需天時地利人和的全面掌握，唯其難度之高，才有可能產生使人體質變逆轉超越之效。

除了強調丹藥的至高性外，並將其他修仙方式，涵蓋於《神仙傳》的仙道論中，這種一網打盡的作風使得本書的神仙思想與《抱朴子》所呈現的思想產生矛盾，這令一些學者感到不解，若以兩書不同性質的角度看，這種現象不能算是葛洪神仙思想的矛盾。《抱朴子》為理論的建構，在思想體系上有整體的規畫；《神仙傳》是神仙傳記集，記錄性質較強，其資料並不見得完全

合乎葛洪的思想體系，也不能任意刪去，否則失去傳記的主要精神，如〈劉根〉一則之神人即將房中術、行氣導引、神藥並列不分高下，而〈白石先生〉一則中又明言金丹之尙：

> 夫仙道有昇天蹻雲者，有遊行五岳者，有服食不死者，有尸解而仙者。凡修仙道，要在服藥，藥有上下，仙有數品。不知房中之事及行氣導引，并神藥者，亦不能仙也。藥之上者有九轉還丹，太乙金液，服之皆立登天，不積日月矣。其次有雲母雄黃之屬，雖不及乘雲駕龍，亦可役使鬼神，變化長生。次乃木草諸藥能治百病，補虛駐顏，斷穀益氣，不能使人不死也。上可數百歲，下即全其所稟者，不足久賴也。（〈劉根〉卷三）

> 其所據行者，正以交接之道爲主，而金液之藥爲尙也。（〈白石先生〉卷二）

《神仙傳》所指的藥不全指丹藥，但是以爲最上的絕對是指丹藥，次爲礦物，下爲植物。礦物可使人有役使鬼神的能力，並且得以變化長生，植物則只能治百病、補血益氣，全其所稟不能使人不死。這種觀念的一再出現，實基於練丹的巫術性思考原則，〔註37〕礦物具有不朽的特性，根據交感巫術中的模擬巫術原理，基於類似律或象徵律，產生同類相生的效果，而使人服礦物後在體內產生令肉體不朽之效。金丹爲轉化的礦物，在金丹煉製的過程中又有神人的神力加持，基於接觸律的原則服食金丹則比服食天然的礦物更見其效。〔註38〕草木之藥對人體疾病的療效雖被肯定，但草木與人同歸腐朽，故而其不具不死的藥效在金丹爲尙的思考原則上是必然的。

三、神仙三品說的表現

神仙三品說是葛洪神仙思想的特色之一，其理論基本上與丹藥爲上的金丹道立場相配合，將成仙之法分爲三個等級，所謂「朱砂爲金，服之昇仙者，上士也；茹芝導引，咽氣長生者，中士也；餐食草木，千歲以還者，下士也。」（〈黃白篇〉）以藥的功效分上、中、下三等，間接的形成以此三種成仙方式仙人的不同等級，其於〈論仙篇〉更直接言明：「上士舉形昇虛，謂之天仙；中士遊諸名山，謂之地仙；下士先死後蛻，謂之尸解仙。」關於神仙三品說

〔註37〕同上書，頁313。
〔註38〕見弗雷澤（Frazer）《金枝》，頁27。台北：久大、桂冠聯合出版，民國80年。

的發展與衍變，李師於其〈神仙三品說的原始及其衍變〉一文中有精詳的論述。於此僅就神仙三品說在《神仙傳》的表現形態作探討。

《神仙傳》明白顯示三品仙觀念的，只有劉根傳中神仙告劉根仙道之語：

> 夫仙道有昇天躡雲者、有遊行五岳者，有服食不死者，有尸解而仙者。（卷三）

於此神人所述仙道雖不限於三品，但昇天躡雲爲天仙，遊行五岳之地仙形貌，與尸解而仙的尸解仙是三品仙的代表。三品仙是葛洪的重要神仙思想之一，在《抱朴子》以理論的形態完整的論述，在《神仙傳》中則以實例分散於各仙人傳記中。在《神仙傳》中得道爲天仙者有二十人：

> 王遠、馬鳴生、李八百、劉安、陰長生、張道陵、左慈、董奉、太玄女、麻姑、樊夫人、衛叔卿、玉子、陳安世、茅君、沈文泰、皇化、北極子、李修、柳融。

爲地仙者有三十三人：

> 白石先生、伯山甫、李阿、劉根、李仲甫、李意期、趙瞿、王遙、泰山老父、劉憑、孔元方、王烈、焦先、呂恭、西河少女、嚴清、帛和、鳳綱、墨子、孫博、天門子、孔安國、尹軌、黃山君、李根、黃敬、宮嵩、王眞、東郭延、戴孟、魯女生、封衡。

尸解爲仙者共十一人：

> 李常在、李少君、程偉妻、東陵聖母、葛玄、介象、成仙公、郭璞、董仲君、清平吉、靈壽光。

其餘在傳文中並未提及其成仙的型態，亦無法從上下文意推敲其型態故而不論。

昇仙爲早期仙說強調的重點，舉形飛昇與長生不死被識爲成仙的標記，〔註39〕《神仙傳》承襲傳統的神仙思想而對天仙的記錄不少，地仙大量出現也是葛洪神仙思想的特色之一，尸解仙運用尸解以逃遁險厄或以顯其仙人之身分，更是不同於《洞仙傳》所呈現的尸解意義。

舉形昇天後逍遙自得、度脫生死的天仙生活，向來爲求仙者所企慕，〈彭祖〉即對仙人活動有具體的描述：

〔註39〕清宮剛於其〈神仙思想の基本構造と特質〉一文中即以不死與昇天兩大特質論述，以爲昇天是不死觀念實踐的依託，不死只是成仙的第一階段，昇天才是神仙修業的完成。《東洋學集刊》三三，西元1975年。

> 仙人者或竦身入雲，無翅而飛，或駕龍乘雲，上造天階，或化
> 爲鳥獸，遊浮青雲，或潛行江海，翱翔名山。（《神仙傳·彭祖》，卷
> 一）

不受地心引力的牽制、不固定於人身形體、沒有阻礙地來去天地之間、變化多端的生命形象，是仙人最令人稱羨的地方。不過仙人雖是超越的存在，實爲人之超越存在，天界無邊際的自由是相對於現實生活的多桎梏，若純粹是一片的虛無境界又會顯得飄浮無依，天界之所以令人嚮往，有其無盡的自由逍遙，也同時擁有人間的美好，王遠的出場即是人間豪華排場的呈現：

> 是日，王君果來，未至，先聞金鼓簫管人馬之聲，比近皆驚，
> 莫知所在。及至經舍，舉家皆見遠冠遠遊冠，朱衣，虎頭鞶囊，五
> 色綬帶，劍黃色，少髭，長短中形人也。乘羽車，駕五龍，龍各有
> 異色，前後麾節，幡旗導從，威儀奕奕如大將軍也，有十二伍伯，
> 皆以蠟封其口，鼓吹，皆乘龍從天而下。（《神仙傳·王遠》，卷三）

這種人間公侯將相的儀駕排場，爲一中散大夫昇天後所有，是現實世界價值觀的肯定，人間所苦的是貧困、卑微、老弱、病痛之憂，天界而有點石成金、地位高超、長生不死的神仙。人間所樂的榮耀威儀，天界一樣也不少，這種特性是道教和其他宗教最大的差異。其他的宗教追求的都是現世的超脫，神仙道教卻呈現肯定現世生命意義的思想，這種現實性的肯定以宗教方式表達，有點矛盾卻充分掌握人的心理，生命如果全面的否定，那麼人的存在就陷入一大困境。佛教直言生命之苦，道教側重生活之苦，生命的苦是無解的，生活的苦卻是相對的，把相對於苦的部分發揮到極致，除去生活苦的部分，生命多麼美好可貴令人留戀。不死的生命追求，就建立在這種塵世之苦盡去，生命本眞可得的信念上。

超越塵世的限制擁有生命的本眞，原本所以導致生活困苦的因素，都不再能對生命個體產生影響，這種悠然自得的境界表現在麻姑的言談舉止間：

> 麻姑自說云：「接待以來，已見東海三爲桑田。向到蓬萊，又水淺於
> 往日，會時略半耳，豈將復爲陵陸乎。」（《神仙傳·王遠》，卷三）

人間悠閒聚談、把酒話桑麻的情境，轉移到天界則滄海桑田杯酒之間，不朽的可貴於此突顯，那種怡然無礙的超越情境，淡看人世滄桑的生命情懷，是生命淬煉後的精華，神仙世界的迷人就在這種生命精華的展現，所以人世一切美好的事物，同樣會在神仙世界中出現。

　　雖然天界爲人間一切美好事物的展現，但是人間對美好事物總有意見紛歧的時候，例如天界的宮秩反應人世功名利祿的追求與想望，但這種價值觀一直也被一些人否定著，因此天仙階層多的煩惱，同樣非一些仙人所願。不過成仙的好處就在仙人具有無限轉化的能力，即使在神仙世界的官僚體制中，也有隱遁的自由，地仙思想即此反映。

　　《神仙傳》中地仙佔成仙者的多數，明顯的表現重地仙的傾向，這種傾向和漢末魏晉的隱逸思想有密切關聯，從宗教的觀點看，是道教洞天府地觀念呈現，李師以爲本書特重地仙的面貌，是其隱逸思想反饋於仙傳中的具體表現：

> 彭祖問之曰：何不服昇天之藥，答曰：天上復能樂比人間乎，
> 但莫使老死耳。天上多至尊相奉事，更苦於人間。故時人呼白石先
> 生爲隱遁仙人。（《神仙傳・彭祖》，卷一）

地仙思想可以說是把天上的神仙世界搬移到人間現實世界，重地仙的思想不但和時代社會的隱逸思想合一，並且與葛洪神仙可學，仙人可得的信念不可分離，天界的種種美好雖然值得企羨，但是天闕仙府之於現實世界不如大地之名山洞府接近，如果將神仙世界在現實世界落實，仙界與人間的距離更近，仙人眞有、仙道可得的理論就更具說服力。從地仙敘述的結構中，可以看出作者這種心態的表現：

> 及受太陽神丹經三卷，歸入山，合藥服之，不樂昇天，但服半
> 劑爲地仙，恆居人間。不過三年，輒易其處，時人不知是仙也。架
> 屋舍，畜僕從，並與俗人皆同，如此輾轉，經歷九州，五百餘年，
> 人多識之，悉怪其不老，後乃白日昇天而去。（《神仙傳・馬鳴生》，
> 卷二）

馬鳴生的「並與俗人皆同」，即仙人與凡人和光同塵的相處於世間，仙凡之間除了身分不同外，生活得很接近，作者以此作爲人間實有仙人的用意不言自明。地仙最後昇仙而去的安排，表面上和重地仙的論說有所矛盾，卻在藉地仙以示仙人的觀點下得以理解，當仙人眞有的證明功用完成之後，仙人的最後依歸仍是回到天界，因三品仙中最高者仍是天仙，從這點看葛洪本身仕隱出處之間的矛盾，可以說《神仙傳》的神仙世界其實就是當時社會許多人的心靈世界。

　　尸解最能表現道教對生死觀的突破，也最能代表中國人以較神秘的宗教

理念解釋死亡的難題，《無上祕要》〈尸解品〉引司命東君之說：

> 夫尸解有形之化也，本真之練蛻也，軀質之遁變也，五屬之隱遁也，雖是仙品之下第而其稟受所承，亦未必輕矣。或未欲昇天而高栖名山，或欲崇明世教，令生死道絕，或欲斷子孫之近戀，盡神仙之難希，或欲長觀世化，憚仙官之劬勞也。妙道一備則高下任適，固不可用明生死以制其定格，所謂隱迴三光，白日陸沈也。（卷八十七）

要想成為自由自在的神仙，必須在身心上有所鍛鍊，尸解法就是透過死亡以鍛鍊身心的一種方式，尸解在六朝後期為大多數成仙者的成仙形式，不過在《神仙傳》中，尸解通常是一種隱遁脫困的方式，而較少用來強調仙人成仙的方式，關於這一點，最符合《無上祕要》所謂「未欲昇天而高栖名山、崇明世教、斷子孫近戀、長觀世化」〔註40〕之意。

崇明世教意即讓世人具體明白仙道之真有，以生死為教，其刺激強度最大，李常在就選這種方式教化其弟子。

> 從其弟子曾家、孔家各請一小兒，年皆十七八。家亦不知常在欲何去。即遣送之。常在以二青竹杖度二兒遣歸，置其家所臥之處，徑還，勿與家人語。二子承教，以杖歸家，家人了不見，兒去後乃各見死在床上。二家哀泣殯埋之。……逢常在將此二兒俱行。……發棺視之，唯一青竹杖耳，乃知非死。（《神仙傳·李常在》，卷三）

死亡的現象其實為青竹杖所化，這是所謂的「託形而去」的尸解除了用以教世人之外，死亡的假象可以使自身脫離麻煩，如〈李少君〉：

> 丹成謂帝曰：「陛下不能絕驕奢、遣聲色，殺伐不止，喜怒不勝，萬里有不歸之魂，市曾有流血之刑，神丹大道未可得。……及薨，忽失屍所在，中喪衣悉如不解，如蟬蛻也。（《神仙傳·李少君》，卷六）

面對漢武帝求仙心切，又握天下神器，掌生殺大權，唯有尸解才能使自身斷絕無窮的麻煩。這種方式，通常出現在仙人為人主所逼的情況，在現實世界中，得罪了在勢者，以死收場的結局，幾乎是六朝士人的共通命運，對於這種困境的轉化，宗教提供了尸解一途，郭璞一例是最好的註解。

〔註40〕見《正統道藏·無上祕要·尸解品》卷八十七，1a 兒字號，冊42，頁545。台北：新文豐出版社，民國84年。

　　以死亡之相斷絕親人的依戀之情，站在常情上看，似乎過於忍苛，不過斷親絕愛，拋家棄子是基於修仙絕俗的要求，費長房即以此法斷絕家戀。除了親人的依戀外，奉道者的熱情奉事，也是修行的困擾之一，成仙公則以尸解斷除奉道者的奉事，這兩種情況採取尸解而去的方式，仍然牽涉因緣問題，因緣盡時為免家人牽掛，以死亡作結，可以省去家人千里跋涉尋求會見的不必要行動。

　　《神仙傳》的神仙思想有其傳承前代思想，也有作者本身的神仙理論，因此很多思想的內容似乎互相矛盾，例如作者的理論以金丹為尚，但是在本書的仙人傳記中往往出現仙人所述或所引仙經重房中、咽氣導引的思想，或者有服丹藥無效，以其行房中術之故者，或者有服藥導引而不知交接之道不能得仙的論詞，也可看見強調地仙之樂的仙人，最後以昇仙而去作結，這些理路矛盾的現象，學者通常以今本《神仙傳》非葛洪原貌而有此衝突，但如果本書不同於《抱朴子》論理之性質，及仙傳的傳記體制，以及道教各派理論的紛歧現象看這些問題，仍然可以在今本《神仙傳》中，看出魏晉的仙道發展樣貌。

　　魏晉南北朝時期是一個價值觀多元化的時代，仙道思想也呈現多元的發展，葛洪為道教所進行的是初步的整理與建構理論的工作，《神仙傳》是其整理工作的呈現，站在整理的角色上，適度的裁剪在所難免，所以本書有許多觀念都和他的仙道思想一致，較忠實的保持資料原貌，乃整理工作的原則，因此本書思想內容不限於一家之言，而博雜綜合各種仙道理論。

第四節　《洞仙傳》的仙道思想特色

　　《洞仙傳》的神仙思想為洞府仙真說，側重六朝時期三品仙說中的地仙與尸解仙的觀念，《神仙傳》之重地仙的傾向，仙人以入名山為尚，《洞仙傳》承襲此種思想更具體將仙人入名山之後的仙官品級加以敘述，因此本書的地仙型態有別於《神仙傳》所強調遠仙界官階相奉事之逍遙，而將洞府仙真納入天界官僚體制。這種轉變與本書所承的道派思想有關，本書與上清經派之關係李師於其《洞仙傳》研究中已揭櫫詳盡，上清經派強調仙真位業觀念，而有陶弘景《真靈位業圖》之作，因此承神仙三品之說將地仙納入仙界官階一改地仙於《神仙傳》之形貌。故而本書最明顯的思想特色首先見於仙官階位的強調。

一、仙階思想的突顯

《洞仙傳》大量的仙官位階出現，乃道教「仙階」、「位業」觀念的反映。神仙思想發展初期，強調不死昇仙，對於仙界僅做景物的描述，著重在視覺美感的傳遞，對於天界仙真也述其閒適逍遙的意境，即使進入道教發展時期也無等級森嚴的神仙位階觀念。道教最早經典《太平經》中雖有「道人、仙人、真人、神人」之分，〔註41〕但所指的是修養的等級，而且是一般的、抽象的分別。〔註42〕葛洪的「三品仙」思想，雖將仙分為三等，〔註43〕但是其意義也和陶弘景所構造的神仙譜系的等級不大相同。如在《神仙傳·劉根》中，韓眾所言：

> 夫仙道有昇天躡雲者，有遊行五岳者，有服食不死者，有尸解而仙者。凡修仙道要在服藥，藥有上下，仙有數品，不知房中之事及行氣導引並神藥者，亦不能仙也。藥之上者有九轉還丹、太乙金液，服之皆立登天，不積日月矣；其次有雲母、雄食之屬，雖不即乘雲駕龍，亦可役使鬼神，變化長生；次乃草木諸藥，能治百病，補虛駐顏，斷穀益氣，不能使人不死也：上可數百歲，下即全其所稟而已，不足久賴也。（卷八）

此中上、中、下的分別乃依據所具備的功力不同而分，並沒有位階等級之差別，不過依《神仙傳》所顯示修仙者願作地仙遊名山而不上天奉事至尊的思想，可知在葛洪所處的東晉前期，神仙官僚體制化的觀念已流行，但還沒有發展完備，至陶弘景作《真靈位業圖》，神仙位業的觀念已臻成熟，陶氏所以排真靈之位業，除了將建立仙界倫理外，最主要的仍為其清整道教之需。

魏晉道教除了五斗米道、天師道等較具全國性的道派外，其他道派發展亦多，有以布道教主為中心形成的道派，如李家道、帛家道、干君道，也有以相傳或信奉道經形成的道派，如靈寶派、上清經派，還有些以士族家庭為中心形成的道派。〔註44〕陶弘景基於其道派的立場，對於當時各道派自然有所排斥，其於《周氏冥通記》卷一注云：「周家本事俗神禱，俗稱帛家道。」陶氏將帛家道視為俗神，而帛和於《神仙傳》中則為地仙，可知不同道派者

〔註41〕見王明《太平經合校》，頁24。鼎文書局，民國68年。
〔註42〕見湯一介《魏晉南北朝時期的道教》，頁306。東大圖書公司，民國80年。
〔註43〕關於葛洪的三品仙思想，李師豐楙於〈神仙三品說的原始及其衍變〉一文中有精詳之論，刊於《漢學論文集》，頁171～224，文史哲出版，民國73年。
〔註44〕見胡孚琛《魏晉神仙道教》，頁46，人民出版社，西元1989年。

對於神仙的認定有所差異，因此《眞靈位業圖》實以文字建立神統譜，藉文字穩定的流傳性將神譜統一化。

神譜的統一固然有其作用，但是神仙修練牽涉到修練者的神祕體驗，這種神祕體驗往往因人而異，所以神譜未必能固定，《洞仙傳》所述的仙官未必與《眞靈位業圖》盡合即顯示六朝仙眞位業的發達。

本書所載之仙官多半職司中下層如：

> 長存子者，學道成，爲玄洲仙伯。（卷一）
>
> 九源丈人者，爲方丈宮主，領天下水神及陰精水獸之類。（卷一）
>
> 谷希子者，學道得仙，爲太上眞官。（卷一）
>
> 黃列子者……服而得風仙。（卷一）
>
> 帛舉字子高。……治於雲中，掌雲雨之任。（卷一）
>
> 車子侯者，扶風人也。……今補仙官。（卷一）
>
> 郭璞，……今爲水仙伯。（卷一）
>
> 趙威伯者，……來入華陽內爲保命丞。（卷二）

以上諸仙其爲地仙之意味濃厚，而且所任仙官多爲水雨之官，和民生關係密切。〔註45〕仙界的官階也與人間的官階一般有遷移昇降，在六朝道經中類此敘述仙人昇遷下降之筆非常多，而本書〈董幼〉一則可見其梗概：

> 董幼者，海陵人也。……幼還家辭母曰：「幼以得道，不復留人間，今還與家別。」……幼曰：「應往峨嵋更受業……」。（卷一）

得道成仙者在成仙之後並非道業的終了，而有更精進之修業程序，如此論述，已非早期仙傳面貌，仙人更精進爲何？〈張玄賓〉傳記中或許可見此一答案：

> 張玄賓者，……昔在天柱山，今來華陽內爲理禁伯，主諸水雨官。（卷二）

得道成仙是人間修仙的終極目標，但得道後進入神仙世界，初得道者像人間新生的生命，仍有許多該學習的事，其中之一爲位業，以修習其位業功果良好者上補仙官，如同張玄賓本在天柱山，更精進後入華陽主諸水雨官，完全是人間世界的官僚體制化。

〔註45〕作者以全知全能的觀點敘述仙官歷來的位業，似乎作者具有通靈能力，這裡顯示本書的形成與當時扶箕降筆的宗教活動有關，而不純粹是以客觀的報導者角度將流傳於當世的神仙事蹟記錄下來。

二、尸解觀念及其轉變

　　除了仙階外，強調尸解成仙，也是《洞仙傳》仙道思想的特色之一，尸
解的階位在三品仙中雖低，卻是進入仙界的基礎管道，所以茅盈指出「雖仙
品之下第而其稟受所承，亦未必輕矣。」由《無上祕要》所錄，尸解有火解、
兵解、杖解、劍解、及藥解等。《列仙全書・鮑靚傳》指出：

> 仙法：「凡非仙胎得仙者，必由尸解，上尸解用刀，下尸解用
>
> 竹木；以神丹染筆書太上太玄陰生符於刀，其刀須臾即如所度者面
>
> 目，奄然床上矣。其真人遁去，其家人但見死人不見刀也。」

所謂上尸解即劍解，下尸解即杖解，然而尸解的較原始型態為火解與兵解。

　　火解的原始李師以為當是「以火解化」，承聞一多所說源自氐姜的火葬習
俗，同時火解應與宋毋忌成仙傳說有關，〈白澤圖〉有「火之精曰宋毋忌，蓋
其人火仙也。」〔註46〕除了火葬習俗的衍變外，火解尚可能與古代的祭祀儀
式有關。古代與火有關的祭祀有「煙」、「實柴」、「槱」等。

　　「煙」禮是最初對天地日月星辰的一種祭法，泛祭天體諸神〔註47〕，此
種祭祀的方法據《周禮・大宗伯》記載：

> 以禋祀祀昊天上帝，以實柴祀日月星辰，以槱燎祀司中司命，
>
> 觀風師、雨師。

鄭玄對這段經文的解釋為：

> 禋之言煙，周人尚臭，煙氣之臭，聞者槱積也。〔註48〕（《周
>
> 禮》鄭玄注）

可知此為以物燃燒使其生煙，藉以上達於天的祭法。

　　「實柴」的祭祀方式，和「煙」祭大同小異，許慎《說文》釋「實」、「柴」
字云：

> 實富也，人人宀貫，貫為貨物。以貨物充於屋下為實。（《說文》
>
> 宀部段注七篇下）
>
> 燒柴燎祭天也。（《說文》示部一篇上）

〔註46〕見李師〈神仙三品說的原始及其衍變〉一文。《漢學論文集》第二集，頁212，
　　　　文史哲出版，民國72年。
〔註47〕見《中國古代星辰信仰研究》，頁187。林政言文化大學中研所碩士論文民國
　　　　80年。
〔註48〕《十三經注疏・周禮・大宗伯》卷18，頁270，台北：藝文印書館，民國78
　　　　年。

按《說文》的解釋,實柴應是解作一種放置許多木柴,使其燃燒以祭天的儀式。

「禋」祭,依《說文》言:

積木之燎也,……或從示,柴祭天神也。(《說文》木部六篇上)

《詩經‧大雅》棫樸云:「芃芃棫樸,薪之槱之。」《鄭箋》:「白桵相樸屬而生者,枝條芃芃然,豫斫以為薪,至祭皇天上帝及三辰,則聚積以燎之。」〔註49〕這三種祭祀方式,都是以木燎之,藉以生煙祭天,這種祭祀方式在《列仙傳》中轉而成為仙人隨煙上下的神奇異能,至《神仙傳》中,更進一步成為尸解成仙的火解法。

火解法除了祭祀法的轉化外,也可能來自古代祈雨自焚的巫術運用。古代天旱求雨的方式有暴巫、焚巫之事,〔註50〕《左傳》即有「夏大旱,公欲焚巫尪」〔註51〕《文選》〈魏都賦〉注引《淮南子》言:

湯時大旱七年,卜用人祀天。湯……乃使人積薪,剪髮及爪自潔,居柴上,將自焚以祭天,火將燃,即降大雨。(卷六)

《晏子春秋》云:

昔齊景公時大旱,卜之必以人祠乃雨。景公……將自當之,言未卒而大雨。(《藝文類聚》藝文卷六六、《太平御覽》卷三十五引)

暴巫、焚巫為求雨不得之後的激烈手段,藉巫的自焚以求雨的作用實際上是一種昇天見神的儀式運用,也就是基於這種藉煙以上天的巫術思考原則,使巫得以上天見神求天神降雨,隨順這種巫術思考的理路,發展成神仙藉煙上天下地的管道,因而能隨煙上下是神仙的神能之一,而後成為尸解成仙的方法之一。

火的神聖性與潔淨作用是所有巫術的通則,因此火具有轉化生命的神秘效果為追求神仙者所接受,融入祭祀與巫術運用的思想發展成道教以尸解為成仙之道的火解法,在思考理路的發展上應該可行。

杖解法雖為下解法,卻是仙傳中出現頻率最高的尸解方式,《洞仙傳》的

〔註49〕《十三經注疏‧詩經‧大雅》卷16,頁556,台北:藝文印書館,民國78年。
〔註50〕見朱天順《中國古代宗教初探》,另商代焚巫暴巫之祭詳見陳夢家《殷墟卜辭綜述》。
〔註51〕據詹鄞鑫指出,焚巫尪為焚巫與尪,是舞雩無效之後求雨活動升級以人作犧牲的一種祭祀方式。(〈神靈與祭祀〉,頁356)「尪」是一種雞胸駝背、臉面朝天的殘疾人,杜預《左傳注》解釋「俗謂天哀其病,恐雨入其鼻,故為之旱,是以公欲焚之。」《十三經注疏‧左傳》〈春秋疏〉卷14,頁241,台北:藝文印書館,民國78年。

尸解仙則只有杖解法加以注明，如下三則：

> 越後自山中還，於巒村暴亡，家迎，覺棺輕，疑非眞尸，發看
> 唯竹杖而已（〈韓越〉卷一）

> 姚萇定長安，問嘉朕應九五不？嘉曰：「略當得」。萇大怒曰：
> 「小道士答朕不恭。」有司奏誅嘉及二弟子。萇先使入隴右，逢嘉
> 將兩弟子，計已千里餘，正是誅日。嘉使書與萇，萇令發嘉及二弟
> 子棺，並無尸，各有竹杖一枚，萇尋亡。（〈王嘉〉卷一）

> 畫語獄吏曰：「官尋殺我，殯勿釘棺也。」後果被殺。死數日，
> 文帝疑此言，使開棺，不見尸，但有竹杖耳。（〈劉畫〉卷一）

傳中的敘述往往只述其結果，發棺無尸，唯竹杖耳，而《無上祕要》有較詳細的解說：

> 以錄形靈丸以合唾塗所持杖，與之俱寢，三日則杖化爲己形，
> 在被中，自徐遁去，旁人皆不知。（卷八十七）

尸解多用以脫困，要在旁人不知，但脫困後必有令旁人發棺視無尸的敘述，這整個敘述結構的安排，除了交待仙人成仙的方法外，最主要的目的仍在證明仙道可成，並顯示仙道之神奇。

劍解爲上清經派的上尸解法，最早見的劍解方式爲《列仙傳》載黃帝之事：「山陵忽崩，墓空無尸，但劍舃在焉」（卷一）劍解的來由當與道教視劍爲神聖寶器有關。〔註52〕

藥解爲金丹流行之後最常見的尸解法，《眞誥》卷十對藥解有詳述：

> 太極眞人遺帶散白粉，服一刀圭，當心痛如刺，三日欲飲，飲
> 計足一斛，既殞，失尸所在，但餘衣耳，是爲白日解帶之仙。（〈協
> 昌期〉第二）

藥解的過程爲尸解方式中，近似於死亡的一種，《無上祕要》在杖解或劍解的解釋很明顯的是以杖化形或以劍（刀）化形，呈現死相的是杖或劍，可是藥解並沒有任何替代物化形，服藥後的痛苦情狀完全是服藥者本身所受，唯後失尸所在，但餘衣耳，可識別其爲尸解而非死亡。

尸解在《列仙傳》中，仙人脫困、示其爲仙的情況多，在《神仙傳》中強調其爲修仙方式與神仙品類，兩者只具死亡的假象，而非眞正死亡，但在

〔註52〕道教視劍爲法器，其作用與原理詳見李師《不死之探求》，頁423至433。時報文化出版公司，民國76年。

南北朝時期尸解已有通過死亡方式而成仙的意味了。從《眞誥》的記載即可看出：

> 人死必視其形如生人，皆尸解也；視足不青皮不皺者，亦尸解也；要目光不毀無異生人，亦尸解也；頭髮不脫而失形骨者亦皆尸解也；白日尸解自是仙，非尸解之例也。（〈運象篇第四〉，卷四）

> 有死而更生者；有頭斷已死，乃從一旁出者，有未飲而失尸骸者，有人形猶在而無復骨者；有衣在形去者；有髮脫失形者。白日去謂之上尸解、夜半去謂之下尸解、向曉向暮之際，而謂地下者也。
> （〈運象篇第四〉，卷四）

一般人所認爲的死亡，在修道者的眼中，卻包含著如此複雜的層次，不管是人形猶在，或是失形骨，對於早期求不死之藥以舉形飛昇的觀念而言，都是相當大的改變，這種改變與道教的宗教倫理和死後世界都有密切的關係。

三、修練方法的趨簡

修練方式是仙傳的一個敘述重心，《洞仙傳》與其他仙傳集比較起來，其修仙方式是最簡單的，元君服九鼎神丹、上黃先生修步斗之道、陽生服金醴漿、延明子高服麋角、崔野子服朮、靈子眞服桃膠、莊伯微存想崑崙。這種修行方式簡易，與《神仙傳》所呈現的繁複的服食修練樣貌迥然迥異，最早的《列仙傳》神仙服食也以多樣並行的方式爲多，而六朝末成立的《洞仙傳》何以有此現象？可能的原因之一是今本爲刪節本，一切簡略，連繁複的修練方式也刪節，僅保存最後成仙的修練方式。不過以今本的整體表現而言，此修練趨簡的現象，與求道之心的堅定信念有密切關係。

《洞仙傳》對用心恆定、意志堅決特別著重，修仙者的先決條件爲向道之心，除向道之心外，是否得仙，仍需看修練是否得法，在《神仙傳》中得法的修練對於求仙者而言，是成功與否的關鍵，然而《洞仙傳》所重視的卻有所不同，往往不知道法的人，一心想求仙道，持之以恆就能如願：

> 莊伯微者，少好道，不知求道之方，惟以日入時，正西北向，閉目握固，想崑崙山。積三十年後，見崑崙山人，授以金液方，合服得道。（卷一）

莊伯微對於道法並不詳知，僅以存想崑崙的方式行之三十年，這是種堅信崑崙爲仙人聚居之地，深信神仙眞有的表現，能行之三十年更是恆念仙道可得。

莊伯微的成仙條件只在其有心而念之不息，終於達到目的。在表面上其成仙在於合服崑崙山人所給的金液方，而得此方的先決條件在他毫無猶豫且從不放棄的想望。這種惟誠是適的思想在〈傅先生傳〉中表現得更明顯：

> 傅先生者，學道於焦山中，精思七年，遇太極眞人，與之木鑽，使以穿一石盤，厚五尺許，戒云：「石盤穿，仙可得也。」於是畫夜鑽之，積四十七年，鑽盡石穿，仙人來曰：「立志若斯，寧有不得道者。」即授以金液還丹，服之度世。（卷一）

對於一個學道者而言，七年的精思已有相當的領悟，而仙人以最簡單，最機械的鑽石盤工作交給他，能四十七年畫夜不捨，除了向道之心堅決外，更需要對仙人有絕對的信任。一個修道者以其知識對於山中所出現的仙人，未必能全部信賴，各種精緻的修練方式與簡單而機械的動作相比，成仙的可能性高出許多，而長時間從事簡單的動作可以成仙是否可信，需要修道者審愼抉擇。因此對一個熟闇道法的修道者，簡單的修練方式乃試其對仙道可成的信念篤定與否。

　　篤定的求仙意志可以突破先天仙命有無的限制觀念，是《洞仙傳》所呈現仙道思想中重要的突破。《列仙傳》強調凡人有眞人之緣，可以度教，而《神仙傳》中更突顯仙人之緣對求仙者是否得仙的影響，而有程偉骨相不應得，令其妻尸解以避其逼授之事，至《洞仙傳》姜伯眞心爲不應得仙之相，有不同的結果：

> 姜伯眞者，不知何許人也。少好道，在猛山中採藥，忽値仙人，使伯眞平立日中，背後觀之，其心不正。仙人曰：「勤學之至，而不知心之不正爲失。」因教之服石腦。石腦色斑，柔軟，形如小石，處所皆有，久服身熱而不渴，後遂得仙。（卷二）

如此強調道心的精勤爲葛洪自力成仙精神的繼承，不過因精勤而產生的神人授方因而度世，又是《洞仙傳》強調他力的重要性，在神仙思想的發展上，本書所呈現的是早期《列仙傳》素樸的服食成仙與《神仙傳》精緻複雜的自力成仙精神的匯整。其堅定之向道之心爲自力精神，神遇賜丹爲他力的寄託，不管是自力或他力，對於試圖將有限的凡胎淬煉爲不朽生命的求仙者而言，成仙之道都是充滿了困難，雖然渴望卻毫無定論的，《洞仙傳》趨簡的修仙方法是《列仙傳》和《神仙傳》所呈現神仙思想的反省匯整，折衷以求突破的表現。

第五章　史傳與仙傳的關係及仙傳的功能意義

　　仙傳模擬正史人物傳記的敘述方式記錄仙人事蹟，基於仙傳本身的需要及傳記體的發展必然結果，在形式與筆法分析中已見仙傳在敘述形式上與史傳的敘述方式的淵源與異同。既然在形式上仙傳與史傳有淵源，在內容上也就不可忽略兩者的比對，透過仙傳與史傳的比對可以在兩者的異同處得知仙傳之所以出現的理由，也才能進一步探討仙傳的意義功能。所以本章即以史傳與仙傳的重出人物特質入手，探討這些人物何以為兩種性質迥異的傳記所記錄，再從仙傳與史傳的異同中，尋思這分別代表道教與儒家的兩種思想系統如何對話，通過這種對話之後仙傳的意義功能才能全面展現，唯有在仙傳的意義功能完全顯露後，才容易探討仙傳的主題。

第一節　仙傳與史傳重出人物之特質

　　神仙思想的基本理念在於人經過修練的過程，能夠獲得不死的訣竅，而成為一種超越的存在。人如能長生不死，掙脫時空的限制上天下地無所不入則為仙，仙人在神仙思想的表現中，固然有自然而有者，不過神仙思想所強調的是凡人成仙的觀念，因此生活在世上的人都有成仙的可能，雖然神仙思想中尚有所謂的骨相命籍等觀念，但並不影響人成仙的可能性。

　　歷史的記載乃以人的活動為記錄對象，除了記事就是記人，史傳中的人物在人可能成仙的命題下，同樣有成仙的可能，而仙傳是記載仙人的傳記，

內容不外成仙之人與成仙之事，素材涵蓋在史傳的範圍之下，因此史傳與仙傳的重疊在理則上爲必然。仙傳因其具有宣教作用，知名原則的運用有助於其思想的傳播，將史書所載具有知名度的人物列入仙班，在說服讀者神仙實有、仙道可得的理念上，可以收到良好的功效，因而史上著名人物符合神仙思想者，援爲仙傳的作法也致使二者所誌之人重疊。

神仙思想確實流行於社會，社會上的求仙者的活動爲仙傳素材，而求仙活動此一社會現象也是史家記錄的對象，基於二者素材相同，其所記人物自然重疊。不過史傳所記的人物範圍廣泛，仙傳所錄只是芸芸眾生中特殊的一群，因此史傳人物同樣出現於仙傳之中，必定有其與神仙思想相關的特質。

史傳人物中與神仙思想關係密切者如方士、道士、巫者、隱者、由於這些人的身分與神仙思想的發展或者有淵源，或者爲其信奉者、宣傳者，均於仙傳中常見，此外人物的行爲與神仙思想有關，如重養生者，或人物有神異性者，也常爲史傳所錄。本節即針對這些重出於仙傳與史傳的人物身分特質上，分析史傳與仙傳這兩種代表不同思想背景的交集部分透露什麼樣的訊息。

一、方　士

「方士」一詞，原見於《周官》，爲官職名，〈秋官上〉曰：

> 方士，掌都家，聽其獄訟之辭，辨其死刑之罪而要之，三月而
> 上獄訟於國。（卷三十五）

由上敘述，可知最早的方士，是管刑律的人員，此與司馬遷所謂「怪迂阿諛苟合之徒」無關，陳槃先生以爲方士之得名以其方書、方說。〔註1〕方書、方說的內涵包含百家學說，方士的各種意涵博雜，本文所指方士唯與長生不死及道術秘方有關者，其學涉及《漢書》數術家之天文、曆譜、五行、蓍龜、雜占、形法，及方技家醫經、經方、房中、神僊四家。如此龐雜的知識系統，使方士所述的理論幽祕怪奇，因而予人迂怪之感，加以方士的縱橫家性格，以方干上而有阿諛苟合之譏。

若純就方士之學的內容看，它所涵蓋的是向來爲中國傳統知識分子所忽略的技藝之術，是道德以外安頓人生問題的技能，因爲這些是人生活需要的一部分，所以它一直存在著，也因爲被多數菁英分子的極度忽略，始終停留

〔註1〕見陳槃〈戰國秦漢間方士考論〉一文。《中研院史語所集刊》卷十七，民國37年。

在技能的階段，而難免成爲末流訛詐欺騙世人的工具。燕齊方士對於神仙思想的宣傳有卓著的功效，秦始皇、漢武帝的求仙封禪，全爲燕齊方士所推動，而楚地方士則重導引乘蹻辟穀之術，從醫術發展養生之術，對於修練成仙的方法貢獻良多。此外道教最早經典《太平經》爲齊方士所造，《後漢書・襄楷傳》載：

> 初順帝時，琅邪宮崇詣闕，上其師于吉於曲陽泉水上所得神書百七十卷，皆縹白素、朱介、青首、朱目，號《太平青領書》。其言以陰陽五行爲家，而多巫覡雜語。有司奏崇所上妖妄不經，迺收藏之。後張角頗有其書焉。（〈列傳第二十下〉，卷 30 下）

由以上資料可知，道教最早的經典爲齊方士所造，而太平道以此書爲指導。〔註 2〕

神仙思想的源流端緒紛多，但神仙思想的傳播，方士扮演重要的角色，秦漢之際秦始皇、漢武帝大規模的求仙活動，方士的推動與執行策畫清楚的記在史書上。《史記・封禪書》、《漢書・郊祀志》所記雖是國家祀典，但因封禪與神仙思想的結合，〔註 3〕加以早期神仙思想的追求以他力救助的傾向爲主，禱祀神祇以求不死爲主要的求仙活動之一，所以封禪祭祀除了表示天子之受命，報天地之功外，更有祈不死得仙的動機。因此方士參預國家祀典活動，在秦漢兩代的重要祭典中，非常活躍，甚至替代儒者司禮行儀之職，也取代巫祝禳祈之事。秦始皇絀儒生，使不得與用於封事之禮，漢武帝封禪也盡罷諸儒不用，實儒生封禪之禮，與方士所言封禪以上接神僊蓬萊之事實有差別。

方士以方術干求於王者，在戰國時代的史書已可見，司馬遷在〈封禪書〉中則指出周時萇弘以方術事周王一事：

> 是時萇弘以方事周靈王，諸侯莫朝周，周力少，萇弘乃明鬼神事，設射《狸首》。《狸首》者，諸侯之不來者。依物怪欲以致諸侯。
> 諸侯不從，而晉人執殺萇弘，周人之言方怪者自萇弘。（卷二十八）

萇弘明鬼神之事，設埋首之法，基本上是巫術的運用，方術內容博雜，巫術

〔註 2〕　大陸學者王青以爲五斗米道亦以《太平經》爲導。見其〈論齊楚兩大方士集團及其對道教的影響〉。《文史知識》，1989 年第三期。

〔註 3〕　〈封禪書〉中數見封禪以登仙之論，申公曰：「當上封，上封則能僊登天矣。」齊人丁公年九十餘，曰：「封禪者，合不死之名也。」公玉帶曰：「黃帝時雖封泰山，然風后、封巨、岐伯令黃帝封東泰山，禪凡山，合符，然後不死焉。」

也爲其所吸收。方士以方干求於王乃戰國時縱橫家以治國之策干求諸侯之遺風：

> 自齊威宣之時，騶子之徒論著終始五德之運，及秦帝而齊人奏之，故始皇採用之。而宋毋忌、正伯僑、充尚、羨門高最後皆燕人，爲方僊道，形解銷化，依於鬼神之事。騶衍以陰陽主運顯於諸侯，而燕齊海上之方士傳其術不能通，然怪迂阿諛苟合之徒自此興，不可勝數也。（〈封禪書第六〉，卷二十八）

方士以神仙不死爲說，對於大部分人來說，都具有吸引力，特別是對於集尊貴財富與權勢於一身的帝王而言，生命對他而言最大的缺憾大概就是有盡了的時候，而一個才大氣宏的在位者，更希望自己有無限的將來，供他一展抱負，方士之不死方對帝王而言是一線希望，這種心態使他們寧願信其有的聽方士之言，《全三國文‧魏武與皇甫隆令》中，即有如下之載：

> 聞卿年出百歲，而體力不衰，耳目聰明，顏色和悅，此盛事也。
> 所服食導引，可得聞乎？若可傳，卿可密示封內。（卷三）

君王對於方術之事所以青睞，除了本身欲求得長生不死之方外，尚有政治因素在，方術所言不死之藥、成仙之道雖然難以驗證，在史書的記載上不見其效，但是神仙思想所表現的意識，卻足以教在位者不得不警惕。欒大之受「天道將軍」印，「夜立白茅上受印」以示不臣，所代表的是「爲天子道天神」，其透過儀式將其身分轉爲天子的替身，雖然爲的是宗教目的，但這種轉化對一個權力的掌握者而言，不無衝擊。天子爲權力的掌握者，但對於神道卻必須假他人爲介，在神道之下，天子顯然不是人間最高的權威象徵，這種衝擊加上方士「僊者非有求於人主，人主者求之。」的思想表現，天子之於方士不得不加以提防。

天子之所以對方士攏絡，當然不會只是由於方士自言有不死方，或爲神道的媒介者，因而神經質的感到自己的權威受威脅，而是方術之士的確有其特殊的影響力，能對民眾產生吸引力。在武帝求仙最熱絡的時候，司馬遷形容當時的情況爲「齊人之上疏言神怪方者以萬計」，可見不管方士所言是否可驗，方士集團都是一股龐大的力量，這股力量背後是具神秘色彩的，是不可測的，加以方士每於小術上，又讓人不得不服，如欒大可鬥棋，使棋自相觸擊，曹操試左慈果能斷穀不食，《博物志》的一段記載可爲代表：

> 魏王所集方士王眞、封君達、甘始、魯女生、華陀、東郭延年、

薊子訓、費長房、鮮奴辜、趙聖師、郗儉，左慈，右十六人魏文帝、
仲長統所說皆能斷穀不食，分形隱沒，出入不由門户，左慈能變形，
幻人視聽，厭劾鬼魅，皆類此也。(《博物志》卷七)

在位者深知這些小術對一般民眾的說服力，故而以政治手段加以牽制，曹植
〈辯道論〉即載明此事：

　　　世有方士，吾王悉所招致。甘陵有甘始，盧江有左慈，陽城有
　　郗儉。始能行氣導引，慈曉房中之術，儉善辟穀，悉號三百歲。卒
　　所以集魏國者，誠恐斯人之徒，接奸詭以惑人，故聚而禁之。(《全
　　三國文·陳王植》卷十八)

　　曹植於此清楚的顯露帝王對方士攏絡的目的，並非純粹只是信其之說欲
求不死，而是深知方士的特殊身分，及其在社會上所扮演的特殊角色，將其
招覽。一方面對其說好奇，一方面加以約束。帝王既以政治手段招攬方士，
方士活躍於帝王身邊，自然是史家所記錄的對象，而帝王之求仙、信不死之
道，有助於神仙道教的宣傳，仙傳也不會錯過這些題材，何況方士本來就是
神仙思想的宣傳者，亦為仙傳的創作者，記錄方士活動乃屬必然。

二、道　士

　　修道成仙，是道教追求的主要目標，其一切理論、道術、齋儀、修持、
多圍繞此核心發展，崇道者的終極目標即透過修道的過程，以達超越成仙之
效，道士以仙道的實踐為生命意義，修仙過程是仙傳內容重點之一，《太平經》
論人有九級：

　　　委氣之人、神人、真人、仙人、道人、聖人、賢人、民人、奴
　　卑。(卷四十五)

道人與神人為仙凡之隔的界限。〔註4〕而仙傳所記錄的即大部分為此由凡入仙
的階段，道士以其特殊的生命實踐歷程成為仙傳的當然主角，同時又以其社
會活動而為史書所誌。道士之見於史書通常因政治因素而起，其政治因素不
外道士與帝王的關係及道士與動亂事件關係，這兩種情況前者起於帝王的需
求，後者興於人民的需要，兩者的結合正可見道教有別於其他宗教的特性。

　　政治事件是史家著史不可漏失的重要題材，道士與政治的關係有如張

〔註4〕　見李師〈神仙三品說的原始及其演變〉一文，頁182，文史哲出版社，民國
　　　　72年。

角、李脫等以及宗教組織實踐政教合一理念，引起民變者：

> 時有道士李脫者，妖術惑眾，自言八百歲，故號李八百，自中
> 州至建鄴，以鬼道療病，又署人官位，時人多信事之。弟子李弘養
> 徒灊山，云應讖當王，故敦使盧江太守李恆告札，及諸子，與脫謀
> 不軌，時莚為敦諮議參軍，即營中殺莚及脫李弘。(《晉書》卷五八
> 〈周札傳〉)

李脫為道派領袖，策畫民變而成為政治事件的人物之一，雖不幸失敗，但此
一重大政治事故，當然為史家所錄，從《晉書》的記載，李脫以鬼道療病，
又署人官職，其模式與張角如出一轍，為教團教派企圖將其政教合一的理想
實現，比較偏向社會政治的改革。而仙傳中的李八百，則完全抽離社會意識，
而以神仙度化為主題：

> 李八百，蜀人也，莫知其名，歷世見之，時人計其年八百歲，
> 因以為號。或隱山林，或出市廛，知漢中唐公房，有志不遇明師，
> 欲授之，乃先往試之。

仙傳中李八百完全脫離史傳的政治事件，而為病困之態試唐公房，小南一郎
認為這是《神仙傳》的文士神仙思想的表現，《神仙傳》排除民間道教對現實
改革的強烈意識，葛洪的知識分子立場，致使其將此民間道教信仰的核心加
以排拒。小南此說不無道理，不過李脫的以鬼道療病，其巫醫的身分可能是
葛洪採用另一個傳說系統立傳的原因，葛洪所以為道教建立理論，目的在提
昇道教，雖然道教從起源至發展均與民間信仰有極深的淵源，但道教畢竟是
有別於民間巫術，道教在魏晉時期面臨與佛教的激烈競爭，無論在經典儀式
上都必須有所整合，以爭取信徒，民間信仰雖在民間社會發揮其一定程度的
安頓功效，同時也產生許多引人詬病的現象，如在《神仙傳》中反映的血食
淫祠，民不堪其擾的情況，道教排除民間巫祝就不免必須排除其與民間巫術
相近的道派：

> 曩昔者有張角、柳根、王歆、李申之徒，或稱千歲，假託小術，
> 坐在立亡，變形易貌，誑眩黎庶，糾合群愚。進不以延年益壽為務，
> 退不以消災除病為業，遂招集奸黨，稱合逆亂。(《抱朴子·外篇》)

葛洪以延年益壽、消災除病為學道之要務，其他則為小術不足言道，但
是李八百既為一派宗長，信奉者必然多，其事跡傳說也不少，在大量流傳的
各種傳說素材中，避開其以鬼道治病的巫祝色彩及兵敗被殺的政治事件，而

取其符合仙傳需要的材料，以達宣教之效，應該也是仙傳與史傳對同一人物所以有不同記載的原因。

　　道士也有因爲深受執政者信賴而爲帝王師者，如寇謙之：

> 世祖聞之欣然，乃使謁者奉玉帛牲牢祭嵩岳，迎致其餘弟子在山中者。于是崇奉天師，顯揚新法，宣布天下，道業大行。（《魏書・釋老志》卷一百一十四）

寇謙之爲北朝天師，在道教史上佔極重要的地位，在《洞仙傳》也有記載：

> 寇謙之者，不知何許人也。弱年好道，入東嶽岱宗山，精苦累年，一旦，得眞人分以成丹，白日昇天。謙之符章，救治百姓神驗，于今北方猶行其道者少焉。〈卷一〉

《洞仙傳》爲南朝之作，對於寇謙之描述不多，然而《魏書・釋老志》對於寇謙之的道業則有清楚的敘述，其敘述之筆，與仙傳筆法無異，如其之於寇謙之之死爲：

> 九年，謙之卒，葬之以道士之禮。先於未亡，謂諸弟子曰：「及謙之在，汝曹可求遷錄。吾去後，天宮眞難就。」復遇設會之日，更布二席於上師坐前。弟子問其故，謙之曰：「仙官來。」是夜卒。前一日忽言「吾氣息不接，腹中大病。」其行止如常，至明旦便終。須臾，口中氣狀若煙雲，上出窗中，至天半乃消。屍體引長，弟子量之，八尺三寸。三日已後，稍縮，至斂量之，長六寸，於是諸弟子以爲尸解變化而去，不死也。（卷一百一十四）

由此看來，史傳中之寇謙之的敘述，甚至於比仙傳的敘述，更富神異性，此與傳主的道士身分有關，史家亦以道教內部的理解著筆，所以，仙傳與史傳之不同最大的關鍵，在於作者的意識形態不同。史家往往站在儒家不言鬼神的立場，加以史家講究信憑，對於異於常態之事取保留的態度，因此同一人物，史家展現的是儒家價值觀下的人物形象，而仙傳所展現的風貌，則視編撰者的道派思想而顯現其神仙思想。當社會風氣瀰漫神道觀念時，即使是史筆也沾有幾分神異色彩，所以南北史的列傳中，充滿神異之筆，並不是史家的墮落，而是時勢使然。

　　道士因其修道之需要，往往入山精思，因此道士也往往是隱士，如郭璞、陶弘景等，而隱士的招歸在政治上向來又是顯示在位者是否得民心的指標，因此歸隱的道士或隱士與政治並不是能完全畫分，這也是隱士與道士之錄於

史傳的原因之一，陶弘景即為此一類型最具代表性的人物，其集隱士、道士
與政治人物於一身，列於史書隱逸之列，而有「山中宰相」之稱，更為道教
茅山派之宗主。

三、隱　者

　　謝大寧將隱者分為儒隱類，與道隱類，而儒隱類又分作兩種表現方式：
其一為在道德美潤澤下的人格與世相融洽，不在乎與市井屠沽乃至一切污濁
處，而以「隆志辱身」的方式為隱者典範；其二為在一種無可奈何的情境下，
以奮身逃出世間來彰顯道德之壯美的人格典範。道隱的兩種表現方式：一種
是孤傲避世的人格典範，他自覺的避之於荒榛草莽，山巔水涯，而不與世俗
接，此一避是對人間一切帶累自決的摒棄，以顯一隔絕干擾的自由；第二是
清涼自在的人格典範，不絕俗，甚至可以作盡世間事，然具有做完即捨的曠
達。〔註5〕

　　就隱逸背後的精神境界，或可分儒隱與道隱，但是就隱的方式而言，其
實只有兩類，一是避世而居，一是和光不同塵，避世而居或出於性格潔癖，
或緣於情境所逼，和光不同塵或以塵世之辱而隆其志，或作盡世間事而心無
掛礙，實際上都是和俗世保持著距離，這種距離的保持，為了在追求人生超
越價值的貞定。隱者這種追求人生超越價值的生命追求，其實與求仙者是相
同的。〔註6〕

　　隱者以其道德抉擇而堅守其志，為儒家所稱許，史書上對隱者總不乏崇
讚之筆，《後漢書》特有〈逸民傳〉范曄序曰：

　　　　易稱遯之時義大矣哉，又曰：不事王侯高尚其事，是以堯稱則
　　　天不屈潁陽之高，武盡美矣，終全孤竹之潔，自茲以降，風流彌繁，
　　　長往之軌未殊，而感致之數匪一，或隱居以求其志，或回避以全其
　　　道，或靜己以鎮其躁，或去危以圖其安，或垢俗以動其概，或疵物

<hr>

〔註5〕　見謝大寧〈儒隱與道隱〉一文，《中正大學學報》第三卷第一期。頁140，民
　　　　國81年。

〔註6〕　謝大寧以為，隱居以求仙者為非真隱士，以其藉隱居以求一非超越價值。在
　　　　謝先生的超越價值觀而言，求仙非超越價值，求仙乃以生命的不朽為目的，
　　　　不是精神境界的超越。但若站在神仙家的立場而言，生命不朽的追求是基於
　　　　自由的追尋，掙脫有限限制達到無限的境界，其實是永恆自由、絕對自由的
　　　　企求，筆者以為此與謝先生所謂隔絕干擾的自由，並無本質上的差異，只是
　　　　求仙者的追尋自由格局，不停留在有限的隔絕，而企圖擴充到無限隔絕。

以激其清。（卷八十三）

柔遜處事，全其志節是世人所以激賞隱者處，但就眞正隱者而言，世人的激賞與否，與他的生活毫不相干，在史書上所見的隱者，通常都具有老人的形象，因此韋伯推論：起初那些早期的英雄與文士，在年老之後，便退隱到山林，過著獨處的生活。〔註7〕雖然韋伯的推論並不確定，但隱者的老人形象和神仙的長壽者形象重疊，是隱者與神仙予人最直接的聯想，此爲神仙與隱者外在的關連。當然神仙思想本身即含有濃厚的隱逸思想，兩者絕俗的目的或者不同，但絕俗的作法並無差別，同樣是過著隱逸生活，因此修仙者與隱逸者除了心態上某些基點相同外，尙過著相同的生活。早期對於隱者的著墨，通常以強調其志節爲主，敘述重點總是擺在隱者的清高志節表現，由於隱者的生活細節並非隱逸傳中敘述的重點，所以無法得知隱者在漫長的隱逸生涯中的所行所思，不過在《後漢書・逸民傳》中，隱者已有仙人之風了：

> 向長字子平，河內朝歌人也，隱居不仕，性尚中和，好通老易，貧無資食，好事者更饋焉，受之取足而反其餘。王莽大司空王邑辟之，連年乃至，欲薦之於莽，固辭乃止，潛隱於家，讀易至損卦，喟然歎曰：「吾已知富不如貧，貴不如賤，但未知死何如生。」建武中男女娶嫁旣畢，勅斷家事勿相關，當如我死也。於是逆肆意與同好北海禽慶，俱遊五嶽名山，竟不知所終。（《後漢書・逸民列傳》七十三卷八三）

〈矯愼傳〉更直指其修仙服食：

> 矯愼……少學黃老，隱遁山谷，因穴爲室。仰慕松喬導引之術。

其後六朝史書中所載隱者服食修仙之事更多：

> 陶淡，好導養之術，謂仙道可祈。年十五六，便服食絕穀。（《晉書》卷九十四〈隱逸傳〉）

> 劉凝之，隱居衡山之陽。……采藥服食。（宋書九十三卷隱逸傳）

> 劉虯，靜處斷穀，餌朮及胡麻。（《南齊書・隱逸傳》，卷五十四）

隱逸生涯以簡易的生活爲主，日常所需僅止於足用不求有餘，如此簡易的營生之需，當然不需要太耗費時間精力，讀書思考在隱者的生活中應爲最主要

〔註7〕瑪克斯・韋伯著《中國的宗教》，頁244。遠流出版社，民國78年。

的活動。由向長讀易而思索到生死問題。可知就一個隱者而言，長期的絕塵去俗生涯中，生命的探求，成爲最根本的功課，因爲所有外在的干擾都被他刻意隔絕，而自我的存在卻是因此隔絕而突顯，在體驗生命、思索生死的奧密上，與修道者的修練功夫，很容易接連在一塊。當然隱者並不一定走上修道之路，但隱者與修道者的生活容易有某些共通的特點，如精思少食、去俗卻憂、遨遊名山。加以隱逸對神仙修練而言乃一重要過程，許多修道者本身過的就是隱逸的生活，他除了有其追求長生的宗教信念外，也有其不可屈撓的志節，和單純的隱逸者並無差別，正因隱居生活的內涵與修仙生活的內涵有所重疊，因此史傳取其高尚之志，而仙傳錄其神祕體驗，所以隱者易被修仙者視爲仙，而神仙之列有隱者。《列仙傳》中的務光、老萊子，《神仙傳》中的焦先都是史傳中的隱者，而爲仙傳中神仙之例。

對於隱者的生活目標，韋伯有大膽而又敏銳的推論：

> 早期隱逸者的救贖目標，首先是以長壽之術，其次是以巫術，
> 爲其取向的。〔註8〕

隱者從現實中退出，不關心世事，從塵世中抽離出來，而有餘暇與氣力探索生命的奧密，特別容易補捉神秘的感覺，對所有神祕主義而言，絕對的不關心世事，是不證自明的道理。隱者的不顧世事，遠離塵俗，過著清靜去憂的生活，就養生的角度看，生活簡單心中少憂可延年益壽，延年益壽正是神仙所求，遠去塵世煩惱是神仙思想的宗旨所在，神仙思想中的地仙，基本上就是神仙化的隱逸思想表現。

四、神異之人

漢代讖緯思想盛行，特異之事物，往往被視爲天示休咎之徵，而特殊之人也賦予種種的傳說，漢武帝鉤弋夫人因子而死，其際遇有違於「母以子貴」之常情，引起百姓同情，《史記‧外戚世家》記曰：「夫人死雲陽宮，時暴風揚塵，百姓感傷。」以讖緯的觀念而言，死時暴風揚塵，自可解爲武帝爲「立其子，去其母」的不當引天之咎，基於這種觀念，加以對鉤弋夫人遭遇的不平與同情，很容易產生各種傳說，至班固著《漢書》時即採其神異傳說：

> 孝武鉤弋趙倢伃，昭帝母也。家在河間，武帝巡狩過河間，望
> 氣者言此有奇女子，亟使使召之，既至，女兩手皆拳，上自披之，

〔註8〕 同上，頁245。

手即時伸，由是得幸號曰拳夫人，後居鉤弋宮，號曰鉤弋夫人。（〈外

戚列傳〉六十七）

《漢書》所述鉤弋夫人的神異色彩，仍不失於其生天子而應有的神異氣
象，漢代天子妃嬪的神異之事，遍見於兩漢史書的外戚傳記中，不過《漢書》
的記載與《列仙傳》鉤翼夫人傳非常近似，其傳文如下：

鉤翼夫人者，齊人也。姓趙。少時好清淨，病臥六年，右手拳

屈，飲食少。望氣者云：「東北有貴人氣」，推而得之。召到，姿色

甚偉，武帝披其手，得一玉鉤，而手尋展。遂幸而生昭帝。後武帝

害之，殯，尸不冷而香，一月間後，昭帝即位，更葬之，棺內但有

絲履。故名其宮曰：鉤翼。後避諱改爲弋。廟闌有神祠閣在焉。（卷

下）

仙傳與史傳敘述最大的差別就在，仙傳的神仙思想非常明確，而史傳中的鉤
弋夫人，僅有神異之事，就立傳的原因而言，鉤弋夫人以貴爲天子妻、天子
母而著名於史，強調以神異是史家顯其所以貴的原由，乃在漢代讖緯思想的
氛圍下所產生的結果。而仙傳所以爲其立傳完全基於其神異，生之特殊相，
死的特殊狀況，所強調的是她神奇的生與死。

巫者、方士、道士之間有著複雜的淵源，嚴格說來並不能畫分得非常清
楚，一般人也往往無法時時將之截然畫分。但是就大體而言巫者與道士的宗
教性格較爲明顯，方士則介於巫與道士之間，在神祕經驗上方士吸收大量巫
術的知識與技能，而道士，則將方士之學予以宗教理論化。巫者、方士、道
士的關係不是巫→方士→道士的單線進化過程，而是不斷的互相滲透共時發
展的情形，即使至今日三者都未能彼此取代的留存於民間。

總括而論，方士因其爲神仙思想的傳播者，也同時爲仙傳的編撰者，原本
就與仙傳有密切的關係，加以方士所擁有的方技數術，同樣的富有濃厚的神秘
色彩，容易被附麗一些神奇的傳說而成爲仙傳所記載的神仙。同時基於方士本
身以其方術干求帝王，活躍於政治舞台上，或者其影響力深入於民間造成某種
社會現象爲史書所記。

而道士在道教成立後取代方士成爲神仙思想的信仰者、傳播者及仙傳的
編寫者，同樣的因其宗教上的影響力爲帝王所重，而側身朝廷廟堂之上，同
爲仙傳與史傳所記載。

隱者以其生活型態與仙道修練者相近，加以時代風氣肯定隱者的志節，

每好傳頌隱者之事，難免在展轉傳頌的過程中附加其他神奇之說，而有仙人之貌成為仙傳與史傳共同記錄的目標。

巫者為活動於社會的特殊群體，也在某些官方祀典中擔任要務，因而得以進入史傳，巫者的法術運用又神奇難測，同樣也具神仙之貌，成為仙傳列敘的對象。

養生本是醫學保健之事，但養生之法也是仙道修練的方式之一，史傳中重養生之人可能因其他因素為史家所載，然仙傳取其養生之事援入仙班，則是知名原則的運用，以名人成仙證明仙人真有是較具說服力的。史傳中富有神異色彩的人，在其仙道信仰者眼中，原本就視為非常人列入仙傳極為自然。

透過這些重出人物的特質分析後，可知即使史傳與仙傳各以其價值判斷為人物敘述其生平事蹟，而有不同的生命形態呈現，但是兩者的敘述仍是有交集的，史傳對這些交集部分以存而不論的態度處理，而仙傳則善於將這交集作為其仙道宣傳的有力證據。

第二節　史傳與仙傳的異同

史傳與仙傳同樣以記人為主，敘述傳主的生平事蹟、思想行止。在體裁上並無差別，加以仙傳以史傳的筆法增益其可信之說服力，故而在筆法的運用上，結構的安排上，二者有共同的基本結構與敘述筆法。然而史傳與仙傳分別代表兩種不同的思想背景，其目的也不盡相同（一以傳信，一以證神道之不誣），所呈現的題材自然迥異。

宇宙間充滿了奧妙，人世間的種種現象也是錯綜複雜，以人類的認識方法即使在今日知識昌明的時代，仍有知識未能觸及的地方。古人對於這一點早有認識，即使是講究事實的史官對於神異之事，也都以保留其事的態度加以記錄，神仙思想與方術之士的活動記錄，於《史記》〈封禪書〉、〈日者書〉，《漢書》〈郊祀志〉、〈五行志〉都有記載，而《後漢書》〈方術列傳〉則是專為方術之士立傳，內容與仙傳有許多重疊之處。

因方術的神異性，使史傳在敘述這些神異事蹟時，無異於仙傳中仙人的神奇異能。崇尚理性思考者以其邏輯推理的法則對神異之事無法得到合理解釋時，則斥為虛妄不實，而史家作為一個傳信的代言者，面對神異事件，對於「信」有不同於一般哲學家的思考，對史家而言，「信」有理則上之信，合

於理為信，也有事實上的信，存在即真實。神異之事難以理解，卻真實存在，史家才會予以記錄。對於此范曄於其〈方術列傳序〉有詳細的說明：

> 仲尼稱易有君子之道四焉，曰「卜筮者善其占」，占也者，先王所以定禍福決嫌疑，幽贊於神明，遂知來物者也。若夫陰陽推步之學，往往見於墳記矣。然神經怪牒，玉策金繩，關扃於明靈之府，封滕於瑤壇之上者，靡得而闚也。至乃河洛之文，龜龍之圖，箕子之術，師曠之書，緯候之部，鈐決之符，皆所以深抽冥賾，參驗人區，時有可聞者焉。其流又有風角、遁甲、七政、元氣、六日七分、逢占、日者、挺專、須臾、孤虛之術，及望雲省氣，推處祥妖，時亦有以效於事也。而斯道隱遠，玄奧難原，故聖人不語怪神，罕言性命。或開末而抑其端，或曲辭以章其義，所謂「民可使由之，不可使知之」。（《後漢書‧方術列傳》第七十二上）

根據序文的提點，大凡易算、五行、兵法之類為方術，和一般所指的方士意涵相比〔註9〕是非常集中而明確的意指。當然《後漢書‧方術列傳》中也記載其他的術士傳記，但由序文可知范曄側重方士之術中的陰陽五行與占卜預知的數術上，至於獻藥求仙的方士，在〈方術列傳〉中占了相當的篇幅，而范曄在〈總序〉上卻隻字未提，此與范曄本身的儒家立場有關。身為史家對於現實存在的事予以記錄，為職責所在，在儒家不言鬼神的原則下，對於神仙之事存而不論是必然的，基於史家的職責與儒家的價值取向，史傳所呈現的神仙思想止於現象的陳述，而仙傳中所呈現的為神仙思想義涵的揭露，因此即使是同樣的題材，同樣的資料來源，在筆法、結構上，都有些許的差異，至於資料來源不同的素材，差別就更大了。〔註10〕

〔註9〕 陳槃〈戰國秦漢間方士考論〉一文指出，方士之術依《漢志》分類，其所包舉者有六藝家、儒家、道家、陰陽家、名家、墨家、縱橫家、雜家、農家、小說家、歌詩家、兵陰陽家、天文家、曆譜家、五行家、著龜家、雜占家、形法家、醫經家、經方家、房中家。《中研院史語所集刊》十七卷，民國 37 年。

〔註10〕 仙傳和史傳的資料來源有相襲之處，或仙傳取史傳之記載，或史傳取仙傳之記錄，或同取其他書籍的記載，不過也有不同來源的資料，基於仙傳與史傳的性質不同，編撰者對於資料的取捨運用，均有其標準，下見隆雄即以《後漢書》與《神仙傳》兩者所重疊的人物傳記作比較，推衍前者資料來源與後者的關係。

一、重出人物的對照

　　身爲史官，記錄歷史事實是史家職責，然而如何陳述歷史事實的面貌與角度就視史家的立場而言。站在受儒家教育的知識分子立場上，求仙與不死是虛幻不實的思想行爲，就社會風氣與資料記載而言，神仙方術又是一種歷史眞實。史家所採取的態度，通常是記錄事件，而去除其中的思想成分，因此就整個傳文而言，偏重於傳主的世俗功業部分，對於神異之情節以直述的筆法舖陳。其與仙傳所同者往往是傳主涉及神異部分的事件，與仙傳異者在敘述結構與筆法的微妙運用。以下就《史記》〈封禪書〉記李少君事與《神仙傳》李少君之記載作比對：

《史記‧封禪書‧李少君傳》	《神仙傳》〈李少君傳〉
李少君亦以祠灶、穀道、卻老方見上，上尊之。少君者，故深澤侯舍人，主方。匿其年及其生長，常自謂七十，能使物，卻老。其游以方遍諸侯，無妻子。人聞其能使物及不死，更饋餽之，常餘金錢衣食。人皆以不治生業而饒給，又不知其何所人，愈信，爭事之。少君資好方，好爲巧發奇中。	李少君者，齊人也。漢武帝招募方士，少君於安期先生得神丹爐火之方，家貧不能辦藥，……乃以方上帝，云丹砂可成黃金。金成服之昇仙。臣常遊海上，見安期先生食棗，大如瓜。天子甚尊敬之，賜遺無數。
嘗從武安侯飲，坐中有九十餘老人，少君乃言與其大父游射處，老人爲兒時從其大父，識其處，一坐盡驚。少君見上，上有銅器，問少君。少君曰：「此齊桓公十年陳於柏寢。」已而案其刻，果齊桓公器。一宮盡駭，以爲少君數百歲人也。	少君嘗與武安侯飲食，坐中有一老人，年九十餘。少君問其名，乃言曾與老人祖父遊，夜見小兒從其祖父，吾固識之。時一座盡驚。又少君見武帝有故銅器一因識之曰：「齊桓公常陳此器於寢座。帝聞其言，觀刻字，果齊之故器也。因知少君是數百歲人矣，視之如五十許人。面色肌膚甚有光澤。口齒如童子。王公貴人聞其能令人不死，莫不仰慕。所遺金錢山積，少君乃祕作神丹。……
少君言上曰：「祠灶則致物，致物而丹沙可化爲黃金，黃金成以爲飲食器則益壽，益壽而海中蓬萊仙者乃可見，見之以封禪則不死，黃帝是也。臣嘗游海上，見安期生，安期生食巨棗，大如瓜。安期生僊者，通蓬萊中，合則見人，不合則隱。」於是天子始親祠灶，遣方士入海求蓬萊安期生之屬，而事化丹沙諸藥齊爲黃金矣。	少君便稱疾。是夜帝夢與少君俱上嵩高山，半道有使者，乘龍持節雲中來言，太乙請少君，帝遂覺，使人問少君消息，且告近臣，曰：「朕昨夢少君捨朕去。」少君乃病困，帝往視之，并使人受其方，未竟而卒。帝曰：「少君不死，故化去耳。」及殮忽失尸體之所在，中表衣悉不解，如蟬退也。……
久之，李少君病死。天子以爲化去不死，而使黃錘、史寬舒受其方。求蓬萊安期生莫能得。而海上燕齊迂怪之方士多更來言神事矣。（史記封禪書第六）	

　　太史公述李少君事，與葛洪所敘之事相同，而敘述結構稍有小異，太史公直述李少君以方見上之事，而葛洪述其見上之因，乃得藥方無錢辦藥。於此反映神仙丹道思想，而不僅爲早期不死方之事。太史公言李少君以方遍諸侯，而葛洪言王公貴人仰慕之而所遺金錢山積。這種敘述筆法的差別，即顯示兩種不同的思想觀念，一對神仙思想以保留的態度旁觀，一以神仙思想爲尚。對於李少君之識銅器一事，史傳與仙傳的筆法也只有兩字之差，卻表達完全不同的立場。太史公用「以爲」二字表示當時在場者認爲李少君爲神人，他自己對此事的態度是存疑的，而葛洪「因知」二字說明李少君的本是神仙，而終於被證實。

　　對於李少君的死亡，太史公視爲平常事，而對於武帝視其非死，太史公以爲是武帝的非常反應，因以記之。葛洪對於李少君的死亡視爲尸解，其尸解之因在脫離武帝所予的困擾。因此在敘述死亡之前，先有一段對武帝不能得道的交待，而又以武帝之夢，解釋武帝之所以認爲李少君非死乃化去的原因，並加上尸解之象以證其說。就故事梗概而言，史傳和仙傳對於李少君之敘述並沒有差異，但是隻字片語的更動，小地方的變動，則呈現兩種不同的思想內容。此仙傳與史傳所以不同之所在。

　　范曄的《後漢書》是正史專立神仙道士傳記的開始，雖然范曄此舉，被衛道者譏爲荒誕不經〔註11〕，但是卻反映了其成立時社會中神仙思想的盛行，本書卷一一二方術傳上編記載任文公、郭憲、許楊、高獲、王喬、謝夷吾、楊由、李南、李郃、段翳、廖扶、折象、樊英等十三人，下編記唐檀、公沙穆、許曼、趙彥、樊志張單颺、韓說、董扶、郭玉、華陀、徐登、冷壽光、唐虞、魯女生、費長房、薊子訓、劉根、左慈、計子勳、上成公、解奴辜、張貉、麴聖卿、編盲意、壽光侯、甘始、東郭延年、封君達、王眞、郝孟節、王和平等人之事跡。

　　其中費長房、薊子訓、劉根、左慈、魯女生、壽光侯、東郭延年等均見於《神仙傳》所記事跡雖有差異，不過就整體而言其差別在於神異情節的處理方式，其比較如下：

〔註11〕劉知幾《史通‧採撰篇》言：「王喬鳧屨出於風俗通，左慈羊鳴傳於抱朴子，朱紫不別穢莫大焉。」又〈書事〉曰：「至於方術及諸蠻夷傳及錄王喬、左慈、廩君、盤瓠言，唯迂誕，事多詭越，可謂美玉之瑕、白圭之玷。」李慈銘《越縵堂讀書記》言：「昔人譏其載費長房、薊子訓、左慈等事，語涉不經，有乖史法。」劉知幾著、浦起龍釋：《史通通釋》，頁116、230～231，台北：九思出版社，民國76年。李慈銘著《越縵堂讀書記》上冊，頁186，北京：中華書局，2006年。

> 魯女生，數說顯宗時事，甚明瞭，議者疑其時人也，董卓亂後，
> 莫知所在。(《漢書・方術列傳》第七十二下)

史書對於魯女生的記載相當的簡略，僅就其能細數數代前事，議論者疑其爲當時人，而後不知所在。完全是採用傳說的敘述手法，將採集所得的資料忠實的記錄。這樣一個議論者以爲的長壽老人，在仙傳中，則有了完整的修練過程：

> 魯女生，長練人，初餌胡麻及朮，絕穀八十餘年，益少壯，色
> 如桃花。日能行三百里，走及麇鹿，傳世見之。云三百餘年後，採
> 藥嵩高山，見一女人曰：「我三天太上侍官也，以五嶽眞形與之並告
> 其施行。女生道成，一旦與知故友人別、云入華山去，後五十年，
> 先相識者逢女生華山廟前，乘白鹿從玉女三十人，並令謝其鄉里故
> 人。(《神仙傳》卷十)

從修練方式，形貌異能、神奇境遇、得道成仙的完整過程，和史傳中論者以爲的長壽老人完全不同，所增加的全部是仙道思想的內容，若比較兩資料所呈現的共同點，則爲一長壽者。長壽者對史家而言，是特例爲歷史的偶然，對神仙道教的信奉者而言，是得仙的結果，是仙道的必然。

史傳也有和仙傳所載情節相同，而文字稍異者，如〈薊子訓傳〉，其二者比較如下表：

《後漢書・薊子訓傳》	《神仙傳》〈薊子訓傳〉
薊子訓者，不知所由來也。建安中，客在濟陰宛句。有神異之道。嘗抱鄰家嬰兒，故失手墮地而死，其父母驚號怨痛，不可忍聞，而子訓唯謝以過誤，終無他說，遂埋藏之。後月餘，子訓乃抱兒歸焉。父母大恐，曰：「死生異路，雖思我兒，乞不用復見也。」兒識父母，軒渠笑悅，欲往就之，母不覺攬取，乃實兒也。雖大喜慶，心猶有疑，乃竊發視死兒，但見衣被，方乃信焉。於是子訓流名京師，士大夫皆承風向慕。 後乃駕驢車，與諸生俱詣許下。道過榮陽，止主人舍，而所駕之驢忽然卒僵，蛆流蟲出，主遽白之。子訓曰：「乃爾乎？」方安坐飯，食畢，徐出以杖叩之，驢應聲奮起，行步如初，即復進道。其追逐觀者	薊子訓者，齊人也。少嘗仕州郡，舉孝廉，除郎中。又從軍除駙馬都尉。人莫知其有道。在鄉里時，唯行信讓，與人從事。如此三百餘年，顏色不老。人怪之。好事者，追隨之，不見其所常服藥物也。性好清澹，常閒居讀易，少小作文皆有意義。見比屋抱嬰兒，子訓求抱之。失手墮地，兒即死，鄰家素尊敬子訓，不敢有悲哀之色，乃埋之。後二十餘日，子訓往問之曰：「復思兒否？」鄰曰：「小兒相命，應不合成人。死已有積日，不能復思也。」子訓因外出抱兒還其家，其家謂是死，不敢受。子訓曰：「但取之，無苦。本是汝兒也。」兒識其母，見而欣笑，欲母取抱之。猶疑不信。子訓既去，夫婦共往視所埋兒，棺中唯有一泥兒，長六七寸，此兒遂長成。(《神仙傳》卷五)

常有千數。既到京師，公卿以下侯之者，坐上恆數百人，皆爲設酒脯，終日不匱。

後因遁去，遂不知所止。初去之日，唯見白雲騰起，從旦至暮，如是數十處。時有百歲翁，自說童兒時見子訓賣藥於會稽市，顏色不異於今。後人復於長安東霸城見之，與一老公共摩挲銅人，相謂曰：「適見鑄此，已近五百歲矣。」顧視見人而去，猶駕昔所乘驢車也。見者呼之曰：「薊先生小住。」並行應之，視若遲徐，而走馬不及，於是而絕。（《後漢書‧方術列傳》第七十二下）

　　《後漢書》所載，薊子訓神異之道來得突然，抱鄰家兒故意失手使其墮地而死，鄰家失兒之「驚號怨痛，不可忍聞」，而子訓抱兒歸時之恐懼「乞不復見」至「母不覺攬取」的敘述，都是站在一個常理的角度敘述其反應爲人之常情。而仙傳中所敘同樣一件事，卻站在宗教的角度，鄰家人之於子訓因其德行與不老，而不以常人視之，故而失兒有「不敢有悲哀之色」的失常表現，當子訓問其思兒否，也以「兒相命應不合成人」作解，死有積日，不能復思的態度，並非一般人的常情。凡此非常之反應，都爲表現薊子訓爲非常人所設計，而薊子訓墮兒一事，在仙傳中也有合理安排，即兒相命不合成人，薊子訓以尸解之法度其災厄，使其能成長。

　　史傳雖然也探傳說以記人物，但是站在一個客觀的報導立場，以人世常情描述事件，其呈現的面貌即將整個神異事件具體描繪，而仙傳站在宣教的立場，其對於神異事件，除了具體描述外，又加上了宗教思想於其中，生死是常道，相命之有無不能強求，對於失兒鄰家父母的反應是道家的思維模式，以「不可奈何而安之若命」來排解喪子之痛。薊子訓以一具神異能力之人，更知相命之定，其所以援助，除了顯其非常之外，最主要的是鄰家對他素來尊敬，尊敬神仙能增福祉的宣教意味於此非常清楚的顯現出來。

　　由此可知，《後漢書》所誌的神異之事，雖被史評家譏爲荒誕不經，卻忠實地將流傳於社會上的神異事件記錄下來。不過在文字結構的安排上，仍有著紀實的精神，目的在傳實，神異之事雖不可思議，但大量的流傳在民間則是一種事實，史家的職責在於將歷史發生的事記錄下來，故而范曄自言「漢

世異術之士甚眾，雖云不經，而亦有不可誣。」仙傳所記的神異之事，必然
會加入神仙道教的思想內涵，目的在傳教。傳實與傳教之間，所用的素材是
一致的唯有片語隻字的差別，而呈現兩種不同的觀念世界，故而筆法結構的
運用，在史傳與仙傳上隨著撰寫動機的不同，而呈現不同的風貌。

　　史家負有紀實傳信的重大責任，將事實的真相刻畫於丹青之上，為其著
作目的，是以太史公明言其作史乃「所謂述故事，整齊其世傳，非所謂作也。」
純粹將歷史作一整理，以忠於事實的態度把過去發生的事件陳述下來，基於
這種紀實取向，史傳中的人物傳記也呈現了這種紀實的態度，強調事情的可
證驗性。

　　仙傳以傳記方式記錄仙人的種種事蹟，固然有承襲傳記體的發展，訴諸
文字以利於宣教的目的，但作傳者將仙人事蹟，當作事實存在的心態是絕對
存在的，因此仙傳在筆法和敘述結構上，多與史傳相雷同。而史傳在為人記
傳時，除了採用現有的文件資料外，對於資料不可徵之事，也採鄉耆故舊的
口頭敘述，運用了許多民間的口傳資料，傳說的運用也是仙傳的重要資料之
一。因此史傳與仙傳的內容，有完全相同的情況，不過由於背後的思想系統
不同，即使是同一人物，同一事件，也會產生不同的結構安排，其敘述的重
點敘述筆法都呈現極大的差異，《後漢書》與《神仙傳》之於會道術的欒巴所
呈現的不同面貌，為最好的例證：

《後漢書・欒巴傳》	《神仙傳》〈欒巴傳〉
欒巴，字叔元，魏郡內黃人也，順帝世以官者給事掖庭，捕黃門令，非其好也，性質直學，覽經典雖在中官，不與諸常侍交接，後陽氣通暢，白上乞退，擢拜郎中，四遷桂陽太守，以郡處南垂不聞典訓為吏人定婚姻喪紀之禮，與立校學以獎進之，唯幹吏卑末，皆課令習讀程，試殿最能升授。致事明察，視事七年，以病乞骸骨，荊州刺史李固，薦巴治蹟，徵拜議郎守光祿大夫，與杜喬周舉等八人徇行州郡，巴使徐州再還。	欒巴者，蜀郡成都人也。少而好道不修俗事。時太守躬詣巴，請屈為功曹，待以師友之禮。巴陵太守曰：「聞功曹有道，寧可一試乎？」巴曰：「唯」即平坐，卻入壁中去，冉冉如雲氣之狀，須臾，失巴所在。壁外見人，見化一虎，人並驚，虎徑還功曹舍，人往視虎，虎乃巴成也。
遷豫章太守，郡土多山川鬼怪，小人常破貲產以祈禱，巴素有道術，能役使鬼神，乃悉毀壞房祀，剪理姦巫，於是妖異自消，百姓始頗為懼，終皆安之。	後舉孝廉，除郎中，遷豫章太守。盧山廟有神，能帳中共外人語，飲食空中投杯。人往乞福，能使江湖之中，分風舉帆，行各相逢。巴至郡，往廟中便失神所在，巴曰：「廟鬼詐為天官、損百姓日久，當治之，以事付功曹，巴自行捕逐……還豫章，郡多鬼，又多獨足鬼，為百姓病，巴到後更無此患，妖邪一時消滅。

遷沛相，所在有績，徵拜尚書，會帝崩營起憲陵，陵左右有小人墳冢主者欲有所侵毀，巴連上書苦諫，時梁太后臨朝詔詰，巴曰：「大行皇帝晏駕有日，卜擇陵園務從省約，塋域所極裁二十頃而已。」巴虛言主者壞人家冢墓，事既非實，寢不報下，巴猶固遂其愚，復上誹謗，苟肆狂瞽，益不可長。巴坐下獄，抵罪禁錮還家。 二十餘年，靈帝即位，大將軍竇武、太傅陳蕃輔政，徵拜議郎，蕃武被誅，巴以其黨復謫爲永昌太守，以功自劾，辭病不行，上書極諫理陳竇之冤，帝怒下詔，切責收付廷尉，巴自殺，子賀官至雲中太守。(《後漢書》列傳第四十七)	後徵爲尚書郎，正旦大會，巴後到，有酒容。賜百官酒又不飲，而西南向噀之，有司奏巴不敬。詔問巴，巴曰：「臣鄉里以臣能治鬼護病，生爲臣立廟，今旦有耆老，皆來臣廟中享臣，不能早飲之，是以有酒容，臣適見成都市上火，臣故漱酒爲爾救之。非敢不敬，當請詔問，虛，詔抵罪。」乃發驛書，問成都。已奏言，正旦食後失火，須臾有大雨三陣，從東北來，火乃止。雨著人，旨作酒氣。 後一旦，忽大風雨，天地晦冥，對坐不相見，忽失巴所在，尋問，巴還成都，與親故別，稱不更還。老幼皆於廟中送之云。去時於風雨晦冥，莫知去處也。(《神仙傳》卷五)

　　根據史書的敘述，欒巴爲一專心治理民政，提攜下屬，政績頗著而又堅持原則，不畏強權富有正義感的地方官長。其敘述的重點在人物的行誼，仕宦歷程行政事宜，完全和其他傳記人物的敘述相同，而主角本身的行事有些特殊的地方，在於其「素有道術」，所以藉其役使鬼神的能力，整頓轄區擾民的巫祝。在史家眼中，此事爲其治蹟之一，依實記載簡單帶過，記人最主要的是一生的歷程，史家所重乃其賢德之業，因此本傳以傳主的政績和堅守義理不畏強權的數次諫諍爭取公理爲敘述重心。其筆調之運用也以順時的敘述方式將事件依其時間順序一一陳述。

　　仙傳作爲宣教之用的傳記體裁，雖以史傳的形式記錄仙人一生的事蹟，但其所偏重的爲其修道生命的記錄，而非世俗生命的記錄，因此同是一人，而有不同的敘述重點。仙傳所重的爲傳主「素有道術」的生命歷程，在史傳中僅以一言帶過，而仙傳則明其少而好道，其道術能變化遁形。而詳細說明其役使鬼神的能力如何表現，以及除地方巫鬼的曲折過程，對於傳主的仕宦變遷只是一筆帶過。所以就敘述結構而言，史傳所重爲現實生命中的過程，特別是其仕宦生涯的描寫，在生命過程中較爲突顯的是道德層面的表彰。史家所選的材料，以能彰顯盛德爲要，其價值取向是入世的是儒家的，是世俗所肯定的。仙傳以彰明神道之不誣爲重點，其價值取向是出世的是宗教的，是俗世所需要的。

　　仙傳雖以史傳記載方式，明白的說明神仙的籍貫，但是與史傳的記載對

照，往往有出入，其差別並不完全能以仙傳的杜撰作解，有些神仙事跡產自祠廟信仰，當一外來的祭祀神成為某一地區的主要信仰中心時，當地就會產生相應的神仙事跡，因為一地的信仰中心，往往被視為當地的守護神，既為守護神，久而久之，順理成章的將其身世本地化。因此信仰區廣大的神仙，即使是史籍明載的真實人物，仍然可能擁有各種傳說以及發生本籍移動的現象。

此外修仙者採藥修練，旅行於各地名山，其旅行不僅是短暫的遊賞，通常是長時期的隱居修行，在旅居地的各種行狀流傳於當地，以致旅居地被視為本籍所在，也是籍貫變更的可能原因。〔註12〕

二、仙傳與史傳的轉化

仙傳中之人物在神仙思想的體系下被視為神仙，同樣的在隱逸思想為尚者眼中為一隱士，神仙思想吸收隱逸者的精神面貌，而將隱逸者視為神仙。焦先於各傳記集中的不同風貌即為此例，《三國志·魏書》第一一〈管寧傳〉裴注引焦先之事蹟云：

> 先失家屬，獨竄於河渚間，食草飲水，無衣履，時大陽長朱南見望見之謂亡士，乃欲遣船捕取之，武陽語縣此狂癡人耳，遂著其籍，給廩日五升。後有疫病，人多死者，縣常使埋藏，童兒豎子皆輕易之，然其行不踐邪徑，必循阡陌，及其佃捃拾不取大穗，饑不苟食，寒不苟衣，結草以為裳，科頭徒跣，每出見婦人則隱翳須去乃出。自作一瓜牛廬，淨掃其中，營木為床，布草蓐其上，至天寒時構火以自炙，呻吟獨語。飢則出為人客作，飽食而已，不取其直，又出於道中邂逅近典人相遇輒下道藏匿，或問其故，常言茅草之人，與狐兔同群，不肯妄語。
>
> 其明年大發卒將伐吳，有竊問先，今討吳何如，先不肯應而謬歌曰：「祝衄祝衄，非魚非肉，更相追逐，本心為當殺羊羊，更殺其羖邪？」郡人不知其謂，會諸軍敗，好事者乃推其意，疑羊羊謂吳，羖謂魏，於是後人僉僉僉謂之隱者也。（卷十一）

〔註12〕此一現象在文學史上也常見，如李白的原籍各類書籍所載莫衷一是，有以其所遊地為籍，有以其隱居地為籍，有以其久居地為籍，只因李白生前遊歷各地足跡遍布之故。

此中焦先為一行止異常的節義之士，以他自己的價值觀經營自我生活，而無視於世俗眼光的特異獨行人士。稍有神異之處在於其不可思議的歌訣，被視為預言魏伐吳之敗。在皇甫謐的《高士傳》中，焦先仍為一特異獨行的人士，但由於《高士傳》行文約略，致使焦先的特異獨行與神仙異能頗為相近：〔註13〕

> 焦先字孝然，世莫知其所出也。或言生於漢末，及魏受禪，常結草為廬於河之湄，止其中。冬夏袒不著衣，臥不放席，又無蓐，以身親土，其體垢汙皆如泥滓。不行人間，數日一食，行不由邪徑，目不與女子迕視，口未嘗言，雖有警急，不與人語，後野火燒其廬，先因露寢，遭冬雪大至，先袒臥不移，人以為死，就視如故，後百餘歲卒。（《高士傳》，卷中）

冬夏袒不著衣雖是焦先行徑，但冬夏的氣溫差別，就一般人而言無法均不著衣，在仙傳當中，冬單衣不凍，夏著襖不汗為神仙所能，因此焦先此一特異之行，而又在大雪中露寢不死，非常人所能理解，加以其百歲高齡，在神仙思想盛行的時代，類似焦先這種具有神異特質的人，自然不會只視為單純的隱者。在張華《博物志》中焦先已非隱者：

> 近魏明帝時，河東有焦先者，裸而不衣，處火不焦，入水不凍，杜恕為太守，親所呼見，皆有事實。〔註14〕（《博物志》，卷七）

《博物志》所述，完全以其神異能力為重心，處火不焦，入水不凍為神仙異能，故而《神仙傳》中焦先即為神仙：

> 焦先者，字孝然，河東人也，年一百七十歲，常食白石，以分與人，熟者如芋，食之。日日入山，伐薪以施人，先自村頭一家起，周而復始，負薪所以置人門外，人見之，鋪席與坐，為設食，先便坐，亦不與人語，負薪來，如不見人，便私置於門間，便去。連年如此，及魏受禪，居河之湄，結草為庵，獨止其中，不設床席，以草蓐襯坐，其身污垢如泥潦。或數日一食，行不由徑，不與女人交游，衣敝則賣薪以買故衣著之。冬夏單衣。太守董經因往視之，又不肯語，經益為賢。被遭野火，燒其庵，人往視之見先危坐庵下不

〔註13〕現行本《高士傳》先焦之記載，與《三國志》裴注所引的《高士傳・焦先傳》文字上有差異，後者記載較為精詳，且有皇甫謐對焦先之行誼所給的贊語。

〔註14〕《博物志》下有注文：周日用曰：「焦先然，遍河住，居一菴，大雪菴倒，人以為死而視之，蒸氣於雪，略無變色，時或析薪惠人而已，故《魏書》云：義皇以來一人而已。」張華《博物志》卷7，頁420。

－151－

動，火過庵爐，先方徐徐而起，衣物悉不焦灼。又更作庵。天忽大
雪，人屋多壞，先庵倒，人往不見所在，恐已凍死，乃共拆庵求之。
見先熟臥於雪下，顏色赫然，氣息休休如盛暑醉臥之狀。人知其異，
欲多從學道。（卷六）

《神仙傳》中的焦先事蹟，除了常食白石之事外，其他可說是融合前面所有
有關焦先此人的資料記載，在《魏書》中，焦先因不苟衣，不苟食的志節，
故而窘居草庵，天寒雖構火自灸，猶自呻吟獨語，可見其與常人相同有飢寒
之感，只是他有自己的一套生活哲學，並且過自己的生活，不與外人往來。《高
士傳》中焦先結草為裳，變而袒而不裳，野火燒其廬後寢露遇風雪而不死，
仍是特異獨行的隱士，但是生命力特強。《博物志》則強調其處火不焦，入水
不凍的神能。葛洪把這些資料結合起來，灌注神仙思想於其中，則成為《神
仙傳》焦先傳的傳文結構。火燒其廬以顯其處火不焦的神能，庵倒臥雪中而
色不變，乃證其入水不凍。

焦先傳中所強調的不妄語，就其特異獨行的行為上看，是其行事特殊的
一點，但是在精於仙道的葛洪看來，其不多語是養生之方，所謂「多言害身」，
養生之人忌多言語。在葛洪眼裡，其所見焦先之各種資料，不異說明其為非
常人。根據以上資料，小南一郎以為焦先的神仙傳說發展，應由《魏書》→
《高士傳》→《博物志》→《神仙傳》。〔註15〕

站在「神仙為民族之夢」的角度上看，小南對〈焦先傳〉的發展進程的
推衍的確精闢，可是站在葛洪的信仰角度看，葛洪是將焦先視為神仙，而非
塑造為神仙。《神仙傳》〈焦先傳〉的文字的確是融合《魏書》、《高士傳》、《博
物志》，但資料運用的來源卻很難直接證明焦先傳說的發展是按照這樣一個歷
程而來。所以仙傳和史傳的演化在資料上，可以看出其變化的痕跡。仙傳之
所以別於史傳並不在於資料素材的差異，或其代表的可信度，而在於作者背
後的思想。

正史的列傳雖然由人物構成，但是他的目的卻是在於配合本紀，更進一
步說明歷史發展的事實，而且是以儒家的道德價值為準的，《隋志》言：

周官，外史掌四方之志……自公卿諸侯至於群士，善惡之跡，
畢集史職，而又閭胥之政，凡聚眾庶，書其敬敏任恤者，族師每月

〔註15〕小南認為焦先由一隱士，而轉化為神仙，其中透露著《神仙傳》所表現的神
　　　　仙思想，其實是魏晉時代知識分子精神上挫折感的轉化。

> 書其孝悌睦婣有學者，黨正歲書其德行道藝者，入於鄉大夫，鄉大
> 夫三年大比，考其德行道藝，舉其賢者能者，而獻其書。王再拜受
> 之，登於天府，內史二之，是以窮居側陋之士，言行必達，皆有史
> 傳。（〈史部雜傳小序〉，卷三十三）

這些官方撰寫的史傳其撰寫標準以德行爲前題，完全是根據個人對儒家道德
實踐爲基礎，雖然司馬遷的《史記》在以儒家思想爲準之外，雜有非儒家的
思想，但是班固撰《漢書》以他的〈古今人表〉對於儒家道德實踐爲標準撰
述西漢人物，正史列傳人物的塑型就固定了〔註 16〕。而仙傳所以立傳的目的
是以不死與樂園的追求爲核心，其價值判斷在生命的肯定與仙道的實踐，完
全不同於儒家道德實踐的價值觀，因此在描述同樣一個人物事蹟時，不管是
資料的剪裁或是結構的安排，各有其取捨的準則，因而形成史傳與仙傳中同
一人物展現不同生命情調的差異現象。不過基於人物某些特殊的事蹟爲不可
否認的事實，史傳與仙傳也出現同時採用相同資料的情況，而在一兩字的出
入之間顯現其各自的立場，至於魏晉史學的觀念轉變之後，史傳援引仙傳入
史而出現了與仙傳的文字內容完全一致的情形。這種情形也同樣出現在仙傳
的撰寫上，仙傳根據知名原則的運用而將史傳中所具有神異色彩的敘述，作
爲仙傳的依據，因此仙傳與史傳雖然代表兩種不同的思想體系，有其各自的
價值判斷，仍是有互相交滲彼此融合的地方。所以在史傳與仙傳的比對之下，
可以更清楚的看出仙傳所呈現的思想觀念。

第三節　仙傳的意義與功能

　　仙傳寫作的目的在爲仙道思想作實際的論證，實爲傳布神仙思想而作，
因神仙思想爲道教的核心，仙傳的作者由早期的方士轉而爲奉道的道士，故
其最大的功能表現在宗教傳布的效果上。

　　神仙思想所強調的是生命的不死，但並非人人都可以不死，只有經過仙
道的修練才可達到不死的仙人境界，因爲人受其認識的影響，或不識仙道之
眞，加上仙道修練的困難，因此得道成仙者在芸芸眾生的比例中算是少數，
但是在整個神仙世界中，卻足以成爲一個有組織層次的系統，仙傳以仙人的

〔註 16〕詳參逯耀東《魏晉史學的轉變及其特色》〈第二章　別傳在魏晉史學中的地
　　　　位〉，頁 75～76。臺大歷史所六十年博士論文。

事蹟為敘述內容，以仙人為傳記對象，本身就是一個神統譜，同時仙傳也提供大型神統譜系建立所需的材料。

神仙思想流傳於社會上，相應於此一思想的種種活動，實為時代社會脈動的一環，仙傳對於這些與神仙思想有關的事蹟均予以記載，縱使仙傳的敘述有其本位立場，但資料的呈現仍有一定程度的客觀性，足以作為史料的補充，因此歷史學者在注解史書時多援引以作史料之輔助。因魏晉時代史學脫離經學而獨立的史學觀念轉變，儒家價值判斷不再全面左右史官的史觀，而原本被儒家所不取的奇異之事，都因其事實的流傳而入於史料，因此仙傳中的內容也被史家所取用成為正史的史料，《後漢書·方術列傳》與《神仙傳》文字上的雷同，就是最明顯的例子。

仙傳以文字記錄仙人事蹟、描繪神仙世界，以雜傳的體例行文，在文字表現的形式上及內容精神的蘊蓄上，都符合文學定義的要求，不啻為文學的一種，然其內容以宗教思想為主，是以文學的形式表現宗教思想的模式，當可視為宗教文學中的宗教神話。除了宗教文學的定位外，仙傳的情節內容，也為後世小說、戲曲提供豐富的素材，是以本節以宗教、史學、文學此三方面論述仙傳的功能意義。

一、宗教功能

神仙思想的宣傳方式依大陸學者梅新林的說法有漫遊、授徒、修書、立祠四種。〔註17〕早期宣傳神仙不死的方士以不老方遊走於帝王卿貴的宮廷府邸之間，承襲戰國縱橫家之風，著名的仙人安期生，在《漢書》中即以縱橫家出現：

> 初，通善齊人安其生，安其生嘗干項羽，羽不能用其策。而項
> 羽欲封此兩人，兩人卒不肯受。(《漢書·蒯伍、江息夫傳》卷四五)

此中安期生所以干項羽者，顯然不是神仙不死之道，而是楚漢爭霸之際的致勝之道，而安期生此一遊走宣道的性格，也見於《史記·封禪書》：

> 李少君謂：「安期生仙者，通蓬萊中，合則見人，不合則隱。」

在仙傳中常有仙人遊走各地，或賣藥或濟貧，這種遊走四處背後的意義，即為宣傳神仙思想。

授徒為建立傳承系統，發展及傳揚神仙思想的必要途徑，《史記·樂毅傳》

〔註17〕見梅新林著《仙話》，頁 44、45。上海三聯書店，1992 年。

太史公曰記載一段關於安期生一門嚴密的師承關係‧

> 樂臣公學黃帝、老子，其本師號曰河上丈人，不知其所出。河
> 上丈人教安期生，安期生教毛翕公，毛翕公教樂瑕公，樂瑕公教樂
> 臣公，樂臣公教蓋公，蓋公教於齊高密、膠西，爲曹相國師。（〈列
> 傳〉第二十）

此一傳授系統，顯然與前引《漢書》關於安期生之記載矛盾，不過兩者相對
照，可知安期生之學有兩個系統，一是關於神仙不死之術，一是政治上的黃
老之學。史書採其政治系統，仙傳傳其神仙思想。授徒爲思想傳承之要，仙
傳的敘述結構則以受授傳承爲重要單元，可證仙傳對於受授傳承的記錄乃代
替直接授徒而以文字宣傳。

　　仙傳的編撰本身即爲修書，仙傳既以仙人爲描述對象，其最主要目的就
是將仙人具象化，訴諸於文字以仙人眞有曉仙道之不誣，此於《列仙傳》、《神
仙傳》之序文中，均有明白的交待。書籍以其具有長久的流傳性，在各種宣
傳方式中可能是持續性最久的宣傳方式，而仙傳中所提及的仙人著作，或其
中所錄之引文均爲神仙思想之史料作一記錄。

　　立祠是神仙思想在民間宣傳的最有效方式，仙傳所反映的祠廟信仰，不
論是神仙思想吸收祠廟信仰，或是因神仙思想而產生的祠廟信仰，其宣傳效
用是最實際，宣傳強度最巨的。這四種神仙思想的宣傳方式，均在仙傳的敘
述範圍內，仙傳宣傳神仙思想的目的不言可喻。

　　道教教義是仙傳宣傳的重點之一，仙傳的編撰者多以其道派立場對於其
教派精神內涵多所發揮，在三種仙傳集中，《列仙傳》爲東漢的作品，並不見
有道派色彩，因此時道教處於初期階段，故而本書純爲神仙思想作宣傳。反
觀葛洪所撰的《神仙傳》其中亦收錄各種不同體系的仙道理論，不過就整體
而言仍以葛洪所持之金丹大道爲尙，修仙者以得神丹爲飛昇的關鍵。同樣的
《洞仙傳》則有著濃厚上清經派的特色，強調精誠的向道心，及神仙的感召，
此即《眞誥》卷十二所載：

> 有一人好道而不知求道之方，唯朝夕拜跪向一枯樹輒云：「乞
> 長生」。如此二十八年不倦，枯木一旦忽生華，華又有汁，甜如蜜，
> 有人教令食之，遂取此華及汁並食之，食訖，即仙矣。如是，用心
> 精誠之至也。（〈稽神樞〉第二）

類此強調精誠爲修仙之要的思想爲《洞仙傳》神仙思想特色，而上清經派之

神仙降誥傳統也是本書遇仙主題突顯之因，故而可知道士編撰仙傳實爲宣傳
其道派之教義。

　　道教爲多神信仰並強調人人可得而仙，在這種前題下，天界眾多神仙雖
然都具有超人的神能及不朽的生命，但也必定產生秩序倫理的需要問題，神
仙譜系的建構是神仙道教發展成熟完備前所必須的工作。

　　道教史上首先將神仙譜系作系統整理的當爲陶弘景之《眞靈位業圖》〔註
18〕，而早在《太平經》中已有仙官品帙的觀念，該書卷二云：

　　　　致仙之品，高下數百，道君隨才類分，爲此大小，皆各有秩。

顧歡與佛教徒辯論時作〈答袁粲駁夷夏論〉中已有二十七品仙之說：

　　　　神仙有死，權變之說，神仙是大化之總稱，非窮妙之至名。至
　　　名無名，其有者二十七品，仙變成眞，眞變成神，或謂之聖，各有
　　　九品，品極則入空寂，無爲無名。

顧歡視神仙之極品爲至名，至名無名的觀念其實就是老子所謂道了，神仙之
極至爲與道合一的超自然存在，而下有二十一品，仙、眞、神各爲九品，仙
品之分相當精細，至陶弘景則進一步將此二十一品仙落實，其《眞靈位業圖》
主要根據的凡有《元始高上玉檢大籙》、《眞誥》、《登眞隱訣》、《元始上眞眾
仙記》等上清經派的道書仙傳，將其中出現的近七百名神靈名號以圖譜的方
式列出。〔註 19〕《眞靈位業圖》按照天上至地下的次序，將諸神依次排列爲
七個階層，每一個階層以中位爲主，其餘列於左、右位，散仙位、女仙位。

〔註18〕　在歷代史籍書目上於此書之前尚有託名爲葛洪所著《原始上眞眾仙記》，此書
　　　　收錄於《正統道藏・洞眞部・譜錄類》「騰」字帙內。此書第二行題有「葛洪
　　　　枕中記」五字，故此書又名《枕中記》。此文又載於《說郛》之中。書中言及
　　　　許穆與許玉斧，此二人均後於葛洪，故學者多疑此書非葛洪所作。余嘉錫《四
　　　　庫提要辨正》卷十九有詳細論證，李師就其思想論，認爲應是南北朝與上清
　　　　經派有關之傳記。此書是否眞爲葛洪所作，非本文討論所及，然其與陶弘景
　　　　之《眞靈位業圖》，在排列架構上存在著某些關聯。其排列特色以盤古爲仙界
　　　　最高主宰，與道教之教主，稱爲元始天王，其下分兩個系統，一是神仙世系，
　　　　一爲神仙職位。在神仙世系上是以元始天王與太元聖母生扶桑大帝東王公與
　　　　九天玄女、西王母，於是陰陽化育又有天皇、地皇、人皇，三皇之下又有五
　　　　帝，五帝之下有三王。在仙職上謂天上玄都玉京山上有七寶山，上有上中下
　　　　三宮，此與陶氏《眞靈位業圖》之七層三位近似。
〔註19〕　北朝末道書《無上秘要》卷八三、八四，列舉五百多位神仙名號，幾乎全見
　　　　於《眞靈位業圖》，然前書尚無階級品位之分，參見任繼愈所編，《中國道教
　　　　史》，頁 188。新華書屋，1990 年。

如此龐大的神譜系統，其資料來源除了上清經派的經典外亦當取自歷來之仙傳。其實仙傳本身就隱含有一種神統譜的雛形，只是並不像《真靈位業圖》那麼系統化。

二、史料的輔助

　　仙傳除了宣教目的外，尚有輔助史料的功能，仙傳雖為宗教目的而作，其內容以修道者修練之術為重，因神仙思想實流傳於社會，因神仙思想而生的種種活動也成為社會現象之一，保存某些的史料於其中，這些史料為史家所取用，《後漢書‧方術列傳》中之〈費長房傳〉、〈劉憑傳〉與《神仙傳》中之〈壺公傳〉關於費長房之事及〈壽光侯傳〉如出一轍，乃史家以仙傳為史料的證據。〔註20〕

　　此外仙傳亦有為史料注解之用，司馬貞《史記索隱》〈外戚世家‧鉤弋夫人傳〉《列仙傳》為注、〈留侯世家〉引《神仙傳》為注，應劭《漢書注》亦二度引用《列仙傳》，〔註21〕而仙傳作為史料之輔助，除了歷史學家援引注解之外，有更積極顯著的輔助功能，則是站在社會風俗的立場上，史書為史家史觀所限詳於政治生態的記錄，而略於社會風俗的記載，仙傳於此正可補正史之不足。

　　史傳每言巫以鬼神治病，從沒具體敘述其治病過程，仙傳中則保留許多巫醫為民治病之法，如《神仙傳》王遙傳對於其治病過程即有詳細描述：

　　　　亦不祭祀、不用符水針藥。其行治病，但以八天布帊敷坐於地，
　　不飲不食，須臾病愈，使起去。其有邪魅作禍者，遙畫作地獄，因
　　召呼之，皆見其形，入在獄中。或狐狸鼉蛇之類，乃斬而燔燒之，
　　病者即愈。（卷三）

簡短的敘述中透露了三層訊息：其一，一般民間巫者治病或以祭祀、或以符水針藥等配合，也有以宗教法器如王遙八天布帊者；其二時人以為生病有兩

〔註20〕受魏晉南北朝社會中濃重的宗教氣氛影響所及，六朝的史書中載有大量的神異內容，關於這方面的研究可見衛昭如《晉代神真思想與當代社會之關係》此研究以《晉書》中相關記載為主，對於《晉書》中的神異記載有所分析。政大中研所碩士論文，民國82年。

〔註21〕司馬貞《史記索隱》〈外戚世家〉引《《列仙傳》》云「發手得一玉鉤，故號焉。」；〈留侯世家〉引《《列仙傳》》「神農時雨師也，能入火自燒，崑崙山隨風雨上下也。」

種情況眞的患病此爲生理受損害引起,二是遭邪魅作祟;三作禍之精魅一旦知其形,則可剋制。這些豐富的巫術觀念爲史家所輕,卻是了解民間傳統觀念的珍貴資料。

祠廟祭祀是民間信仰的重要活動,史書所載均爲官方所認可的祠廟,而民間許多祭祀信仰之對象均不爲史書所記,仙傳中的祠廟信仰記錄則保留許多不見於史書而實存於民間的信仰對象。〔註22〕

三、文學的義涵

《四庫提要》小說類序云:

> 張衡〈西京賦〉曰:「小說九百,本自虞初」,《漢書・藝文志》載虞初周說九百四十三篇,注稱武帝時方士,則小說興於武帝時矣,故伊尹說以下九家,班固多注依託也。」(卷九十一)

吳宏一先生據《漢書・藝文志》所錄篇名和次序推斷:「由伊尹說至黃帝說九家,皆稱太古的人物,班固已以『迂誕依託』目之,封禪文說、虞初周說以下六家,注都已明言漢人所作,據所錄篇目的名字和劉向、應劭等人的注語,其內容不外封禪養生之事,應該屬於同一類的。……可知張衡所言的小說本自虞初的說法,也就是說小說本自方士。」〔註23〕雖然《漢書・藝文志》所指的小說與今日所言小說在義涵上有些出入,但可知其中含有方士以仙人事蹟爲主的敘述,因此仙傳可視爲文學史上最早的小說類型之一,仙傳中的敘述內容神奇幻妙,在好奇心理的滿足上而言是大眾喜聞樂見的題材,其敘述模式也成爲後世小說模仿的對象,而仙傳中的題材更直接提供文人創作小說的素材。

魯迅於其《中國小說的歷史變遷》言:「劉向的《列仙傳》是眞的,晉葛洪又作《神仙傳》,唐宋更多,於後來的思想(浪漫的)及小說,很有影響,但劉向的《列仙傳》在當時並非有意作爲小說,乃是當作眞實事情做的,不過我們以現在的眼光看去,只可作小說觀而已。」〔註24〕魯迅把神仙思想當

〔註22〕關於祠廟信仰的研究見宮川尚志《中國宗教史研究》第七章。同朋社,1983年。

〔註23〕見吳宏一著〈六朝鬼神怪異與時代背景的關係〉一文刊於《中國古典小說研究叢刊》小說之部(一),頁68。文史哲出版,民國68年。

〔註24〕見魯迅著《中國小說史略・附錄》,頁419,北京:人民出版社,西元1979年。

作是迷信的產物，當然不顧其內容的性質，而取其情節與形式，將仙傳視為小說，這種觀念也不始於魯迅，傳統的學者均有此意，胡應麟言：

> 變異之談，盛於六朝，然多是傳錄舛訛，未必竟幻設語，至唐
> 人乃作意好奇，假小說以寄筆端。(《少室山房筆叢·九流緒論》)

胡應麟此言變異之談指的是志怪之言，然變異也是仙傳的主要內容之一，因此仙傳中的題材，同樣也是唐代文人援用發揮的素材之一，沈亞之的《秦夢記》即以《列仙傳》蕭史傳文衍生而來：

> 太和初，沈亞之將之汾，出長安城，客橐泉邸舍。春時，晝夢入秦，主內史廖家。內史廖舉亞之。秦公召之殿，膝前席曰：「寡人欲強國，願知其方。先生何以教寡人？」亞之以昆彭、齊桓對。公悅，遂試補中涓（秦官名）使佐西乞伐河西（晉秦郊也）。亞之將卒前，攻下五城。還報。父大悅，起勞曰：「大夫良苦，休矣。」
>
> 居久之，公幼女弄玉婿蕭史先死。公謂亞之曰：「微大夫，晉五城非寡人有。盛德大夫。寡人有愛女，而欲與大夫備灑掃，可乎？」亞之少自立，雅不欲幸臣蓄之，固辭。不得請，拜左庶長，尚公主。其日有黃衣中貴騎疾馬來，迎亞之入，宮闕甚嚴。呼公主出，鬒髮，著偏袖衣，裝不多飾。其芳姝明媚，筆不可模樣。侍女祇承，分立左右者數百人。召見亞之便館，居亞之于宮。……
>
> 公主喜鳳簫，每吹簫，必翠微宮高樓上，聲調遠逸，能悲人，聞者莫不自廢。
>
> 復一年春，秦公之始平，公主忽無疾卒。公追傷不已，將葬咸陽原。公命亞之作挽歌，應教而作曰：「泣葬一枝紅，生同死不同。金鈿墮芳草，香綉滿春風。舊日聞簫處，高樓當月中，梨花寒食夜，深閉翠微宮。」進公，公讀詞，善之。時宮中有出聲若不忍者，公隨泣下……嗚呼弄玉既仙矣，惡又死乎。〔註25〕

此一故事為蕭史傳改編，為仙凡戀主題的變形，唐代仙凡戀的主題遍見於各種文學作品，沈亞之以入夢方式與女仙弄玉圓一段情緣。就文字運用與情節營構上，都是成熟之作，不過仍可以看出《列仙傳》原文的痕跡，原文中蕭史有吹簫致孔雀白鶴於庭的本事，此為其簫能感召異物的表現，蕭史教弄玉以簫吹鳳鳴之聲，數年後弄玉學成，而鳳凰來指其屋。吹簫致鳳凰的感召力，

〔註25〕王汝濤編校《全唐小說》，頁126-128，山東文藝出版社，1993年。

在沈亞之筆下，則轉化成對人的感召力，使聞者莫不自廢。大陸學者羅永麟
指出，《古鏡記》、《補江總白猿傳》、《離魂記》、《柳毅傳》、《古岳瀆經記》等，
其特點也是將飛升的天仙，改編爲近于地仙、或尸解仙的仙話。〔註26〕

　　仙傳中強調劾鬼除妖的情節，對後世小說也有極大的影響，《西遊記》、《封
神榜》中與妖鬥法，去邪除妖的情節，在仙傳中均可見其雛形，《神仙傳》中
樊夫人即呈現了精采的較術場面：

> 樊夫人者，劉綱妻也。綱仕爲上虞令。有道術，能檄召鬼神禁
> 制變化之事。亦潛修密證，人莫能知。爲理尚清淨事簡易，而政令
> 宣行，民受其惠。無水旱疫毒驚暴之傷，歲歲大豐。暇日，常與夫
> 人較其術。與俱坐堂上、綱作火，燒客碓屋，從東起，夫人禁之。
> 即滅。庭中兩株桃，夫妻各呪一株，使相鬥擊。良久，綱所呪者不
> 如，數出走籬外。綱唾盤中，即成鯉魚。夫人唾盤中，即成獺食魚。
> 綱與夫人入四明山，路阻虎，綱禁之，虎伏不敢動。適欲往，虎即
> 滅之。夫人徑前，虎即面向地，不敢仰視。夫人以繩繫虎於床腳下。
> 綱每其試街，事事不勝。將昇天，縣廳側先有大皂莢樹，綱昇樹數
> 丈，方能飛舉，夫人平坐，冉冉如雲氣之昇，同昇天而去。(卷六)

此一敘述雖然簡短，但情節完整、變化豐富、節奏明快，後世神魔小說〔註27〕
中的較術情節、降妖伏魔的主題可說胎自仙傳而加以發揮。

　　《醉翁談錄‧小說開闢》中，把小說題材分爲八大類：靈怪、煙粉、傳
奇、公案、朴刀、杆棒、神仙、妖術。其中神仙類中，多爲神仙事蹟的敘述，
與仙傳題材多出自仙傳，妖術類以鬥法情節爲主，其中法術的運用也與仙傳
相類，故而仙傳之於文學所提供的不僅是神仙思想豐富文學創作的想像空
間，在題材、情節上都有具體的貢獻，在宋元話本中，如《張子房慕道記》、
《刑風此君遇仙傳》(佚)、《趙旭宗遇仙記》(佚)、《眞宗慕道記》(佚)。雖
多爲亡佚然自其題名視之，與仙傳內容結構相符，現存的《張子房慕道記》，
其架構即與仙傳架構相同。

　　元明戲曲中，神仙度化劇爲十二科之首，數量眾多，神仙思想爲其骨幹，

〔註26〕見羅永麟《中國仙話研究》，頁48。上海文藝出版社，1993年。
〔註27〕神魔小說一詞首見於魯迅《中國小說史略》。其言曰：「凡所敷敘，又非宋以
　　　　來道士造作之談，但爲人民閭巷間意。」雖然魯迅以爲神魔小說非道士造作，
　　　　事實上神魔小說也不能完全沒有道士造作的可能，孫楷第、張政烺、柳存仁
　　　　均以爲《封神榜》爲明代道士陸西星所作。魯迅著《中國小說史略》，頁228。

仙傳情節則爲其血肉提供素材。明清小說中的神魔小說如《四遊記》中的《東遊記》敘述八仙與龍王鬥法之事，以較術爲主要情節，《北遊記》敘眞武故事，是仙傳以具體的文學形象呈現。其他如《鐵花仙史》、《綠野仙踪》基本上爲仙傳。

　　神仙思想原本即爲文學添加許多浪漫材料，文學也爲神仙思想的傳播提供服務，仙傳所作的目的雖與文學作品不同，但仙傳不管以散文的形式記述仙人事蹟或以詩歌辭賦讚頌神仙思想，其於形式與內容上，都是符合文學定義的要求，因此仙傳在有些書目中，列爲小說類，故而筆者認爲仙傳是宗教文學。在文學研究的範疇中，富有神仙思想的遊仙詩，因創作者本身的素質整齊，表現形式優美而受學者以浪漫文學的肯定，以散文形式呈現的仙傳由於側身於志怪小說之中，並不爲學者所青睞，同樣是表現神仙思想，何以詩歌形式的遊仙詩與散文形式仙傳有此不同的待遇？除了創作者本身的素質外，可能學者對於神仙思想的判定是最重要的關鍵，基本上學者以爲神仙思想是民族的夢，這美麗的夢以詩表現，浪漫唯美，以傳記體的方式出現，將修仙方法，修練過程具體化，就不僅爲夢的認知了，而是荒誕不經。

　　撇開眞假的批判心態，進入仙傳的世界，以神話學的觀點探索仙傳中的奇言怪語，尋繹其非科學的內在理則解讀其隱喻語言，將可發覺所謂道士的妄語、荒誕不經之事，並不會影響仙傳本身所有的文學之美，在看似荒唐語的背後隱藏著人類的性靈之美，《洞仙傳》中鄭思遠傳即充分的表現了傳主的人格美：

> 鄭思遠少爲書生，善律曆、侯緯。晚師葛孝先，受正一法文、三皇內文、五嶽眞形圖、太清金液經、洞玄五符。入盧江馬迹山居，仁及鳥獸。所佺山虎生二子，山下人格得虎母，虎父驚逸，虎子未能得食，思遠見之，將還山舍養飼。虎父尋還，又依思遠。後思遠每出行，乘騎虎父，二虎子負經書衣藥以從。時於永康橫江橋逢相識許隱，且暖藥酒，虎即拾柴燃火。隱患齒痛，從思遠求虎鬚，欲及熱插齒間得愈，思遠爲拔之，虎伏不動。（卷一）

傳主已經超越了莊子「聖人處物不傷物，不傷物者，物亦不能傷」（知北遊）的境界，不僅人、物不互傷，還彼此相依，乘虎、負經、暖酒、拾柴的和諧畫面不僅浪漫而且令人動容，這絕不是人類沙文主義的表現，而是人與大自然彼此信賴的理想發揮的極至，虎之依鄭思遠，並非爲報恩或生活有著落，而是鄭思遠的感召力，拔鬚一事就是虎與傳主完全信任的表現。這種與自然完全信任，

彼此相依的情懷是神仙思想的根本,表現在文人的詩歌中,也表現在道士的行徑中,仙傳以文字將其記錄,在宗教思想下向世人展露其文學美。

　　仙傳的著作目的在於以具體的形象傳播神仙思想,本已隱含神統譜的意義並進而為編列系統化神統譜的資源,而其傳記體的表達形式及豐富的奇幻內容,對於後世的小說無論在敘述形式或者內容題材上都不失為摹擬的範型,在內容上同樣富有文學寄託人心理想的功效展現其文學旨趣,更是研究漢末六朝民間社會生活的重要史料。

第四節　仙傳的主題

　　仙傳所記錄的神仙事蹟有道士的神秘體驗,也有流傳於民間的神仙故事,因此其表現出來的主題其實也是一種集體的意識,其中有相當豐富的意旨,而最具體而突出的是不死的追求與樂園的建構,明確的說不死與樂園是《神仙傳》記的主題,仙傳的整個敘述均一再的重複傳遞這樣的訊息。

　　人自從被賦予時空上的一點時,便與「無限」隔閡成兩個境地,面對著廣渺無盡的空間和綿延不盡的時間,個體生命對於本身的定限與宇宙的無限產生強烈的對比,神仙傳說的流布不絕,正由於生命個體追尋回歸於無限的願望,不會隨著時代的更替與文明的發展而被遺忘。神仙世界的形成是突破空間限制之願望的積極思考,長生不死的探求則是企求永恆的表現。人生除了時間與空間限制外,還有關係的限制即人際之間所發展出來的層層網絡,神仙也要突破這重重人際網絡的束縛,直探生命的本真,建構理想的樂土。本節即以生命的實驗、生命不死的理論根據及樂園的建構三方面探討,分析仙傳如何呈現不死的探求與樂園的建構主題。

一、生命的實驗

　　功能學派的人類學者馬凌諾斯基指出:「對不朽的信仰,乃內心情緒顯露的結果,由宗教予以標準化,而不是一種原始哲學原則,人類對永生抱持信心,乃最主要的天賦之一,又說存在於人性最深處的情緒活動,即是對生命的期望。」〔註28〕然而生與死卻是現實所必須面對的,人的有限性也就源於這

〔註28〕盛行於六朝的五石散由丹砂、雄黃、白礬、曾青、慈石五種礦物而成,唐孫思邈《千金要方》卷二十四解五石毒論言:「所以寧食野葛,不服五食,明其大大猛毒,不可不慎也。」

生與死的定則，對於此一人性最深處對生命期望的情緒活動所產生的不朽信仰，如何解釋現實的生命現象，往往決定一個宗教的人生態度，也決定了此一宗教信仰者所展現出來的生命情調。

　　仙傳中所見的生命樣態總充滿著神奇奧秘的色彩，在這濃重的神秘色彩之下展現著對於生命的執著追求與勇於冒險實驗的積極態度。不朽的追求從古代神話的想像創造到道教的付諸實現，是道教的終極意義，這一終極目標除了透過作為道教神話的仙傳一再的宣揚外，最重要的仍是以生命實踐之。就生命的有限性言，以生命來實驗所需要的勇氣絕非是一時的衝動與迷惘可產生的。在離群索居的修練過程中所要面對的種種問題，也不比在現實社會中求生存來得容易。在世俗人所批判的逃避現實、迷信天真的背後，其實有著再真實不過的生命本能之呈現。仙傳則透過神仙世界的建構，將此一生命本能用人物的動作形象的表現出不死的理想境界。

　　存思、行氣導引、服食、煉丹是修仙者追求不死而付諸行動的實踐方法，為了配合這種行為實踐，修仙者的生活自然有異於眾人，身體力行的實踐仙道修練，將整個生命重心放在仙道修練上，即形成不同於常人的生活，為了能夠專心修行必須斷絕世俗牽絆，過著實踐仙道理論的修練生活，所以修仙者必須將整個生命投入於仙道修習中，甚至付出生命作為實驗失敗的代價，《洞仙傳》毛道伯一則即反映了仙道修習者在實踐過程中的抉擇：

> 毛道伯、劉道恭、謝稚堅、張兆期，皆後漢時人也。同於王屋山學道三十餘年，共合神丹成，伯道先服，即死，次道恭服又死。稚堅、兆期不敢服，棄藥而歸。未出山，忽見伯道、道恭各乘白鹿在山上，仙人執節而從之。二人悲愕悔謝。道恭授以服茯苓方，二人後亦度世。（卷一）

雖然這裡強調對於丹藥必須有信心才能把握得道的機會，卻也很明顯的反映了丹藥服食的失敗率使得即使是煉丹者也未必敢輕易嘗試，本來修練的目的是為了長生不死，如果服食不能長生反而速死，倒不如順著自己的天命多活幾年反而實在，魏伯陽的弟子即透露這樣的心聲：

> 餘二弟子相謂曰：「所以得丹者欲長生耳，今服之既死，焉用此為，不服此藥，自可更得數十歲在世間也，遂不服。」（《神仙傳》卷一）

站在金丹道的立場，放棄服丹機會者一定是錯失得仙的良機，但是這種強調

的反面很明顯的指出許多修道者確實是因服食丹藥而亡。許多養生修道者所服食的藥物在醫家的眼中實爲毒藥，〔註 29〕而煉丹者本身也知道丹藥的毒性，仍然選擇以生命驗證並不是這些人特別迂誕，而是對於生命不朽的追求有堅定而執著的信念，對於篤信丹道的仙道修練者而言，服丹而死與一般的死亡是不同的，〔註30〕此一信念全憑追求不死的宗教力量而產生的。

在實際生活中實踐宗教義理是所有宗教的根本，也是宗教對人生所深具的有效的安頓作用的原因。而道教作爲中國本土宗教，在仙道修練的實踐上，爲中國的養生及醫學發展均有貢獻，可視爲對國人生理安頓的作用，而神仙不死的思想與逍遙自在的境界在亂世是苦難生靈的精神寄託所在。魏晉時期在建立在本土輿圖上的名山洞府仙界觀，反映的就是在動盪不安的現實環境中，人們嚮往於神仙世界的和諧無爭，而希望把這樣的樂土落實在現實中，把距離遙遠的彼岸仙界建立在輿圖的名山洞府中，拉近了此岸與彼岸的距離，使現實世界尚有可依存嚮往的地方，實際上就是神仙道教對社會產生其心靈安頓的作用，也由於心靈得以安頓才可能以生命作爲不死的實驗。

二、生命不死的理論根據

神仙不死爲仙傳所以傳遞的訊息，不死的思想雖然各民族都有，但是表達的形式不同，靈魂不死爲最普遍的不死信念，精神不死以道德實踐而不朽，則是儒家人文主義的追求目標。而神仙思想則強調現實生命的不死，這一點使大多數的宗教學者認爲是道教於此已注定其悲劇性的失敗命運，顯然這種預測並不影響求仙者對仙道的嚮往，不過道教對於現實生命不死的追求不僅躬行實踐，且能建立其理論根據。

道教的宇宙最後根源爲「道」，「道」先天地而生且生生不息爲萬物之母，體察道的奧妙與道合一，即能具有生生不息的力量而不死，《神仙傳》一開頭就揭示此一理則，廣成子答黃帝言：

〔註29〕盛行於六朝的五石散由丹砂、雄黃、白礬、曾青、慈石五種礦物而成，唐孫思邈《千金要方》卷二十四解五石毒論言：「所以寧食野葛，不服五食，明其大大猛毒，不可不慎也。」

〔註30〕《宋書‧劉亮傳》言「亮苦欲服，平旦開城門取井華水服，至食鼓後，心動如刺，中間便絕。……此乃道家所謂尸解者也。」服丹而死，在道徒眼中，視爲尸解，是一種登仙方式，而非一般的死亡，《宋書》卷45，頁1377，鼎文書局，民國64年。詳見李師〈神仙三品說之原始及其演變〉載於《漢學論文集》第二集，頁215。文史哲出版社，民國72年。

> 至道之精，杳杳冥冥，無視無聽、抱神以靜，形將自正，必靜
> 必清，無勞爾形，無搖爾精，乃可長生。慎內閉外，多知為敗，我
> 守其一，以處其和，故千二百歲而形未嘗衰，得我道者上為皇，失
> 我道者下為土。將去汝以無窮之門，游無極之野，與日月參光，與
> 天地為常，人其盡死而我獨存矣。（卷一）

仙道的所有修練方法都是根據此一體「道」的理論而來，藉由各種生命的觀察，探討生命之源，彭祖對於房中術的見解即為最好的例證‧

> 男女相成猶天地相生也，所以神氣導養使人不失其和，天地得
> 交接之道，故無終竟之限，人失交接之道，故有傷殘之期。能避眾
> 傷之事，得陰陽之術，則不死之道也。天地晝分而夜合，一歲三百
> 六十交而精氣和合，故能生產萬物而不窮，人能則之，可以長存。（卷
> 一）

對於大自然的觀察結果由氣的晝分夜合，發展為人的陰陽交接，是體察「道」所得的結果之一。

食氣從體道的觀點上看也是另一個實踐方式，《太平經》認為最上的度世法就是食氣：

> 問曰：「上中下得道度者，何食之乎」？答曰：「上第一者食風
> 氣，第二者食藥味，第三者少食，裁通其腸胃。又云天之遠而無方，
> 不食風氣，安能疾行，周流天之道哉！」（卷一四五）

氣是維繫人命的根本，在氣化論的思想之下，人稟氣而生故《莊子‧知北遊》云：「人之生，氣之聚也；聚則為生，散則為死。」神仙道教講服氣、行氣就是以氣長氣，以氣養氣的方法。在以上的引文中尚可看出食氣的另一個功效是輕身以利舉形，這完全是種巫術的思考運用，以氣能上昇，服氣在相似律的思考原則下當然能上昇，《神仙傳》仙人王遠也是持這種看法：

> 汝生命應得度世，欲取汝以補官僚耳。然少不知道，今氣少肉
> 多，不得上去。（卷三）

神仙道教從未忽視過平凡肉身的年限，神仙的不死必定是經過修練方式改變這個事實的，改變的依據乃體道而得的結果，氣被視為維繫生命的根本，則氣多氣少即關係生命是否永久存在。

煉丹以成仙同樣是體道所得的一個修仙方式，《神仙傳》卷四陰長生自敘：

> 不死之要，道在神丹，行氣導引，俯仰屈伸，服食草木，可得

延年，不能度世，以至乎仙。子欲聞道，此是要言，積學所至，無
為合神。（卷五）

雖然不同道派有不同的體道結論，而產生各種不同的修練方式，但都不影響
其積學所致的體道方法，道原本就不是一個具象的存在或有特定的面貌，但
不容否認基於不同的體道經驗所發展出的各種修練方式，都是透過鍛鍊的方
式變化人的氣質達到生命不朽的目的，其最後的根據均為道。

從仙傳敘述單元結構上看，修練方法雖然佔篇幅的少數，卻是很少省略
的一個單元，因為這是延續生命擁有最重要的一環，其篇幅少主要是因為道
教修練重口訣密傳，文字所能敘述的僅為梗概；授受傳承同樣也是不死要訣
的內容；神遇情節的最大功能在於修練方法的突破如同進入成仙保證班，或
是直接或得永恆生命；結局則是不死生命的具體表現，因此就整個仙傳的敘
述結構中，一半是求生命不死的探討，強調生命的延長與持續，因為生命存
在的最主要特徵，就在於時間上的連續。

道為宇宙的最後根源，有限的個體體道之後藉由修練方式改變質性與道
合一，即達到有限個體與無限宇宙相通或合而為一的境界，這樣有限個體即
超出「有限」達於「無限」生命不朽的追求至此完成，因此仙傳常以「得道」
表示成仙。

三、樂園的建構

神仙信仰的產生起自於古人對生命的思考，無論是生活中的各項事物，或
生命個體本身的開始結束，都有一些理則存在於每件事物之中，這些理則構成
一種秩序為人們所認知，人們依這些理則建立相應的秩序觀念，如生命的開始
結束是一種秩序，而神仙思想即為打破生死的秩序。人世間的種種，由於經驗
累積，已成一套秩序，社會秩序、家庭倫理，各種責任堆疊成一個共同的生命
秩序，這種繁複的秩序網絡雖然有其運作的功效，但這個秩序是否真的客觀？
是否放諸四海皆準？是否絕對如此？是否不可逸逃？生與死的問題有沒有另一
種解答？生命型態有沒有可能是另一種形式？這些問題的答案是神仙思想的所
試圖追尋的，而且也提出的相應的解答。

仙傳中透過服食行氣等各種修練方式，對生死的定則提出另一種解答，
對於無所遁逃的生活空間，同樣的有其不同的見解，仙境的建構即是理想生
活空間的追求。仙傳集的敘述重點以仙人的修練方式和行事為主，對於仙界

的直接描述與地理博物式的仙傳如《十洲記》、《洞天福地嶽瀆名山記》等所用具體而細緻的筆法相比，則顯得簡略，但是由仙人的歸處遊所的總合，仍可以看出仙傳集所建構出的神仙世界，已突破了人所生存的空間限制，呈現無所不在的仙境觀念，《神仙傳》中費長房所進入的壺中世界，就是在天地之外的一個仙宮世界，其中樓觀、重門、閣道巍峨壯麗和壺外人間宮殿並無二致。

　　仙境既可建構在壺中，同樣也可以建構在其他在現實中人無法居住的地方，《列仙傳》中琴高的「復入水去」指的就是水中的仙界。在無所不在的仙界觀念之下，原本人間所居住的空間同樣也有仙界，但仙界與人間世界仍是有所區隔，早期的崑崙神山及海上仙人的神仙世界與人間實際上的距離，明顯的表現了區隔作用。而名山洞府的仙界發展，則將仙界與人間的距離拉近，將仙界建立在人間輿圖的名山洞府中，因此仙傳集中大量的出現敘述結局爲「入山仙去」的筆法，仙界與人間輿圖的結合固然反映人心追求樂園的殷切心願，更呈現出道教極欲在人間建造樂園的積極心態。

　　不過拉近並不代表等同，仙界之所以不等同於人間，在於仙界可以擺脫人間世的種種限制，而人間生活卻無所遁逃於生活上所產生的層層關係網絡。既要滿足樂園追求的強烈心願，又不能不顧現實生活與理想樂園的衝突性，乃根據道教的形成及其道術的淵源，也注意到早期道家與古神仙的關係，吸收了老子和光同塵的思想與莊子神仙神話的使用，並與社會上隱遁思想結合發展出棲隱於名山，逍遙自得類似于隱於市朝的型態既不染世塵，又不列於天上班秩層累的仙班的地仙思想。因此由《列仙傳》至《洞仙傳》中的神仙世界描述中，可觀察由早期的神界聖域至名山勝地而至洞天府地的仙界建構過程中，道教如何站在現實的基礎上發揮其樂園追求的超越精神，呈現其既現實又超越的宗教特性。

　　由於神仙思想是以生命的思索出發，其特色即衍發爲以生命爲最高肯定，任何價值都在生命的運作下才具有意義，一般學者認爲道教是一種戀生的、現實性強烈的宗教，在現象的層面上看的確如此，而現象的背後道教重生的意義實起於生命的本能，這種以生命爲最後、最眞實價值的思想，與老子的反璞歸眞的精神相同，是一種經過生命追尋後對生命之美的發現與肯定。

　　既然認定生命才是最眞實的價值，那麼一切無關於生命的事物，均不該置於生命之前，影響人對生命之美的探求與獲得。所以「追求不死」這種最

深處的情緒活動，所產生的力量足以讓修道者以其最重視的生命做不死追求的實驗，當生命爲最後價值卻能以生命冒險時，對於其認爲與生命無關的事物，當然視之無物。因此神仙思想敢於丟棄社會普通肯定認同的價值觀，將社會規則的秩序觀念破壞，而重新建立一個以展現生命之美爲最高目標的樂園世界。這種秩序破壞最直接可見的是仙人對於帝王的態度。

帝王爲人間最高統治者，其威勢亦爲人間之最，在整個政治層面上爲至尊，但是就生命而言，這些人間秩序無關宏旨，《神仙傳》河上公一則有段精彩敘述：

> 公曰：「道尊德貴，非可遙問也。」帝即幸其庵，躬問之，帝曰：「普天之下莫非王土，率土之濱，莫非王臣，域中四大，王居其一，子雖有道，猶朕民也，不能自屈，何乃高乎？」公即撫掌坐躍，冉冉在虛空中，去地數丈，俛仰而答曰：「余上不至天，中不累人，下不居地，何民臣之有。」帝乃下車稽首……。（卷三）

漢文帝所代表的是人間秩序的最高層，其所言爲人間實際倫理秩序，而河上公則以實際的行動改變這個秩序，是將人間秩序規則打破，而這種破壞在仙道修練者而言，並不是一廂情願的破壞，而是必然的，文帝稽首問道的結局即是證明。這同時也反應了六朝時佛教與道教中人所發展出來「不敬王者」的宗教意識。

仙人憑什麼打破整個社會長久以來所累積建立的秩序定則呢？在引文的敘述中，可隱約看出以其「有道」，在這則故事中「道」指的應是老子的「道」宇宙最後原理，不過道教畢竟不是道家；仙人也不是老子，所以除此以外其他帝王與仙人所論之道，都是指長生之道，廣成子即爲一例：

> 廣成子者，古之仙人也。……黃帝聞而造之曰：「敢問至道之要。」廣成子曰：「爾治天下，禽不待侯而飛，草木不待黃而落，何足以言至道。」黃帝退閒居三月，後往見之，膝行而前，再拜請問治身之道。廣成子答曰：「全道之精杳杳冥冥，無視無聽，抱神以靜，形將自正，必靜必清，無勞爾形，無搖爾精，乃可長生，慎內閉外，多知爲敗，爲我守其一，以處其和，故千二百歲而形未嘗衰。得我道者，上爲皇；失吾道者下爲土。將去汝入無窮之門，游無極之野，與日月參光，與天地爲常。人其盡死而我獨存。」（卷一）

廣成子首先以黃帝治下產生的失序現象責難，即是一秩序的破壞，這種秩序

破壞所產生的效果，是黃帝調整其秩序，「膝行而前」的謙卑舉止，所為的即為長生不死的治身之道。在文句的表面上看，黃帝起初要問的是至道，因受責難退而問治身之道。而實際上廣成子所謂的至道，指的就是生命之道，他指出「鳥不待侯而飛、草木不待黃而落。」就是生命未盡其理而失的現象，其指黃帝不足以語至道，乃其不知生生即為至道，黃帝閒居三月終悟生命之道即為至道，因明白至道何在，所以行禮之極以求之。仙人以其所肯定的價值觀建立其宇宙秩序故言「得我道者，上為皇，失吾道者下為土。」

　　神仙思想打破的是人間秩序中非關生命本質的部分，但並不意味著否定秩序的功能，事實上神仙世界的建構，仍然是一個秩序井然的和諧世界，只是這最高的指導原則與人間秩序的指導原則不同。從仙傳所反映的彼岸世界看來，凡人間無可奈何的，進入仙界即可超脫，如人間勞形苦，而彼岸有逍遙散仙，人間卑微，得仙則位尊。仙界能讓人各取所需，既有秩序井然的和諧，又有無憂自在的逍遙，這種現象在人間是不能兩存的矛盾，在仙界卻得以任由選擇。於此可以看出神仙思想並不是完全脫離現實而建構的虛幻世界，而是人在此岸與彼岸之間摸索，由此岸度向彼岸所交織出的理想世界，這個理想世界中有現實的層面，也有超越的精神。

　　因為神仙思想具有現實與超越的兩種性格，因此對於人在現實生活與心靈能產生安頓的效果，但是這種效果並不是人人可得，所以得到安頓者，視其為最高妙義，不解其義者視其為虛妄之談。神仙思想以仙傳表現，像是道教對蒼生許下的美麗承諾，有人因為獲得承諾而安心，一生活在這個美麗的期待中，其生命因而感到美好，承諾是否實現在這個境界中已成次要；有人一心等待諾言的兌現，只有實現才是真實的，得不到實現這美麗的承諾就成了天大的謊言。而基本上中國人所談的神仙洞府，是象徵著超脫死亡界線、神妙變化、快樂無憂、逍遙自在的人生樂園，一種不為時空閾圍的人生企盼，其基礎是對生命的終極關懷。

第六章　結　論

　　在宗教文學的範疇中，仙傳集為道教神仙神話的總集，過去對於這些道教神話，因判定其產生的時間較創世神話、英雄神話稍晚，而內容較近於人性不具神性，所言之事又被視追求個人享樂、自私自利的欲望表現，神仙之事更是荒誕不經的道士謊言，而在神話研究中較不受重視。近年雖然大陸地區的學者重新注意這些神仙故事，仍然因價值判斷的影響，不能從宗教的角度加以考察，其結果造成從民間文學的立場肯定神仙故事中，反抗帝王、濟世思想等符合社會主義價值批判的部分，這樣的預存批判的研究角度並不能將神仙故事的豐富義涵完全披露。

　　神話的意義最主要的是思維方式的呈現，神仙事蹟的總集所呈現的思維與神話同是用隱喻的語言解釋生命現象的種種事物；從神仙故事的起源考察，勢必追溯到神話中不死與樂園的追求，而此正是道教的核心，所以神仙故事為宗教神話中的道教神話。至於神仙的人性較重而神性較輕並不影響神仙故事為神話，在羅馬神話故事中奧林匹亞山上的神更富於人性，神話研究學者只有批評其為神話的墮落，並不排除其為神話，神仙雖由人修練而成，然已是具有神能超越存在，往後的發展也表現其具有神職位階的觀念，事實上由人轉變為神仙的思想正是道教神話的特色。

　　仙傳集既為道教神話集其內容不但保留了早期神仙思想的樣貌，也記錄了道教神仙思想的改變，透過《列仙傳》、《神仙傳》及《洞仙傳》的形式分析，在敘述重點上的比較可以看出《列仙傳》所代表的神仙思想，在仙人的形貌上具有古仙的形貌，與王充《論衡・無形篇》所言：「圖仙人之形，體生毛，臂變為翼，行於雲，則年增矣，千歲不死。」的仙人形貌相近，可知《列

仙傳》確實可代表東漢的神仙思想。相較之下《神仙傳》對於仙人形貌的敘
述，除了麻姑的手如爪富原始風貌之外，對於仙人的穿著長相均有細緻的描
述，這種描述當與存思的修練方法與降神的神祕體驗有關，表現了魏晉時期
的道教修練特色。

而修練與登仙方式的變化，更明顯的看出不同時期的仙傳，有著明顯的
改變。由三個不同時期仙傳集的敘述重點單元分析表上觀察修練與登仙方式
的變化，可以看出《列仙傳》的修練以簡易的礦物及植物服食及行氣導引為
主，《神仙傳》則集各種仙道修練的大成而又以丹藥服食為尚，《洞仙傳》雖
強調丹藥服食，但丹藥的獲得以仙人贈予為主。《列仙傳》的結局強調昇仙，
《神仙傳》多述地仙逍遙，《洞仙傳》則突顯仙宮的位階。

在重點單元分佈趨勢上的考察，《列仙傳》神遇情節的大量出現，顯現其他
力成仙的初期仙說面貌，《神仙傳》於神仙異能方面著墨甚多，強調仙人真有的
事實，此與當時社會風氣中瀰漫著濃厚的神異氛圍相合，《洞仙傳》的重點單元
趨勢較沒有明顯的集中項目，其代表意義可視為六朝仙道思想的總合，因此重
點單元的分析配合時間的考量與道派仙道思想特色的比對，有助於了解各期仙
傳內容所呈現的仙道義涵。

綜合以上的總合比較，可以看出透過敘述形式的重點單元分析，的確可
以較具體而明顯的看出不同時期所代表的神仙思想特色，故而此一方法的運
用，確能達到方法設定時的預期成果。本研究的重點單元分析表還可以作多
種的運用，解析出更多的義涵，其中牽涉許多道教內部艱深的問題，限於筆
者學殖未深，因而未予處理，唯待將來繼續探研。

而《列仙傳》、《神仙傳》、《洞仙傳》這三種代表東漢至六朝末的三本仙
傳集，不但在文筆上表現出該時代的風格，在內容上也充分的顯示當時的道
教或所代表的道派思想，更重要的是經過這一階段的發展，由《列仙傳》史
筆風格濃厚的表達形式，發展至《神仙傳》大量的道論內容，而後至《洞仙
傳》的仙真降誥痕跡，為往後的仙傳寫作提供了完整的範型，在資料上也為
後代仙傳所承襲具有開啟的意義。

仙傳所敘述的是神仙此一超越的存在，其目的在證實仙人之真有，同時
也為宣揚仙道，筆法分析的工作，乃藉以了解仙傳如何在文字的安排上符合
證實與傳「神妙之人事」的要求。在實際的分析工作上，敘述完整、篇幅短
小、體例整齊的《列仙傳》在整體上容易歸納其筆法的運用特色，而篇幅較

長、體例複雜的《神仙傳》則不易以整體化的方式檢討其筆法的特色，至於
敘述簡略的《洞仙傳》則必須與《眞誥》作比對才能見其敘述的特色。雖然
在筆法的分析上，三種仙傳集雖無法用同樣的模式分析，但是在不同的分析
方法下，仍顯現了仙傳文體的共同特色，如以謠諺、史事、遺跡、風俗作爲
信實的憑證，虛筆與實筆的搭配運用以描述仙人神妙之事。筆法分析的結果
可知仙傳的寫作在架構上雖有傳承，但是筆法的改變隨著時代的文學風氣轉
變，也受作者本身文學素養的影響，更因仙傳本身敘述的詳略而有異，必須
視每一種仙傳本身的情況而定。

　　內容分析本在透過多樣化的神仙神話，探索其中的所還透出的感情世界
與生命情調，並且在神奇幻妙的神仙表相中，解讀其深處的終極關懷，以彰
顯仙傳的主題。在經由仙傳結構點的分析，以及透過與不同時代、不同道派
的神仙思想比對解讀的過程中，確實發現將仙傳內容作系統分析後，原本看
似神怪不可理喻的不經之語，自有其內在的思考理則。儘管不同時期、不同
道派所表現出的神仙思想有所差異，但均透露了再眞實不過的生命本眞，特
別是經過與史傳的記載作比較對話之後，對於仙傳的取材與價值判斷有更立
體的呈現，因此只要不預存批判或排斥的心理，將可發現每一則神仙故事都
能傳遞一分追尋生命的訊息，這種訊息也許是亂世心靈的殷切企求，也可能
是根植在民族心靈深處恆久的夢想。

參考書目

一、經　部

1. 《論語疏證》，楊樹達著（鼎文書局，民國 62 年）。
2. 《周禮》，鄭玄注（商務印書館，民國 61 年）。
3. 《說文解字注》，許慎著、段玉裁注（漢京文化，民國 74 年）。
4. 《釋名》，劉熙著（廣文書局，民國 60 年）。
5. 《春秋左傳注》，楊伯峻撰（漢京出版社，年代不詳）。

二、史　部

1. 《史記》，司馬遷撰（鼎文書局，民國 76 年）。
2. 《漢書》，班固撰（鼎文書局，民國 76 年）。
3. 《後漢書》，范曄撰（鼎文書局，民國 76 年）。
4. 《三國志》，陳壽撰（鼎文書局，民國 76 年）。
5. 《晉書》，杜寶元撰（鼎文書局，民國 74 年）。
6. 《宋書》，沈約撰（鼎文書局，民國 76 年）。
7. 《隋書》，魏徵撰（鼎文書局，民國 72 年）。
8. 《唐書》，毆陽修撰（鼎文書局，民國 74 年）。
9. 《新唐書》，撰（鼎文書局，民國 74 年）。
10. 《宋史》，脫脫撰（鼎文書局，民國 76 年）。
11. 《通志略》，鄭樵著（世界書局，民國 45 年）。

三、子　部

1. 《莊子今註今譯》，莊周著，陳鼓應注（商務印書館，民國 69 年）。
2. 《荀子集釋》，荀況著，李滌生注（學生書局，民國 70 年）。

3. 《韓非子》，韓非著（中華書局，民國 57 年）。

4. 《淮南子》，劉安編，高誘注（世界書局，民國 44 年）。

5. 《春秋繁露》，董仲舒著（商務印書館，民國 73 年）。

6. 《白虎通》，班固著（新文豐書局，民國 74 年）。

7. 《風俗通義校注》，應劭著，王利器校注（明文出版社，民國 71 年）。

8. 《抱朴子內外編》，葛洪著（商務印書館，民國 68 年）。

四、集　部

1. 《廣弘明集》，釋道宣編（中華書局，民國 26 年）。

2. 《太平御覽》，李昉編（商務印書館，民國 75 年）。

3. 《太平廣記》，李昉編（文史哲出版，民國 70 年）。

4. 《全上古三代秦漢六朝文》，嚴可均輯（中文出版社，民國 70 年）。

5. 《文選》，六臣注（華正書局，年代不詳）。

6. 《楚辭章句》，百部叢書集成初編九十九冊，王逸著（藝文印書館，民國
   60 年）。

7. 《列仙傳》，王照圓校注本，王照圓校注（自由出版社，民國 78 年）。

8. 《博物志校證》，張華編，范寧校（明文出版社，民國 70 年）。

9. 《高士傳》，《四部叢書集成》101 冊，皇甫謐著（新文豐出版，民國 74
   年）。

10. 《神仙傳》，《道藏精華》本，葛洪著（自由出版社，民國 74 年）。

11. 《華陽國志》，《四部叢書集成》96 冊，常璩撰（新文豐出版，民國 74
    年）。

12. 《洞仙傳》，《雲笈七籤》本（新文豐書局，民國 66 年）。

五、道教經典

1. 《太平經合校》，于吉著（鼎文書局，民國 68 年）。

2. 《元始上眞眾仙記》，正統道藏，洞眞部，騰字號，葛洪著（新文豐書局，
   民國 66 年）。

3. 《元始高上玉檢大籙》，正統道藏，洞眞部，騰字號（新文豐書局，民國
   66 年）。

4. 《無上祕要》，正統道藏，太平部（新文豐書局，民國 66 年）。

5. 《眞誥》，正統道藏，太玄部，陶弘景編（新文豐書局，民國 66 年）。

6. 《眞靈位業圖》，正統道藏，洞眞部，騰字號，陶弘景著（新文豐書局，
   民國 66 年）。

7. 《登眞隱訣》，正統道藏，洞玄部，遜字號，陶弘景著（新文豐書局，民

國 66 年）。

8. 《三洞珠囊》，正統道藏，太平部，王懸河編（新文豐書局，民國 66 年）。

9. 《仙苑編珠》，正統道藏，太平部，王松年編（新文豐書局，民國 66 年）。

10. 《道教義樞》，正統道藏，太平部，諸字號，孟安排著（新文豐書局，民國 66 年）。

11. 《雲笈七籤》，正統道藏，太玄部，張君房編（新文豐書局，民國 66 年）。

12. 《道教研究資料彙編》，嚴一萍輯（藝文印書館，民國 63 年）。

六、目錄考辨

1. 《直齋書錄解題》，陳振孫著（廣文書局，民國 68 年）。

2. 《崇文總目》，王堯臣著（商務印書館，民國 67 年）。

3. 《東觀餘論》，《學津討原》第十六冊，黃伯思著（藝文印書館，民國 60 年）。

4. 《少室山房筆叢》，胡應麟著（世界書局，民國 52 年）。

5. 《四庫全書總目提要》，紀昀等著（商務印書館，民國 74 年）。

6. 《古今偽書考》，姚際恆（藝文印書館，民國 60 年）。

7. 《偽書通考》，張心澂著（宏業書局，民國 59 年）。

8. 《四庫提要辨證》，余嘉錫著（藝文印書館，民國 60 年）。

七、國內著作

1. 《兩漢思想史》，徐復觀著（學生書局，民國 82 年）。

2. 《中國古代思想之氣論及身體觀》，楊儒賓主編（巨流圖書公司，民國 82 年）。

3. 《不死的探求》，李師豐楙著（時報文化，民國 76 年）。

4. 《神話與小說》，王孝廉著（時報文化，民國 75 年）。

5. 《古巫醫與六詩考》，周策縱著（聯經出版社，民國 75 年）。

6. 《漢代巫者》，林富士著（稻香出版社，民國 77 年）。

7. 《形名學與敘述理論》，高辛勇著（聯經出版，民國 76 年）。

8. 《六朝隋唐仙道類小說研究》，李師豐楙著（學生書局，民國 75 年）。

八、國內論文

1. 〈商代的神話與巫〉，陳夢家著（《燕京學報》第二十期，P485～576，民國 25 年）。

2. 〈戰國秦漢間方士考論〉，陳槃著（《中央研究院歷史語言所集刊》卷十七，P6～57，民國 37 年）。

3. 〈中國古代的巫醫與祭祀、歷史、樂舞及詩的關係〉，周策縱著（《清華學報》第十二卷一、二期）。

4. 〈六朝鬼神怪異與時代背景的關係〉，吳宏一著（《中國古典研究叢刊‧小說之部》（一），民國 68 年）。

5. 〈六朝仙境傳說與道教之關係〉，李師豐楙著（《中外文學》，八卷八期，頁 168～188，民國 69 年）。

6. 〈慧皎高僧傳及其神異性格〉，李師豐楙著（《中華學苑》二十六期，P123～138，政大中研所，民國 71 年）。

7. 〈六朝道教與遊仙詩的發展〉，李師豐楙著（《中華學苑》二十八期，P97～118，政大中研所，民國 72 年）。

8. 〈神仙三品說的原始及其衍變〉，李師豐楙著（《漢學論文》第二集，文史哲出版，民國 72 年）。

9. 〈中國神仙信仰的形成與談仙文學〉，李威熊（《中華文化復興月刊》十六卷三期，民國 72 年）。

10. 〈神仙與高僧——魏晉南北朝宗教心態試探〉，蒲慕洲（《漢學研究》8 卷 2 期，頁 149～176，民國 79 年）。

11. 〈儒隱與道隱〉，謝大寧著（《中正大學學報》第三卷一期，民國 81 年）。

九、博碩士論文

1. 〈魏晉時代史學思想的轉變〉，逯耀東著（臺大歷史所博士論文，民國 60 年）。

2. 〈搜神記暨搜神後記研究——從觀念世界與敘述結構考察〉，劉苑如（政大中研所碩士論文，民國 79 年）。

3. 〈兩漢星辰信仰研究〉，林政言著（文化中研所碩士論文，民國 80 年）。

4. 〈中國古代神話靈異動物研究〉，張美卿著（政大中研所碩士論文，民國 82 年）。

5. 〈晉代神異思想與當代社會的關係〉，衛昭如著（政大中研所碩士論文，民國 82 年）。

十、大陸地區著作

1. 《玄學與魏晉士人心態》，羅宗強著（文史哲出版社，民國 81 年）。

2. 《中國古代宗教初探》，朱天順著（谷風出版，民國 75 年）。

3. 《道藏源流考》，陳國符著（北京中華書局，1992 年）。

4. 《中國道教史》，任繼愈編（新華書屋，1990 年）。

5. 《魏晉南北朝時期的道教》，湯一介著（東大圖書，民國 80 年）。

6. 《魏晉神仙道教》，胡孚琛著（人民出版社，1989 年）。

7. 《生死、享樂、自由》，趙有聲、劉明華、張立偉著（雲龍出版社，民國77年）。

8. 《神祕的薩滿世界》，烏丙安著（上海三聯書店，1989年）。

9. 《神靈與祭祀》，詹鄞鑫著（江蘇古籍出版社，1992年）。

10. 《中國古史的傳說時代》，徐旭生著（北京科學出版社，1960年）。

11. 《中國古代神話甲編三種》，袁珂編（里仁書局，民國76年）。

12. 《曉望洞天府地──中國的神仙與神仙信仰》，鄭土有（陝西人民教育出版社，1991年）。

13. 《仙話》，梅新林著（上海三聯書店，1992年）。

14. 《中國古代仙話研究》，羅永麟著（上海文藝出版，1993年）。

15. 《神話與詩》，聞一多著（藍燈文化，民國64年）。

16. 《中國小說史略》，魯迅著（明倫出版社，民國58年）。

17. 《小說敘述學》，徐岱著（中國社會科學出版，1992年）。

18. 《魯迅全集》，魯迅著。

十一、大陸地區論文

1. 〈論仙話的形成與發展〉，張磊（《民間文藝季刊》，1986年，第一期）。

2. 〈仙話──中國神話的一個分枝〉，袁珂（《民間文藝季刊》，1988年，第三期）。

3. 〈質的區別：神話與仙話〉，鄭克宇（《民間文藝季刊》，1989年，第二期）。

4. 〈獨具特色的地域文化──齊文化〉，王志民（《文史知識》，1989年，第三期）。

5. 〈齊文化與黃老之學〉，安作璋（《文史知識》，1989年，第三期）。

6. 〈齊地仙話與齊文化〉，孫元璋（《文史知識》，1989年，第二期）。

7. 〈圖騰、八祠、封禪──齊地的原始宗教和宗教學說〉（《文史知識》，1989年，第三期）。

8. 〈莊子學派與神仙道教〉，高正（《世界宗教研究》，1991年，第四期）。

9. 〈論齊楚兩大方士集團及其對道教的影響〉，王青著（《世界宗教研究》，1992年，第三期）。

十二、國外著作及論文

1. The Fantastic Tzvetan Todorov Cornell Paperbacks Cornell University press Ithaca New York ，1987年。

2. 〈中國古代思想與制度論集〉，段昌國、劉紉尼，羅永堂譯（聯經出版，

民國 74 年）。

3. 〈中國的宗教〉，瑪克斯・韋伯（遠流出版，民國 78 年）。

4. 〈金枝〉，弗雷澤著，注培基譯（久大、桂冠聯合出版，民國 80 年）。

5. 〈野性的思維〉，李維・史陀著、李幼蒸譯（聯經出版，民國 81 年）。

6. 〈結構主義之父——李維史陀〉，艾德蒙・李區著，黃道琳譯（桂冠圖書，民國 76 年）。

7. LIFE AND IMMORTALTY IN THE MIND OF HAN CHINA，余英時著（1964, Harvard Journal of Asiatic Studies Vol 25.

8. 〈《列仙傳》譯序〉，康德謨著（《中國學誌》五，東京泰山文物社，1969 年）。

十三、日文著作及論文

1. 〈中國の神話と物語り〉，小南一郎著（東京岩波書店，1984 年）。

2. 〈中國宗教史研究〉，宮川尚志著（東京同朋社，1983 年）。

3. 〈神僊説の性格について——宗教社會學的試論，大淵忍爾（《歷史學研究》第十一卷二號，1941 年）。P47〜58。

4. 〈《神仙傳》考〉，《福井康順著作集》第二卷，京都：法藏館，昭和 62 年。

5. 〈初期の僊説について〉，（東方宗教》卷一第二期，1937 年）。

6. 〈《神仙傳》續考〉，《福井康順著作集》，第二卷，京都：法藏館，昭和 62 年。

7. 〈《列仙傳》考〉，《福井康順著作集》，第二卷，京都：法藏館，昭和 62 年。

8. 〈古代中國における山東と神仙思想〉，服部克彦（龍谷大學論集，1970 年）。

9. 〈《抱朴子》・《列仙傳》・《神仙傳》・《山海經》〉，本田濟他（平凡社，1973 年）。

10. 〈《山海經》・《列仙傳》〉，前野直彬（集英社，1975 年）。

11. 〈《神仙傳》の復元〉，小南一郎（《矢小川教授退休紀念論集》）。頁 301〜313，（京都：京都大學文學部中國語文研究室，西元 1974 年）。

12. 〈仙傳の展開——《列仙傳》よソ《神仙傳》に至る〉，内山知也（《大東文化大學紀要》一三，1975 年）。

13. 〈神仙思想の基本構造と特質〉，清宮岡（《東洋學集刊》三三，1975 年）。

14. 〈葛洪《神仙傳》につて（一）（二）（三）〉，下見隆雄（《福岡女子短大紀要》，1975 年）。

15. 〈《神仙傳》について——後漢書方術傳との相違、左慈・劉根の場合〉，
    下見隆雄（《廣島大學文學部紀要》，第十八卷一期，1978 年）。

16. 〈師授考——抱朴子内篇によせて〉，吉川忠夫，P285～375，（《東方學
    報》五二，1980 年）。